RECUEIL

DE

JURISPRUDENCE

FÉODALE

A L'USAGE

DE LA PROVENCE

ET

DU LANGUEDOC.

DIVISÉE EN DEUX PARTIES.

Par M. de L. T. Avocat au Parlement de Provence.

TOME PREMIER.

A AVIGNON,

Chez la VEUVE GIRARD, Imprimeur-Libraire
Place St. Didier.

M. DCC. LXV.

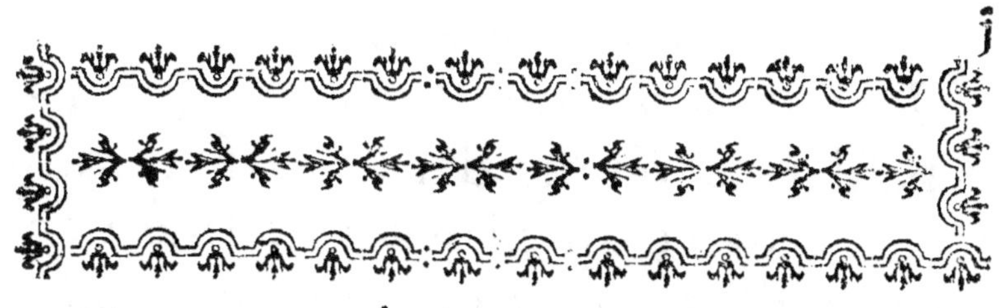

PRÉFACE.

’ACCUEIL favorable qu’on L avoit fait à la prémière édition, *de la Jurisprudence observée en Provence sur les matières Féodales*, m’infpira le deffein de donner un femblable Recueil pour le Languedoc ; mais lorfque je voulus mettre en œuvre les matériaux deftinés à cet ouvrage, & exécuter le même plan que j’avois fuivi en compofant le premier Recueil, je m’apperçus qu’il ne m’étoit pas poffible d’éviter l’inconvénient de copier non feulement le plus grand nombre des décifions, mais encore des titres entiers ; les ufages des deux Provinces étant à cet égard parfaitement conformes.

Je crus alors qu'il étoit plus convenable de réunir dans un seul ouvrage tout ce que j'avois deftiné à en former deux. En lui donnant plus d'étenduë, j'étois affûré de l'avantage de le rendre beaucoup plus utile.

Les augmentations que j'ai faites à mon premier Recueil, font très-confidérables. Il n'eft prefque aucun des titres, dont il étoit compofé, où l'on ne trouve un grand nombre de nouvelles décifions & d'additions aux preuves. De plus, il y a plufieurs titres, qui m'ont paru affez intéreffans pour ne devoir pas être omis. Tels font ceux, *des Droits Seigneuriaux en général, des Biens vacans, du Guet & garde, du Foüage, des Fiefs, de l'Emphitéofe, de la Locatairie perpétuelle, du Franc aleu, &c.*

L'on trouvera des titres, dont l'ufage ne peut être utile que pour le Languedoc ; les Droits Seigneuriaux qui en font l'objet étant inconnus en

Provence : par exemple, *les Acaptes* , *le ban des Vendanges & le ban à vin* , *&c.*

Les Ouvrages de M^rs. Mainard , Cambolas , d'Olive , de la Roche-Flavin , de Catelan , Vedel , Geraud, Albert , Boutaric , & le Journal du Palais de Toulouse en six volumes ne font pas les feules fources , où j'ai puifé les décifions , qui fe rapportent aux ufages du Languedoc. Les collections Mff. De feü Mr. Furgole m'en ont fourni plufieurs ; & j'ai eu l'avantage de voir des Magiftrats & des Avocats me donner des éclairciffemens , que je n'avois pas trouvés dans les différens Recueils , que je viens de citer.

Les Arrêts , dont je fais mention fans indication d'Auteurs ni du Tribunal où ils ont été rendus , font tous du Parlement d'Aix , & lorfqu'à l'égard des autres , je cite feulement l'Auteur qui les rapporte , je donne affés á entendre qu'ils ont été rendus par le Parlement dont ces mêmes Auteurs ont recüeilli la Jurifprudence.

Pour la Provence, ce font Mrs. de St. Jean de Clapiers, Dupérier, Mourgues, Paftour, de-Cormis, Boniface de Bezieux & Bonnet.

J'ai éprouvé ce que j'avois prévû & annoncé dans la Préface du premier Recueil. Il étoit prefque impoffible que toutes les décifions fuffent également à l'abri de la cenfure. Un Seigneur, un Vaffal defapprouvera toujours celles, qui données fur une queftion fufceptible de controverfe, ne leur feront pas favorables. En parlant de la taille Seigneuriale, j'avois pofé cette regle : que l'Ordre du St. Efprit eft le feul qui réponde au cas de Chevalerie. Mais j'avois eu en même tems l'attention d'ajouter dans les notes que fuivant une confultation de Mr. de-Cormis, qui n'eft pas dans le Recueil de celles qu'on a données au Public, des Arrêts rendus par le

Parlement d'Aix avoient jugé que le
Seigneur pouvoit exiger ce Droit,
lorſqu'un de ſes Fils étoit reçû Chevalier de Malthe. On m'a blâmé de
n'avoir pas donné pour regle cette Juriſprudence, que je ne connoiſſois
pas aſſez particulièrement, & qui ſeroit contraire à celle de tous les autres Parlemens.

Me blamera-t-on auſſi d'avoir com-
battu la Juriſprudence, qui admet
l'interverſion tacite en matière de
preſcription de la directité ? Mr. Dupérier, dont le nom ſera immortel,
l'avoit auſſi déſapprouvée ; & je ne
doute pas que l'on ne revienne à
l'ancienne Juriſprudence, qui rejettoit
cette eſpèce de préſcription. Il me ſem-
ble que les raiſons qu'il y a à lui oppoſer, ſont hors d'atteinte. J'ai continué cependant à poſer pour régle
celle qui a prévalu ; parce qu'il y a
véritablement des Arrêts, & je n'en
ai vû aucun, du moins juſqu'à pré-

fent, qui ait adjugé la taille Seigneuriale pour le cas de la Chevalerie
dans l'Ordre de Malthe.

J'ai mis à l'écart une autre régle,
que j'avois puifée dans un Recueil
très-eftimé ; & voici ce qui m'a déterminé à la fupprimer. Quoique favorable au Fermier du Domaine, on
a affuré qu'on ne s'y conformoit pas.
J'ai cédé à cette authorité, qui dans
ce cas ne pouvoit pas affûrément être
fufpecte.

Autre reproche qu'on s'eft crû au-
thorifé à me faire. J'avois inferé à la
fin du titre des Droits honorifiques,
un Arrêt obtenu en 1756 au Parlement de Touloufe par le Marquis
d'Aramon, & dont on trouvera les
difpofitions rappellées fous les décifions, auxquelles elles fe rapportent.
Un des vaffaux du Marquis d'Aramon
me fit remarquer très-férieufement
que cet Arrêt avoit été rendu, non
pas contradictoirement, mais fur fim-

ple Requête. Je crois devoir expliquer quel eſt l'uſage du Parlement de Touloufe.

L'Arrêt dont il s'agit fut rendu , non pas ſur ſimple Requête, mais ſur une Requête, qu'on appelle de ſoit montré à Mr. le Procureur Général. Il me ſuffit de rappeller ce que dit à ce ſujet Mr. de Juin un des Magiſtrats, ſur les Mémoires de qui l'on a formé le Journal du Palais de Touloufe. ,, La régle , par laquelle , on ,, ſe détermine à accorder une de- ,, mande ſur une Requête de *ſoit-* ,, *montré* au Procureur Général , eſt ,, l'uſage général ou preſque général.

Ainſi ces Arrêts précédés des conclufions de ce Magiſtrat meritent au moins autant d'attention que des Actes de Notorieté expediés au Parquet. Il eſt vrai que la voie de l'oppofition eſt ouverte ; parce que des titres ou des uſages particuliers peuvent former une exception à la régle générale.

La formule de ces Requêtes par rapport aux Droits Honorifiques, eſt que le Seigneur demande qu'il plaiſe à la Cour de déclarer communs au ſuppliant les Arrêts de réglement concernant les droits honorifiques des Seigneurs, les fonctions & prérogatives de leurs Officiers, les Pâturages & Vendanges, &c. Là il fait mention de quelques Arrêts qu'il joint à ſa Requête, & qui ſont viſés dans l'Arrêt. Le Marquis d'Aramon avoit cité & produit entre autres celui du Marquis de Monleſun, qui eſt rapporté dans le Recueil judiciaire, & où l'on en trouve énoncés juſques à onze autres.

Telles ſont les obſervations qui me ſont parvenues. Je profiterai toujours de celles, dont on voudra bien me faire part.

Quoiqu'il y ait quelques unes des maximes obſervées en Provence ſur la nobilité des biens, qui ſont conformes à celles que l'on ſuit en Languedoc, il en eſt tant d'autres qui ſont différentes, que je n'aurois pû éviter l'inconvénient de donner trop d'étendue au titre des Biens Nobles, ſi j'euſſe entrepris d'y rappeller les unes & les autres. J'ai pris le parti de laiſſer ſubſiſter ce titre tel qu'il étoit, c'eſt-à-dire, ſe rapportant uniquement aux uſages de Provence; & j'ai raſſemblé à la fin toutes les déclarations, où l'on peut s'inſtruire des principes, qui régiſſent en Languedoc une matière ſi importante. Je n'ai pas négligé cependant, lorſqu'il s'agiſſoit d'une conformité ou de quelque différence remarquable, de l'indiquer par des renvois ſur les articles de ce même titre des Biens Nobles.

DIVISION DE L'OUVRAGE.

Première Partie.

SECONDE PARTIE.

RECUEIL
DE
JURISPRUDENCE
FÉODALE
A L'USAGE
DE LA PROVENCE
ET
DU LANGUEDOC.

PREMIERE PARTIE.

TITRE PREMIER.

Des Droits Seigneuriaux en général.

I.

A Justice, le Fief & l'Emphitéose sont les causes productives des Droits Seigneuriaux.

Le Fief & l'Emphitéose différents par leur origine, le sont aussi par les Droits qui en dérivent. Il n'y a que la prestation de la foi & hommage qui soit de l'essence du Fief ; le Domaine direct est bien de sa nature mais non pas de son essence. Du-moulin sur la cout. de Paris, tit. 1 , n. 114 & 115.

» » Dans le Bail emphitéotique, dit Geraud dans son Traité
» des Droits Seigneuriaux, liv. 1, ch. 1 , le fonds est obligé, &
» dans le féodal la personne : quoique les terres soient données
» sous la prestation de foi & hommage & sous une redevance
» annuelle , il ne suit pas de-là que la censive soit de la nature
» de l'inféodation. Il y a deux Baux dans cet acte distingués &
» séparés , celui du fief & celui de l'emphitéose.

Plusieurs Auteurs ont développé l'origine des fiefs & des Droits Seigneuriaux. Voici ce qu'en disent Mezerai dans son abregé de l'Histoire de France , Fauchet de l'origine des Dignités , St. Julien dans ses mélanges historiques , du Haillan dans la vie d'Hugues Capet , & dans celle de Charlemagne , & Chantereau le Févre dans son traité de l'origine des fiefs.

Dans le commencement de la Monarchie Françoise , les Rois de la première race envoyoient des Officiers dans les Provinces , les Bailliages & les Châtelainies , qu'on nommoit alors Duchés , Comtés & Seigneuries , dont ils jouissoient à vie à titre de bienfait. Le Duc avoit l'administration des finances de la Province & la conduite des armées ; le Comte avoit la recette de son Comté , c'est-à-dire , du Bailliage , & le Seigneur recevoit les revenus de sa Châtelainie. Chaque Duc devoit avoir sous lui douze Comtes , & chaque Comte sept Seigneurs au moins.

Les Ducs & les Comtes avoient de plus leurs biens patrimoniaux qu'ils possédoient en Aleu , sans reconnoître aucun Supérieur. Ils donnoient ces biens à des Vassaux , pour les intéresser à les maintenir dans leurs dignités. Bientôt les Maires du Palais , les Comtes de Paris , les Ducs de Bourgogne , d'Anjou & de Mets , Princes de la Gendarmerie Françoise , s'emparerent , pour se frayer un chemin à la Royauté , de plusieurs bénéfices , dont les revenus furent employés à payer les gens de Guerre. Hugues Capet pour se maintenir sur le trône , accorda aux Ducs, Comtes , Barons & autres Officiers appellés Bénéficiers Royaux la proprieté des Duchés , Comtés & Châtelainies , qu'ils ne possédoient auparavant que par commission. Alors aux Bénéfices Royaux succéderent les fiefs propres & patrimoniaux. Les Seigneurs donnerent ensuite partie de leurs terres à d'autres Vassaux sous la foi, hommage & service Militaire, ou à des cultivateurs sous certaines rédevances.

I I.

I I.

Les Droits Seigneuriaux confiſtent les uns en honneurs, les autres en profits. Il en eſt qui ſont dûs ſans ſtipulation, & comme une dépendance intime de la cauſe qui les produit.

L'hommage, la foi, les honneurs dans l'Egliſe & dans l'étendue de la juſtice ou du fief ſont de la première eſpèce; le Lods, le Cens & toutes les redevances, de la ſeconde.

A la juſtice ſont intimément attachés, certains Droits, pour leſquels il ne faut point de titre particulier. Tels ſont, par exemple, les honneurs, le droit d'établir des Officiers pour l'adminiſtration de la Juſtice, les Amendes, les Confiſcations, les Epaves, le Tréſor trouvé, les Biens vacans, le Droit de ſuccéder aux Bâtards, &c. Le fief a pour dépendances la foi & hommage; & quoiqu'originairement tout fut purement gratuit dans cette conceſſion, cependant depuis que les fiefs ont été rendus patrimoniaux, l'on a emprunté de l'Emphitéoſe le lods ou quint & requint, le retrait, le rélief ou rachat. La commiſe, la ſaiſie féodale, le dénombrement ſont devenus propres & naturels au fief. Je ne m'étendrai pas ici ſur un détail auquel il faudroit revenir, quand il ſera queſtion des titres concernant le fief & l'emphitéoſe. Il ſuffit d'avoir donné une idée des Droits, qui ſont acquis par la ſeule qualité de Seigneur juſticier, féodataire ou direct. Je n'en ai même rappellé que quelques-uns; parce que en traitant de chaque Droit en particulier, du moins de ceux qui ſont en uſage en Provence & en Languedoc, j'ai eu ſoin de faire remarquer quels ſont ceux, dont on ne peut joüir qu'en vertu d'une ſtipulation.

I I I.

Les Droits inſolites, & ſous cette dénomination l'on comprend ceux qui ſont contraires aux bonnes mœurs ou à la décence, & ceux qui préſentent un aſſujettiſſement ridi-

B

cule, font mis au rang des droits extorqués,
& doivent être fupprimés.

Je ne donnerai pas ici des exemples de ces droits infolites.
On peut confulter la Rocheflavin des *Droits Seigneuriaux*,
ch. 4, d'Olive, liv. 2, ch. 1, Boiffieu, ch. 4. J'obferve feulement qu'il y a certains droits qui, quoique bizarres en apparence, ne doivent pas être confondus avec les autres, furtout
lorfque le vaffal qui fe trouve dédommagé par un profit, offre
de remplir l'obligation, dont le Seigneur voudroit le difpenfer.
Ainfi jugé par deux Arrêts du Parlement de Touloufe rapportés
par d'Olive *ibid.*

Le droit d'exiger de l'argent des nouveaux mariés pour la
permiffion de coucher enfemble la premiere fois, établi par
titre, eft infolite & abufif. Charondas, liv. 7, rep. 79.

Le Parlement de Provence a regardé comme un droit extraordinaire, & qui devoit être fupprimé, celui d'exiger une
amende particuliere pour l'effufion de fang dans les querelles.
Arrêt du 15 d'Avril 1711 rendu par des Commiffaires délégués
entre Mr. le Préfident de Valbelle Seigneur de Rougiers, &
la Communauté du même lieu. « Ordonnons que ledit de
» Valbelle ni fes Officiers ne pourront exiger, ni fouffrir qu'il
» foit exigé aucune amende pour droit qu'on appelle de fang,
» ni aucun autre que celles permifes par les Ordonnances &
» adjugée par fes Officiers. »

I V.

En Provence, les Droits Seigneuriaux acquis à prix d'argent ou gratuitement font
fujets à perpétuité, au rachat ou à l'extinction.

Quoique dans les titres, dont je vais faire mention, les droits
que les Seigneurs peuvent avoir acquis à titre gratuit, ne foient
pas énoncés expreffément, il eft évident qu'il y auroit de
l'abfurdité à les traiter plus favorablement que ceux qui ont
eu un prix en argent. Le motif de la Loi du Rachat y eft
clairement exprimé ; & ce motif s'applique également aux
uns & aux autres.

La Déclaration de 1666, & l'Arrêt du Conseil de 1668, étant rappellés dans l'Arrêt du 14 Novembre 1730, il suffira de rapporter celui-ci, dont l'exécution a été souvent reclamée avec succès.

Extrait des Regîtres du Conseil d'Etat.

» Sur la Requête presentée au Roi en son Conseil par les
» Procureurs des gens des trois Etats du Pays de Provence,
N contenant que par la Déclaration du feu Roi, de glorieuse
» mémoire, du mois de Février 1666, il fut entr'autres choses
» fait défenses aux Villes & Communautés du Pays, de sur-
» charger les biens roturiers d'aucunes taxes ou autres levées
» universelles sur les fruits de leurs terroirs, soit par des
» ventes à prix d'argent ou pour quelqu'autre cause & pré-
» texte que ce pût être, à peine de nullité des contrats qui
» auroient établi ces sortes d'impositions ; que sur l'opposi-
» tion formée par les Syndics de la Noblesse de Provence à
» l'enregistrement de ladite Déclaration en la Cour des Comptes,
» Aydes & Finances dudit Pays, elle fut interpretée par Arrêt
» du Conseil du 15 Juin 1668, par lequel en renouvellant les
» mêmes défenses aux habitans des villes & villages de ladite
» Province, de vendre à prix d'argent à leurs Seigneurs ou à
» autres aucunes taxes & levées universelles sur les fruits
» de leurs terroirs, les ventes précédemment faites furent
» déclarées nulles & rachetables comme de simples rentes
» constituées à prix d'argent, en remboursant par les com-
» munautés en deniers comptants le même prix, pour lequel
» ces taxes universelles auroient été imposées, sans que les
» acquereurs fussent tenus de rendre les fruits qu'ils auroient
» perçus, & l'on n'excepta du rachat que les taxes univer-
» selles qui avoient été subrogées aux anciens Droits Seigneu-
» riaux, comme faisant partie des fiefs ; la disposition de cet
» Arrêt fut confirmée par celui du 7 Février 1702, portant
» Réglement au sujet des tailles entre le corps de la Noblesse
» & le tiers état de Provence. Mais comme peu de Com-
» munautés de ladite Province ont usé de la faculté de racheter
» ces sortes de charges, que le tems a rendu encore plus oné-
» reuses qu'elles n'étoient dans leur origine, les Suppliants ont
» reconnu en travaillant à l'affouagement général des com-
» munautés dudit Pays, que ces droits se levent encore dans
» un très-grand nombre de ces communautés par les Seigneurs

» des fiefs ou par d'autres particuliers auxquels ils ont été
» aliénés ; & en ayant recherché la cause , ils l'ont trouvée
» dans l'impossibilité où ces communautés avoient été jusques
» à présent de rembourser en un seul payement les sommes
» qui leur avoient été fournies pour l'établissement de ces im-
» positions ; ce qui auroit obligé les Procureurs du pays de
» Provence de supplier Sa Majesté d'accorder à ces commu-
» nautés la permission de s'en liberer, ou par département,
» ou par imposition en un certain nombre d'années, en dimi-
» nuant annuellement les intérêts à proportion des sommes qui
» feront payées sur les capitaux de même qu'il en a été usé par
» ces communautés pour le remboursement des créanciers, qui
» leur avoient prêté par obligation ou par contrat de constitu-
» tion , lesquels étoient dans un cas bien plus favorable que
» ceux dont il s'agit ; parce qu'ils avoient suivi une voie per-
» mise pour placer leurs deniers , dont ils n'avoient tiré qu'un
» intérêt légitime ; au lieu que les autres ont fait des stipula-
» tions contraires aux Loix, en recevant des prestations en
» nature , qui ont excedé de beaucoup le taux des Ordon-
» nances ; & Sa Majesté voulant favorablement traiter les com-
» munautés de Provence , & donner aux Procureurs du pays le
» moyen de mettre ces communautés à la faveur du nouvel
» affouagement auquel ils ont travaillé, dans un état d'arran-
» gement, qui leur donne plus de facilité à payer exactement
» leurs charges & leurs impositions.
» Vû l'avis du sieur Lebret, Conseiller d'Etat, premier
» Président & Intendant en Provence, ouï le Rapport du Sr.
» Orry, Conseiller ordinaire au Conseil Royal, Controleur
» général des Finances, le Roi en son Conseil, a ordonné
» & ordonne, que les Arrêts du 15 Juin 1668, & 7 Février
» 1702, feront exécutés suivant leur forme & teneur; ce faisant,
» permet aux villes, lieux & communautés du pays de Provence,
» de racheter & éteindre les taxes & levées universelles sur les
» fruits de leurs terroirs, cens , services, bannalités, & autres
» droits & redevances sur elles établis, soit à prix d'argent ou
» en payement des arrérages par eux dûs pour d'autres Droits
» Seigneuriaux, à la charge de rembourser par lesdites com-
» munautés les sommes principales qui leur ont été fournies,
» ou dont la remise leur a été faite pour l'établissement desdits
» droits ; & en conséquence, fait Sa Majesté défenses aux
» Seigneurs des fiefs & autres particuliers acquereurs desdits
» droits, d'en continuer la levée. Et pour faciliter lesdits
» remboursemens, permet aux Procureurs dudit pays de Pro-

» vence de fe pourvoir en leur nom pour faire liquider les
» capitaux qui feront dûs par chacune des communautés de
» ladite Province pour le rachat & l'extinction defdits droits,
» d'en faire le remboursement pour lefdites communautés, &
» d'impofer fur elles les fommes qu'ils auront payées à leur
» décharge, pour en être la Province remboursée avec intérêt
» en plufieurs payemens, tels qu'ils feront reglés par lefdits
» Procureurs du pays, eu égard à l'état des affaires defdites
» communautés. N'entend Sa Majefté foumettre audit rachat
» les rafques & levées univerfelles qui ont été fubrogées aux
» anciens Droits Seigneuriaux de quêtes, corvées, cas impé-
» riaux, albergues, cavalcades, bannage, fournage & autres
» femblables, lefquels demeureront en leur entier, comme
» faifant partie des droits des fiefs. Fait au Confeil d'Etat
» du Roi, tenu à Verfailles le quatorziéme jour du mois de
» Novembre mil fept cent trente. Collationné, *figné* Einard.

Il a été rendu plufieurs Arrêts du Confeil en faveur des
communautés qui ont réclamé ce privilege ; un pour la communauté de St. Maximin, le 8 d'Août 1752 ; un autre pour
la communauté de Villecrofe, le 10 de Février 1751 ; un troifiéme pour la communauté de Fuveau, le 15 de Juillet 1760,
un quatriéme pour la communauté de la Fare, le 26 d'Août
1760. La communauté de Chateauneuf d'Opio a été auffi admife au rachat par une Ordonnance de Mr. l'Intendant, du 15
de Juin 1757, acquiefcée. Il s'agiffoit de Bannalités.

V.

La poffeffion, même centenaire ou immémoriale, n'eft d'aucun fecours pour acquerir l'exemption, ou affranchiffement des
Droits Seigneuriaux.

Le lien de vaffelage, *nexus clienteralis*, met un obftacle à
la prefcription : il eft cependant quelques Droits Seigneuriaux
exceptés de cette regle ; la poffeffion fuffifant pour les acquerir
& pour s'en affranchir, tel eft, par exemple, la bannalité.
J'aurai foin de faire remarquer tous ceux qui font dans cette
exception, fuivant la Jurifprudence obfervée en Languedoc ;
car en Provence, on a toujours tenu pour maxime, que l'on

ne pouvoit pas acquerir des Droits Seigneuriaux par la feule poffeffion, & il a fallu un ftatut particulier pour établir une regle contraire à l'égard de la bannalité.

V I.

Une contradiction ou dénégation *formelle*, de la part du vaffal ou emphiteote, ouvre le cours de la prefcription de trente ans contre le Seigneur Laïque, & de quarante ans contre le Seigneur Eccléfiaftique.

Il fe forme alors une interverfion de la poffeffion du Seigneur, qui voit que le vaffal ou emphiteote fe met lui-même en poffeffion de la liberté. Mais il faut que la dénégation foit formelle, expreffe, faite fans ambiguité. Il faut que le vaffal ou emphiteote, *clarè & dilucidè ad libertatem proclamaverit*, & qu'il foutienne, par exemple, que fon fonds eft libre; car s'il oppofe feulement qu'il releve d'un autre Seigneur, il n'y a point d'interverfion de poffeffion. Ainfi jugé par Arrêt du 7 d'Avril 1732, rapporté dans le Journal du Palais de Touloufe.

A plus forte raifon, le vaffal ou emphiteote n'ouvre-t-il pas le cours de la prefcription, en fe préfentant fimplement fur l'affignation qui lui eft donnée. Arrêt du Parlement de Touloufe du 13 de Septembre 1700, rapporté dans le même Journal.

On en trouve un dans le Recueil de Mr. de Catelan, liv. 3. ch. 29. qui jugea, que la dénégation devoit être expreffe & faite en Jugement. Cette derniere circonftance n'eft pas néceffaire en Provence. Le vaffal avoit repoudu, qu'il fe foumettroit à tout ce qui feroit jufte, felon qu'on lui feroit apparoir par des titres légitimes.

Le même Auteur en rapporte, *là-même*, un autre femblable. L'emphiteote affigné avoit répondu qu'il n'avoit jamais refufé de reconnoître, pourvû qu'on lui montrât des titres, & qu'on les adaptât. Enfin Mr. de Catelan fait mention d'un troifiéme Arrêt, & j'en ai trouvé d'autres; un rendu en 1679, au rapport de Mr. Dupuy contre un emphiteote, qui après avoir foutenu qu'il devoit une moindre rente, avoit poffedé pendant plus de 30 ans, dans payer la rente. Un autre du 15 de Février 1707, en faveur de Mr. l'Archevêque de Touloufe, & qui jugea, qu'il ne fuffifoit pas de combattre les titres comme infuffifans , & qu'il auroit fallu denier formellement. Semblable Arrêt du 20 de Janvier 1700.

En Provence , l'on admet en matiere de mouvance , une interverfion tacite , inconnue , ou pour dire mieux réprouvée en Languedoc. J'expliquerai ce que c'eft ; tit. *de la Directe.*

VII.

Les arrérages des Redevances & autres profits cafuels, font fujets à la prefcription de trente ans, ou à celle de quarante ans, s'il s'agit de l'intérêt de l'Eglife. La quotité eft auffi prefcriptible , mais non pas la qualité ou efpece.

Droit commun par rapport à la prefcription des arrérages & autres profits cafuels, tels que les amendes, les confifcations, la fucceffion des bâtards, les biens vacans, &c. avec cette différence néanmoins, que l'efpace de tems néceffaire pour l'accompliffement de la prefcription n'eft pas par tout pour certains Droits Seigneuriaux le même. En Provence, dans tous les cas où les arrérages peuvent être demandés , ils font dûs depuis 29 ans avant l'Inftance. Je dis , lorfqu'ils peuvent être demandés ; parce qu'il y a des cas où ils ne font pas dûs. Je les explique fous les titres des corvées & de la bannalité.

Quant à la qualité ou efpece, elle n'eft pas fujette à la prefcription, & la quotité l'eft. On peut voir ce que je dis à ce fujet fous le titre du Cens. J'y explique auffi quelles font les conditions néceffaires pour la prefcription de la quotité.

VIII.

L'Eglife & les mineurs ne peuvent pas être reftitués envers la prefcription des arrérages. Le pupille a fon recours contre fon tuteur.

Automne fur la Loi 5 , *Cod. in quibus caufis in integ. Reft. necef. non eft.* Charondas , liv. 3 , rep. 62 ; Dunod des prefcriptions , part. 3 , chap. 1.   B 4

I X,

Les arrérages échus avant la jouïſſance du pupille ou du mineur, ne ſont pas ſujets à la preſcription, parce qu'ils ſont conſiderés comme des capitaux, qu'ils n'auroient pas pu valablement recevoir, ſans qu'il intervint une Sentence.

La Loi 27, *Cod. De adminiſt. Tutor.* Catelan, Liv. 5, chap. 26,

X.

Le titre primordial, qui veille également pour le Seigneur & pour le vaſſal, doit toujours prévaloir aux titres poſtérieurs qui ne ſont pas diſpoſitifs; & toutes les obligations énoncées & reconnues dans ces titres ſont des ſurcharges, dont on peut demander en tout tems la ſuppreſſion, lorſqu'elles n'ont pas été ſtipulées dans l'acte primordial.

Voyez ce que je dis à ce ſujet ſous le titre des *Reconnoiſſances*, qui ne ſont pas des actes diſpoſitifs, mais ſeulement déclaratifs. *Partes non intendunt diſponere ſed renovare*, comme dit Dumoulin.

X I.

Les jugemens & tranſactions ne couvrent pas les ſurcharges, à moins que ces actes ne ſoient intervenus nommément ſur la ſurcharge & après l'exhibition du titre primordial.

Il semble qu'il faut même faire une différence à cet égard entre les jugemens & les transactions ; & quoiqu'il soit vrai que la surcharge est couverte par un jugement, où il en a été question, il n'en est pas de même à l'égard des transactions, qui peuvent avoir été extorquées comme les reconnoissances. Ainsi jugé en 1725 par la Chambre Souveraine des Eaux & Forêts du Parlement de Toulouse : Jugement rapporté dans les collections mss. de M. Furgole, qui cite, mais sans datte, un Arrêt contraire. Vedel sur Catelan, liv. 3, chap. 36, en rapporte un de 1717, qui supprima la surcharge, malgré plusieurs transactions, qui tendoient à l'autoriser.

X I I.

Lorsque dans l'acte dénoncé comme contenant une surcharge, il est fait mention d'autres titres, le Seigneur ne peut se dispenser d'exhiber ces titres.

Ainsi jugé par un Arrêt du Parlement de Toulouse du 9e. de Janvier 1725. Il fut ordonné, que le Seigneur remettroit chez un Notaire les titres, & les y laisseroit pendant deux mois, pendant lequel tems il seroit loisible aux habitans d'y avoir recours, & d'en prendre des extraits à leurs frais.

Autre Arrêt du même Parlement du 22e. d'Août 1732, les Habitans de Bonvejols se plaignoient d'une surcharge insérée dans une reconnoissance de 1712. ils demanderent l'exhibition des titres qui y étoient énoncés. Le Seigneur refusa, & l'arrêt ordonna qu'il remettroit ces titres au procès dans trois jours, autrement permis aux habitans de prendre du défaut de rémission, les inductions telles que de droit. Telle a toujours été la Jurisprudence du Parlement de Toulouse, Mr. de la Roche-Flavin des droits Seigneuriaux ch. 1. art. 15.

Mais le Seigneur n'est pas obligé de communiquer au vassal ou emphitéote d'autres titres que ceux qui sont communs entr'eux, tels que les baux à fief ou emphitéose, réconnoissances &c. L'avantage qu'uon pourroit retirer de la communication des titres de la Seigneurie n'est pas une raison pour la demander. Arrêt du même Parlement du 26 de Mai 1705. ils sont tous rapportés dans le Journal du Palais de Toulouse.

XIII.

Lorsque le Seigneur a perdu les titres, qui établissoient son droit de mouvance, ou les vassaux & emphitéotes ceux de leur affranchissement par quelque cas fortuit, la preuve de la teneur peut être faite par témoins.

Mr. de la Roche-Flavin, *des droits Seigneuriaux* ch. 1. art. XI.

XIV.

Si le Seigneur n'a manoir en son fief, il doit en élire un, où les vassaux puissent s'addresser pour payer leurs rédévances, & faire tous actes & diligences qu'ils sont tenus de faire.

Gui-Pape & Ferrieres quest. 123. Henris tom. 1er. liv. 3 quest. 9.

XV.

Lorsque les Biens du vassal ou emphitéote sont mis en générale distribution, le Seigneur est alloüé, par préférence à tous Créanciers pour la rente & arrérages des Droits Seigneuriaux sur la vente séparée des fonds sujets à ces droits ; & les dépens faits pour l'exaction de ces mêmes droits sont alloüés au même degré.

Mr. Cambolas liv. 3. ch. 16. Mr. de Catelan liv. 6. ch. 9.

atteſtent la Juriſprudence , quant à la préférence ſur le prix de la vente du fonds. Telle eſt auſſi celle du Parlement de Provence.

Mr. de Catelan liv. 3. ch. 18 rapporte un Arrêt rendu en Mars 1676 & qui jugea , que le Domaine direct acheté par le Poſſeſſeur du fonds emphitéotique devoit être vendu ſéparément pour le payement du prix , lorſque les biens de ce débiteur ſont généralement ſaiſis.

Quant aux dépens , la Juriſprudence du Parlement de Touloufe à varié. Mr. de Catelan liv. 6. ch. 9. rapporte un Arrêt qui leur donna la même préférence que celle qui eſt acquiſe pour les Droits Seigneuriaux. Mais par un Arrêt du 30 de Juillet 1707. rendu après un partage porté de la troiſiéme Chambre des Enquêtes à la premiere , la préférence fut refuſée. Mr. Furgole qui rapporte cet Arrêt dans ſes notes marginales , ſur le recueil de Mr. de Catelan , remarque , qu'il y avoit cette circonſtance , que ce n'étoit pas le Seigneur , mais ſon Fermier , qui avoit fait ces dépens ; circonſtance , qui paroît & doit être indifférente , ſi le Fermier a le même privilége pour la rente ou Droits Seigneuriaux , que le Seigneur , comme l'établit Du-Moulin §. 1. gloſ. n. 21. & 22.

Semblables Arrêts qui refuſerent la préférence pour les dépens. L'un du 23. d'Août 1717. l'autre rendu en 1726. un troiſiéme du 20. de Mai 1737. Ils ſont cités dans les notes marginales d'un Conſeiller au Parlement ſur le recuëil de M. de Catelan. On eſt enfin revenu à l'ancienne Juriſprudence , Arrêt du 6. de Mars 1733. rapporté dans le journal du Palais. Semblable Arrêt du 21 de Mars 1735. dont M. Furgole rapporte la teneur. » La Cour ordonne que ledit de Colbert (Evêque de » Montpellier) ſera payé par privilége & préference ſur le prix » qui viendra de la vente ſeparée des biens dépendans de la » metairie de Laveſque , mouvans de la directe de l'Evêché de » Montpellier , de la ſomme de 661. liv. 19 ſ. 8d. à laquelle le » Lods dû a été liquidé par les Experts. En même tems , rang , » & privilége ſera payé audit de Colbert , ſur ladite vente ſé- » parée , le montant des frais & dépens expoſés pour parvenir » à ladite eſtimation & allocation.

Semblable Arrêt du 7 de Septembre 1736. Les dépens , dit M. Furgole étoient fort conſidérables , & ils furent alloüés au même rang , que les rentes Seigneuriales , même avant la dot , quoique antérieure à l'adjudication des dépens.

TITRE SECOND.

De la Justice.

I.

LA conceſſion de la Juſtice doit être expreſſe dans une inféodation ; & s'il y eſt fait mention ſeulement de toute Juſtice , *cujuſcumque juriſdictionis* , on ne peut en vertu de pareil tranſport réclamer que la moyenne & baſſe.

Toutes les Juſtices ſont préſumées concedées ou confirmées par le Souverain, qui a ſeul le droit de les créer. *Omnes juriſdictiones à Principe manant.* Dumoulin ſur la cout. de Paris , §. 1. gloſ. 5. n. 49 ; Loiſeau des *Seigneuries* , ch. 6. n. 31. Boutaric *des droits Seigneuriaux* tit. *de la Juſtice.*

Il faut néceſſairement que la Juſtice ſoit énoncée dans une inféodation ; parceque ſuivant la maxime générale du Royaume le fief & la juſtice n'ont rien de commun : *feudum & juſtitia ſe habent ut diverſa.* Dumoulin ibid. n. 47 : maxime qui a lieu en Provence , où le fief peut exiſter ſans juſtice , & la juſtice ſans fief. Je refuterai ailleurs l'erreur de ceux qui croient que la juſtice y eſt inſéparable du fief ; parcequ'on ne peut pas y poſſeder des biens nobles ſans participer à la juſtice.

M. de Clapiers cauſ. 50 , queſt. 2 obſerve que la clauſe *de caſtro , ejus territorio , juriſdictione , diſtrictu , dominiis , poſſeſſionibus , nemoribus &c.* étoit communément employée dans les inféodations des anciens Comtes de Provence. D'où il faut conclure qu'on ne regardoit pas alors les termes , *caſtrum , diſtrictus & territorium* , comme renfermant implicitement la juſtice , puiſque l'on en faiſoit expreſſément mention.

M. de Boiſſieu en retraçant la maxime dans ſon traité de l'uſage des fiefs , pag. 111 , obſerve que c'eſt par cette raiſon que lorsqu'on veut comprendre la justice dans la saisie & decret d'une terre , *il est nécessaire d'en faire la déclaration expresse ;* encore qu'elle fût annexée & incorporée au fief.

Chopin dans son traité du domaine, liv. 3 , tit. 20 , n. 1 atteste aussi la maxime , & cite un mandement de Philippe le Bel de 1311 addressé au Bailli de Caux & un Arrêt de 1262. Il ajoute que quelquefois *l'alienation d'un chateau faite par le Roi entraine la haute justice, & de ce il y eut Arrêt , moi plaidant.* Mais il cite ce même Arrêt, dont la datte est du 8 d'Août 1575 sur l'art. 42 de la coutume d'Anjou , & il dit que par le contrat la haute justice avoit été vendue. Voyez l'art. suiv. & les notes, où j'établis la différence qu'il y a à faire entre l'inféodation & le transport fait à tout autre titre.

Les sous-inféodations sont regies par la même regle. Le possesseur d'un arriere fief n'aura pas même une portion de la moyenne & basse justice, si elle ne lui a pas été départie expressément ; que que étendues que puissent être les clauses concernant le transport : par exemple , quoiqu'il y soit énoncé que le possesseur joüira de tous les droits acquis aux autres possesseurs d'arriere fief. Ainsi jugé en faveur du Marquis de Simiane Seigneur de Rians , contre le sieur Brun de la Valere par Arrêt rendu en 1749 conformément aux conclusions que je portai pour Mr. le Procureur général.

Quant à cette autre maxime ; que la simple dénomination de la Justice ne peut pas dans les inféodations s'appliquer à la haute , il y a deux anciens Arrêts du Parlement de Paris déposés dans des Mémoires conservés dans les Archives de la Chambre des Comptes d'Aix. *In generali concessione quacumque non intelligimus nec intelligi volumus altam justitiam* , est-il dit dans le premier de ces deux Arrêts ; & dans le second , *in dono à Rege facto cujuscumque Jurisdictionis altam justitiam non comprehendi.*

Loiseau des *Seigneuries* , ch. 10 dit que s'il est seulement fait mention de la justice , ce terme ne peut s'appliquer qu'à la basse justice.

II.

S'il s'agit, non d'une inféodation , mais de la vente , échange ou donation d'un fief formé , où le Souverain faisoit exercer

comme Seigneur féodataire une justice particuliere & indépendante de celle qui lui
appartenoit par droit de souveraineté, la
cession de ce fief avec tous ses droits & ap-
partenances renferme le transport de toute la
justice qu'il y possédoit.

Je vais rapporter des exemples, qui justifient parfaitement que
les anciens Comtes de Provence regardoient pareils Actes de
transport comme contenant la concession même de la haute
justice. Ils la reservoient expressément lorsqu'ils ne vouloient
pas la céder.

Raimond Beranger Comte de Provence donna en 1234. la
Terre de Cabannes avec l'entiere domination, *integrâ dominatione*,
sur les hommes & les justices ; *excepto & retento nobis mero imperio.* Voilà la haute justice.

Ce même Prince fit en 1237 un échange avec le Prévôt du
Chapitre collégial de Barjols. On trouve dans cet Acte la réserve suivante : *salvis & retentis nobis omnibus pœnis & justitiis
corporalibus cum sanguinis effusione & mero imperio & delictis
commissis in itineribus publicis & sacris locis & offensis factis a
clericis & personis religiosis.*

Quelquefois ce Souverain retraignoit la réserve à une partie
de la haute justice, c'est-à-dire à certains cas, dont elle seu'e
a droit de connoître. Ainsi dans la donation faite 1208 de la
terre de Montfort, le Comte Idelphons n'employa pas ces ex-
pressions indéfinies, *excepto mero imperio*, mais celles-ci,
exceptis homicidiis & proditionibus; & ce fut sur ce fondement
que le Seigneur de Montfort fut maintenu par un Jugement
des Commissaires du domaine rendu le 12 de Décembre 1688
dans la possession de la haute justice à l'exception de l'exercice
pour la poursuite & punition des crimes d'homicide & de tra-
hison ; lequel exercice seroit fait par les Officiers de sa Majesté
à qui les amendes appartiendroient.

Semblable Jugement rendu le 15 de Juin 1742 en faveur de
la Dame de Villeneuve pour la haute justice dans sa terre du
Bar. Le Comte de Provence s'étoit énoncé ainsi dans l'Acte
d'échange : *nullo nobis retento vel reservato in dictis castris vel
eorum territoriis sive in hominibus habitantibus in dictis locis,
nec in Jurisdictione nec in aliquo alio jure pertinente ad dicta loca ;*

exceptis homicidiâ & rapinâ commiſſâ in caminis publicis. En maintenant la Dame du Bar dans la poſſeſſion de la haute juſtice, on reſerva aux Officiers Royaux de la Senéchauſſée de Graſſe, la connoiſſance des crimes d'homicide & de vol commis ſur les grands chemins.

III.

Lorſque le droit de juſtice eſt diſputé pour le Roi à un Seigneur, on exerce la juſtice au nom du Roi par proviſion.

Baquet, trait. des droits de juſtice, ch. 4; Rebuffe, *tract. de ſentent. execut* gloſ. 4, n. 10; Berthelot, trait. des droits du domaine du Roi, ch. 25, pag. 93.

IV.

La juſtice ne peut pas être tenue en Franc aleu, & il faut néceſſairement reconnoître le Roi, & lui en rendre foi & hommage.

Bacquet des droits de juſtice, ch. 4, n. 4.; Caſeneuve, trait. du Franc aleu, liv. 1er, ch. 9; Loiſeau des Seigneuries, ch. 4, n. 6; Chaſſanée ſur la cout. de Bourgogne, rubr. 1, § 1 *in v°.* le Seigneur juſticier.

V.

Dans l'Acte d'érection d'un arriere-fief le le Seigneur haut juſticier ne peut pas ſe ré-ſerver le droit de reſſort ou d'appel à ſa juſtice.

Ainſi jugé en 1714 contre le ſieur de Cugis pour l'arriere-fief de la Tourrelle erigé par le Seigneur d'Ollioules. Le mê-me Arrêt jugea que cette réſerve qui devoit être rejettée, ne rendoit pas nul l'Acte d'érection. La conceſſion *vitiatur & non vitiat.*

Dumoulin ſur la cout. de Paris § 1, gloſ. 5, n. 50: *licet concedatur omnimoda juriſdictio & merum & mixtum imperium, censetur concessa in prima instantia, non in causa appellationis.*

Il y a en Provence plusieurs Seigneurs, qui ont des Juges d'Appeaux, dont la Jurisdiction de ressort a été demembrée de celle des Senéchaussées ; & la question qui consiste à savoir s'ils peuvent connoître des cas Royaux civils & criminels a été souvent agitée. Il y a des Arrêts pour & contre.

VI.

La haute justice est designée dans les inféodations des anciens Comtes de Provence par cette qualification, *merum & mixtum imperium* ; & quelquefois on ajoutoit, *quod delinquentibus seu mutilationem membrorum & quamcumque pœnam sanguinis irrogat.*

VII.

La possession immémoriale constatée par des Actes tels qu'institutions d'Officiers , procédures, aveux, dénombremens, suffit pour la maintenue dans l'exercice de la justice même de la haute ; pourvû que le titre primordial, qui prouveroit que le commencement de la possession , a été vicieux, ne paroisse pas.

C'est avec cette restriction, qu'il faut adopter le sentiment de Bacquet, qui dans son traité des droits de justice ch. 5. n. 3. dit que l'on peut acquérir par la prescription, même contre le Roi, tout droit de justice. Loiseau trait. des Seigneuries ch. 4. n. 65. dit que la preuve par témoins ne doit pas être recûë, & qu'on n'admet que celle qui est formée par des Actes. Ainsi jugé par Arrêt du Parlement de Toulouse du 18 de Juillet 1652. rapporté par Mr. de Catelan liv. 3. ch. 2.

Mais des Actes de foi & hommage ne suffiroient pas ; ainsi jugé par l'Arrêt rapporté par Mr. de Catelan liv. 3. ch. 2. l'hommage est un Acte incomplet, s'il n'est pas suivi du dénombrement ;

&

& Il faut de plus que le dénombrement ait été reçû. Alors il prouve contre le Roi même la justice, quoiqu'il n'y ait point d'Acte possessoire : c'étoit une circonstance remarquable dans la cause, où intervint l'Arrêt que je viens de citer. La justice avoit toujours été exercée au nom du Roi. L'Arrêt soumit le Seigneur à rapporter d'autres titres, que des Actes de foi & hommage. Il présenta des aveux & dénombremens, & l'Arrêt lui fut favorable.

Le titre paroissant, & prouvant que la justice n'avoit pas été transportée, la prescription, ne peut pas être admise. Arrêt du Parlement de Touloufe du 30 de Janvier 1684. rapporté par Chorrier dans fa Jurifprudence de Gui-pape, & rendu contre l'Evêque de Beziers.

Jugé par Arrêt du même Parlement du 7. de Septembre 1713, que de Seigneur à Seigneur la justice ne pouvoit être prescrite que par une possession immémoriale. Il est cité dans les notes marginales d'un Conseiller au Parlement sur le recueil de Mr. de Catelan.

VIII.

Les causes & crimes, dont la connoiffance appartient à la haute justice, font les meurtres, les assassinats, agressions, vols, blessures avec effusion de sang, adulteres, rapts, incestes, fauffetés, violences publiques & privées, assemblées faites avec port d'armes, séditions, monopoles, sacriléges, peculat, vénéfice, forcélerie, magie, larcins domestiques, & nocturnes, ou faits avec fraction, & autres qualifiés, & tous crimes publics, & autres pour la punition desquels par disposition de Droit, d'ordonnance ou de coutume, il y a peine de mort naturelle ou civile, mutilation ou abcision de mem-

C

bre, ou amende honorable , fouët, galeres , banniſſement , & toute autre peine corporelle avec manifeſte & apparence d'infamie. Le haut juſticier connoit auſſi à l'excluſion du moyen & bas des cauſes contenant l'état des perſonnes.

Ce détail eſt copié d'après un fameux Arrêt de Reglement rendu le 27 de Mai 1611 entre la Ducheſſe de Mercœur & l'Abbé de Mont-majour, rapporté par Boniface , tom. 3 , liv. 1. tit. 4.

Il faut en retrancher tous les crimes qui ont été declarés cas royaux, dont la connoiſſance eſt reſervée aux Baillifs & Sénéchaux.

Voyez ſur cette matiere l'Arrêt du Parlement de Toulouſe du 13 de Septembre 1552 rapporté par automne ſur la loi 3. ff. *de Juriſdict* : Mainard liv. 2 , ch 19 ; la Roche-flavin des *Droits Seigneuriaux* , ch. 36 , art. 1 ; Loiſeau *des Seigneuries* , ch. 10 ; Boiſſieu *de l'uſage des fiefs* , ch. 57.

IX.

Le moyen juſticier connoit des autres crimes qui ne ſe vengent par ces peines , & de toutes les autres matieres & actions civiles , réelles , perſonnelles & mixtes.

Mêmes Arrêts des Parlemens d'Aix & de Toulouſe , cités ſur l'Article précédent.

X.

Le bas juſticier connoit des cauſes civiles juſques à 60 ſols , & des criminelles légères juſques à 6 ſ. d'amende. Si le crime en mérite une plus conſidérable , le ſurplus appartient au haut juſticier.

Cambolas , liv. 4, ch. 2 & 44, où il rapporte un Arrêt du
1 de Mai 1522. suivant lequel le Juge du bas justicier peut
coondamner , pour délit à une amende de 60 S. , la Roche-flavin
des *Droits Seigneuriaux* liv. 3 , ch. 1 , n. 5.

XI.

Le haut justicier est fondé par le droit
commun en la possession de la moyenne &
basse justice , & le moyen justicier en la
possession de la basse ; & s'il n'y a point
de titre contraire , la moyenne & basse
relevent dela haute.

Boissieu de *l'usage des fiefs* , ch. 57 , où il dit que c'est parce
que les Droits de la moyenne & basse justice séparés de ceux
de la haute *ont été tirés & éclipsés de celle-ci.*

XII.

Le Seigneur justicier a seul le Droit d'a-
voir des fourches patibulaires ; & l'on n'a
pas adopté en Provence la disposition des
coutumes , qui reglent le nombre des piliers
suivant la qualité de simple Châtelain , de
Baron & de Comte.

XIII.

Soit qu'on n'ait pas usé de ce Droit , soit
qu'on veuille rétablir les fourches tombées ,
on le peut sans rapporter des lettres de la
Chancellerie , qui en accordent la permission.

Bacquet , *trais. des Droits de justice* , ch. 9 , établit la néceffité de cette permiffion ; mais cette formalité n'a jamais été obfervée en Provence non plus qu'en Dauphiné. Boiffieu , ch. 57 *de l'ufage des fiefs.*

XIV.

Le moyen jufticier a le Droit d'avoir un pilori ou carcan , & il peut bâtir château , tours , murs avec crenaux dans fon fief.

Je dis *dans fon fief*; parce que s'il n'a qu'un arriere-fief , il ne peut pas donner le nom de château à fa maifon. Ainfi jugé par Arrêt du 27 de Janvier 1639 rapporté par Boniface tom. 1er , liv. 3 tit. 2 , ch. 8 ; à moins que le Seigneur de qui releve l'arriere-fief , & qui y a feul intérêt , ne lui ait permis d'avoir château , tours , crenaux ; & tel eft affez l'ufage.

Par Arrêt du Parlement de Touloufe du 3 de Décembre 1715 à la premiere chambre des Enquêtes rendu entre le Baron de Roquecefiere & le fieur de Nogaret , il fut jugé que quoique celui ci Cofeigneur direct ne pût pas appeller fa maifon du nom de château , & que fuivant un Arrêt de 1626 il ne pût y faire d'autres tours que celles qui y étoient alors , cependant il avoit pû changer le couvert d'une de ces tours , & le mettre à tuile à crochet & conféquemment en pointe ; au lieu que lors de l'Arrêt de 1626 il étoit plat & à tuile à canal , & que n'y ayant point de girouette , le changement du couvert ne préfentoit pas une marque Seigneuriale.

XV.

La véritable Seigneurie eft dans la haute juftice , émanation de la juftice royale. Ainfi le haut jufticier de la Paroiffe eft le feul qui peut s'en dire Seigneur indéfiniment ; & les Seigneurs de fief , lorfque leur fief porte le nom de la Paroiffe , ne peuvent fe qualifier que Seigneurs de tel fief fis en telle Paroiffe.

Loiseau *des Seigneuries*, ch. 11 n. 2 & suiv.; Mornac sur la loi 1, *cod. de offic. præfect. urb.* ; Boissieu de l'*usage des fiefs*, ch. 56; Guiot *observat. sur le Droit des Patrons & des Seigneurs*, &c. ch. 3, n. 4, où il rapporte plusieurs Arrêts.

XVI.

Le Cosseigneur haut justicier, le moyen & le bas, & le Seigneur féodataire ou direct, doivent ajouter au titre de Seigneur la qualification particuliere, qui leur donne lieu de le prendre.

Coquille sur la cout. de Nivernois, *du Droit d'Ainesse*, art. 1; Loiseau *des Seigneuries*, ch. 4. n, 17 & 29, Arrêts rapportés par la Roche-flavin *des Droits Seigneuriaux*, ch. 11 art. 6. 7. 8 & 13; Graverol ibid.; Cambolas, liv. 3 ch. 33; & liv. 4. ch. 44. Catelan liv. 3 ch. 1; Vedel ibid. Par l'Arrêt du 27 de Janvier 1639 que j'ai cité sur l'art. 14, il fut jugé que le possesseur d'un arriere-fief ne pouvoit prendre que la qualité de *sieur* de .... Mais ordinairement le Seigneur de qui l'arriere-fief releve assure, par l'Acte d'érection le Droit de prendre la qualité de *Seigneur*.

XVII.

Les vassaux & possédans biens ne peuvent avoir des crenaux & meurtrieres aux murs de leurs maisons.

Arrêt du 16 de mai 1665 entre le Seigneur & la Communauté de Puiloubier rapporté par Boniface tom. 1, liv. 3 tit. 3, ch. 3; Acte de Notorieté donné pat Mrs les Gens du Roi rapporté dans le recueil imprimé, n. 128 : Decormis , tom. 1, col. 904. Boissieu *de l'usage des fiefs*, ch. 44 rapporte un semblable Arrêt du Parlement de Paris du 22 de Février 1659.

Arrêt du Parlement de Touloufe du 20 d'Août 1715 qui jugea que l'on ne pouvoit pas avec le fecours de la prefcription acquérir le Droit d'avoir des crenaux dans la terre d'un Seigneur.

Arrêt du même Parlement rapporté par Albert let. v. ch. 3. qui jugea qu'un vaffal ne pouvoit pas faire bâtir des tours, qui montent plus haut que le toit de la maifon.

XVIII.

Chacun peut bâtir des Colombiers même à pieds fans la permiffion du Seigneur haut jufticier, qui n'a ni titre ni poffeffion dérivant d'une prohibition à laquelle on ait acquiefcé.

Plufieurs coutumes ont mis au rang des dépendances de la haute juftice le Droit exclufif d'avoir des Colombiers à pied ; & Boiffieu ch. 43 obferve que dans les remontrances qui furent préfentées au Roi par la Nobleffe aux Etats de Blois, le 3 de Janvier 1577, art. 43, elle demanda qu'il fut deffendu meme aux Gentils-hommes de faire des Colombiers en pied dans les terres des hauts jufticiers fans leur permiffion.

Il y a d'autres coutumes, qui permettent indiftinctement à tous particuliers d'avoir des Colombiers ou volieres fur des piliers ou folives. L'on entend par Colombier à pied celui qui a des boulins ou paniers à tenir pigeons jufques au Rez de chauffée.

En Dauphiné il n'y a que les Gentils-hommes qui puiffent bâtir des Colombiers foit à pied foit fur piliers. Boiffieu *loc. cit.* en Languedoc le Seigneur ne peut interdire cette liberté aux vaffaux & emphitéotes, s'il n'a un titre ou une poffeffion. Arrêts rapportés par Mr. de la Roche-flavin *des Droits Seigneuriaux,* ch. 22, art. 1 & 2 Geraud trait. *des Droits Seign.* liv. 2, ch. 7. n. 18. Mr. d'Olive liv. 2. ch. 2.

Tel eft auffi l'ufage obfervé en Provence ; & je fuis furpris que par un Arrêt du 17 de Mars 1686, rapporté par Decormis, tom. 1er, col. 903 on eut fait dépendre la décifion de l'ufage des fiefs voifins ; tandis qu'il avoit été jugé recemment (en 1685) par un Arrêt confirmé par un Arrêt du Confeil que le Seigneur, qui n'avoit ni titre ni poffeffion, ne pouvoit empêcher qu'on ne bâtit des Colombiers. Paſtour dans ſon traité *Juris-feudalis ,* lib. tit. 6 rapporte un Arrêt conforme du 30 d'Octobre 1631, enfin la queſtion a été ſolemnellement jugée par l'Arrêt, dont je vais rapporter la teneur.

Arrêt du grand Conſeil, qui maintient les habitans du Païs de Provence dans le Droit d'avoir & tenir des Colombiers & Pigeonniers, du 30. Janvier 1736, Extrait des Régiſtres du Grand Conſeil.

LOUIS PAR LA GRACE DE DIEU, ROI DE FRANCE ET DE NAVARRE, Comte de Provence, Forcalquier & Terres adjacentes : à tous ceux qui ces préſentes Lettres verront, SALUT. Sçavoir faiſons comme par Arrêt ce jourd'hui donné en notre Grand-Conſeil entre notre bien aimé Vachon de Belmont, Chevalier de l'Ordre de Saint Jean de Jeruſalem, Receveur & Procureur Général dudit Ordre au Grand Prieuré de Saint Gilles, ayant répris l'inſtance au lieu & place de feu Frere Joſeph de Forbin d'Oppede ci-devant Chevalier dudit Ordre , & Receveur & Procureur Général dudit Ordre audit Grand Prieuré de Saint Gille, par Acte reçû au Greffe de notre Conſeil le 15. Janvier 1735. Demandeur ſuivant l'exploit du 19. Septembre 1733 , fait en vertu des Lettres Patentes d'évocation générale accordées par Nous à l'Ordre de Malthe à notre Conſeil, & requerant que le Deffendeur ci après nommé ſoit condamné à faire démolir dans le tems qui lui ſera preſcrit par notre Conſeil, un Colombier à pied rond en forme de tour, que ledit Deffendeur a fait conſtruire dans un petit terrain ſitué dans le Village de Lardiers, dont la Seigneurie appartient audit Ordre de Saint Jean de Jeruſalem à cauſe de la Commanderie de Saint Jean d'Avignon, lequel Colombier a été bâti & conſtruit ſans aucun titre, ledit ſieur Deffendeur n'ayant ni Fief , ni Seigneurie, ni juſtice dans ladite Paroiſſe de Lardiers, & dont la Seigneurie appartient au Demandeur, & que faute par ledit Deffendeur de faire démolir ledit Colombier à pied dans le tems qui lui ſera preſcrit , il ſera permis au Demandeur audit nom de le faire démolir aux frais & dépens dudit Deffendeur, dont exécutoire ſera délivré au Demandeur avec dommages & intérêts & dépens d'une part, & M^{re}. Fran-çois Eymar Ecuyer, Seigneur de Bignoſc notre Conſeiller , Lieutenant Général au Siége & Sénéchauſſée de Forcalquier Deffendeur d'autre part, & entre ledit Mre. François Eymar, Demandeur en Requête par lui preſentée à notre Conſeil le 17. Mai 1735, tendante à ce qu'il plaiſe à notre Conſeil, ſans avoir égard à la demande du ſieur Commandeur ez noms & qualités qu'il procéde , ordonner que les Arrêts tant du Parlement d'Aix que de notre Conseil d'Etat , concernant la faculté qui appartient de tous les tems en Provence d'avoir des Pigeonniers seront executés , ce faisant débouter ledit sieur de Belmont de sa demande à fin de démolition de celui que le Demandeur a en sa Bastide de Lardiers , & condamner le sieur Commandeur de Belmont aux dépens d'une part , & ledit sieur Commandeur de Belmont ez noms & qualités qu'il procéde deffendeur d'autre part ; & entre les Procureurs des Gens de trois Etats de Provence , Demandeurs en Requête par eux présentée à notre Conseil le 20. Mai 1735 , tendante à ce qu'il plaise à notre Conseil les recevoir parties intervenantes en la cause & instance pendante à notre Conseil entre Frere de Vachon de Belmont , Chevalier de l'Ordre de Saint Jean de Jerusalem , Receveur & Procureur Général dudit Ordre au Grand Prieuré de Saint Gilles d'une part , & ledit sieur François Eymar Lieutenant Général de Forcalquier d'autre part , sur une demande formée contre ledit sieur Eymar , à ce qu'il soit ordonné que le Pigeonnier qu'il a fait construire au Lieu de Lardiers sera démoli , donner acte aux Demandeurs de ce que pour moyens d'intervention , ils employent le contenu en leur Requête , faisant Droit sur ladite intervention , ordonner que l'Arrêt de notre Conseil d'Etat du 30. Août 1685 , & Lettres Patentes expediées en conséquence au mois de Septembre de la même année , confirmatifs des dispositions de l'Arrêt du Parlement d'Aix du 16. Mars 1685 , seront executés selon leur forme & teneur , ce faisant , que les particuliers continueront de joüir du Droit d'avoir des pigeonniers , & en cas de contestation condamner les contestans aux dépens , sauf & sans préjudice aux Demandeurs de prendre par la suite d'autres conclusions s'ils le jugent à propos d'une part , & ledit sieur Commandeur de Vachon de Belmont , Demandeur en Requête par lui presentée à notre Conseil le 12e. jour de Janvier 1736 , tendante à ce qu'il plaise à notre Conseil lui donner acte de la représentation qu'il fait du Contrat de vente faite par le sieur Eymar au sieur Laugier le 24. Janvier 1735 , des biens à lui appartenans à Lardiers , & notamment d'un pigeonnier , ce qui prouve que le sieur Eymar n'a plus aucun Droit ni qualité , & attendu l'acte passé par le sieur Laugier le 25 Août dernier , par lequel il a reconnu que le pigeonnier en question avoit été construit contre les régles & l'usage & la justice de la demande du Demandeur , & ne tenir ledit pigeonnier en question en la forme qu'il est , qu'en conséquence de la permission de l'Ordre & du sieur Commandeur d'Avignon, aux charges & conditions portées par ledit Acte ; & en conséquence desdits actes donner pareillement acte au Demandeur de sa Déclaration, qu'il n'y a plus d'instance subsistante pour raison du pigeonnier en question, sans préjudice d'autres Droits & actions du Demandeur, & en cas de contestations condamner les contestans aux dépens, sauf à prendre telles autres conclusions qu'il appartiendra d'une part, & ledit Sr. Eymar Deffendeur d'autre part ; & encore entre ledit sieur Eymar Demandeur en Requête par lui présentée à notre Conseil le 21 Janvier 1736. tendante à ce qu'il plaise à notre Conseil, sans avoir égard à la Requête dudit sieur Commandeur de Belmont du 12 dudit mois de Janvier ni à l'Acte extorqué du sieur Laugier, ordonner que les parties plaideront la cause étant au rolle, & y adjuger au Demandeur les fins & conclusions qu'il y a prises avec dépens d'une part, & ledit sieur Commandeur de Vachon de Belmont Deffendeur d'autre part ; & encore entre les Procureurs des Gens des trois Etats du Païs de Provence, Demandeurs en Requête par eux presentée à notre Conseil le 21. Janvier 1736. à ce qu'il plaise à notre Conseil en plaidant par les parties la cause d'entre les parties, ordonner qu'elles plaideront pareillement sur la présente Requête, ce faisant déclarer l'acte que le sieur Commandeur d'Avignon s'est fait passer par François Laugier le 15e. jour d'Août 1735. nul, en conséquence sans y avoir égard adjuger aux Demandeurs les conclusions par eux prises par leur Requête d'intervention du 16e. jour de Mai dernier, & condamner frere Joseph de Vachon de Belmont, Receveur & Procureur Général de l'Ordre de Malthe au Grand Prieuré de Saint Gilles, en tous les dépens des Demandeurs, même en ceux qu'ils ont été & feront obligés de faire contre ledit sieur Eymar, & en tous ceux de la présente demande d'une part, & ledit sieur Commandeur de Vachon de Belmont & led. sieur Eymar Deffendeurs d'autre part, sans que les qualités puissent nuire ni préjudicier : après que de Laverdy Avocat dudit sieur Commandeur de Vachon de Belmont assisté de Cochin son Procureur, a été oüi & conclu en ses demande & Requête, que Aubry Avocat dudit sieur Eymar & des Procureurs des Gens des trois Etats de Provence, assisté de Brunet & Boisseau leurs Procureurs, a été aussi oüi & conclu en leur intervention & Requêtes, & que Bignon pour notre Procureur Général a pareillement été oüi : ICELUI NOTRE DIT GRAND CONSEIL, a reçû les Procureurs des trois Etats de Provence parties intervenantes , faifant droit fur leur intervention fans avoir égard audit acte du 25 Août 1735. en ce qui concerne les Droits & priviléges defdits trois Etats de Provence , ordonne que les Arrêts de notre Confeil d'Etat & Lettres Patentes feront executez , en conféquence a maintenu & gardé les habitans defdits trois Etats de Provence dans le Droit d'avoir des Colombiers & Pigeonniers conformément aufdits Arrêts & Lettres Patentes , dépens compenfez , & la partie de Laverdy fournira le prefent Arrêt. Si donnons en Mandement au premier des Huiffiers de notredit Confeil , en ce qui eft exécutoire en notre Cour & fuite , & hors d'icelle au premier defdits Huiffiers ou autre notre Huiffier ou Sergent fur ce requis , qu'à la Requête dudit Eymar & defdits Procureurs des trois Etats de Provence , le prefent Arrêt il mette à exécution nonobftant oppofitions ou apellations quelconques , & outre faire pour l'entiere exécution des préfentes , tous exploits , fignifications , commandemens , conftraintes & autres actes de juftice requis & néceffaires ; de ce faire te donnons pouvoir fans pour ce demander Placet , Vifa ni Pareatis. Donné en notre grand Confeil , à Paris le 30 jour de Janvier l'an de grace 1736, & de notre Regne le 21e.

TITRE III.

De l'adminiftration de la Juftice.

I.

LEs Seigneurs ne peuvent pas exercer eux-mêmes les fonctions de Juge dans l'étendue de leur Juftice ; ils doivent y établir des Officiers qui l'adminiftrent en leur nom.

» Anciennement, dit St. Julien dans fes mélanges hiftor.
» les Gentils-hommes adminiftroient en tout & par tout la
» Juftice. Depuis les Jurifdictions furent diftinguées , & le

» pouvoir de chaque Gentil-homme fut borné dans l'enclos de
» ses limites. Ils avoient sous leur protection les simples particu-
» liers, les veuves, les orphelins & les autres personnes faciles à
» opprimer. A eux appartenoit de vuider & décider les différents
» de partie à partie entre leurs hommes, sans que le Roi ni ses
» Officiers s'en mêlassent. Les Parlemens n'étoient pas encore
» établis ; les Senechaux ou Baillifs Royaux qui devoient être Gen-
» tils-hommes, n'avoient d'autre exercice de Jurisdiction que de
» connoître si les Prevôts & les Juges Châtelains aux terres
» du Domaine du Roi comme Seigneur & non comme Sou-
» verain, avoient bien ou mal Jugé. Les Barons & Seigneurs
» ne permettoient pas que les appellations de leurs Juges Cha-
» telains & moins celles de leurs Baillifs ou Juges d'ap-
» peaux fussent rélevées en quelque sorte que ce fût devant
» le Baillif Royal, qui alors n'avoit ni Lieutenant Général ni
» Particulier. Mais ils commettoient celui qui leur plaisoit,
» ou faute d'y commettre, celui des Avocats le plus Ancien
» en Réception & premier en ordre tenoit le Siége ; &
» comme le Roi rendoit lui-même la Justice à ses Barons,
» autant en faisoit le Duc en son Duché, le Comte en sa
» Comté, le Baron en sa Baronie, & le Seigneur en sa
» Seigneurie ; sans que le Roi ni ses Officiers en les Jurisdic-
» tions ordinaires y eussent que voir ni que connoître. «
Un Edit de 1366 donné par la Reine Jeanne Comtesse
de Provence, & imprimé dans le recueil des statuts, prouve qu'anciennement les Seigneurs y administroient eux-mêmes
la Justice.
Arrêt du 22 de Mai 1643, qui cassa un Décret, par lequel le Comte de Grignan avoit ordonné que sans s'arrêter
à une récusation proposée contre le Juge de Grignan, il seroit procédé devant lui. Le même arrêt fit des défenses à
tous les Seigneurs d'exercer la fonction de Juges dans leurs
terres.

II

Le Roi ne peut pas faire exercer la Justice dans les terres des Seigneurs, même pour
les cas Royaux, dont la connoissance est interdite à leurs Officiers.

Loiſeau *Trait. des Offices*, ch. 1 n. 50 & 55 ; Peleus ; queſt. liv. 3, ch. 4 ; Chopin, *Trait. du Domaine*, *lib. 3*, *Tit. de Tabellione*. Ce qui doit s'entendre même du cas, où il y a eu une reſerve dans la conceſſion primitive de Juſtice. Ainſi dans les exemples que j'ai cités dans les notes ſur l'art. 2 du précédent titre, on voit que la Juſtice pour les cas exceptés ou reſervés, doit être exercée par les Officiers de la Sénéchauſſée du Reſſort.

III.

Lorſqu'une Juſtice eſt ſaiſie pour le Roi, qui en réclame la propriété, la proviſion ne doit pas être accordée au Seigneur ſur lequel la ſaiſie eſt faite ; & en attendant la déciſion de la conteſtation, la juſtice eſt exercée ſous le nom du Roi.

Arrêt rapporté par Bacquet *des droits de Juſtice*, ch. 4 ; Berthelot, trait. *des droits du Domaine*.

IV.

Si le Roi eſt en pareage, pour une Juſtice haute, moyenne & baſſe, elle doit être exercée alternativement par ſes Officiers & par ceux du Coſſeigneur.

Edit de Rouſſillon : arrêts rapportés par Mr. d'Olive liv. 2. ch. 23. Mais s'il eſt énoncé dans les hommages & denombremens que la Juſtice eſt exercée, par le Juge royal, tant pour ſa Majeſté, qu'au nom du Coſſeigneur, il faut s'y tenir *Ibidem*. Arrêt du 21ᵉ de Mars 1633.

V.

Le droit d'inſtituer les Officiers de Juſtice eſt un des fruits de la Juriſdiction. Il appartient à l'uſufruitier excluſivement au propriétaire, au nom de qui cependant les proviſions doivent être expediées ; au mari dans les terres dotales de ſa femme ; à l'héritier par inventaire ; au Tuteur dans les terres de ſon Pupille ; à l'acheteur avec pacte de rachat, & celui dont la terre eſt ſaiſie d'autorité de Juſtice, n'eſt pas privé de ce droit.

Loiſeau, *Trait. des Offices*, liv. 5, ch. 2.

VI.

En ſe départant du droit de nommer des Officiers de Juſtice, on n'eſt pas cenſé avoir renoncé aux autres droits & avantages, qui ſont une dépendance de la juriſdiction.

Arrêt du 10 de Juin 1688 cité ci-deſſous, tit. des *biens nobles*, n. 3.

VII.

Il ne doit y avoir qu'un Juge, un Lieutenant de Juge, un Greffier & un Procureur Juriſdictionel.

Arrêt du 4 d'Octobre 1621, qui jugea que l'Archevêque d'Arles, Seigneur de Salon n'avoit pas pû établir deux Juges, l'un pour le civil & l'autre pour le criminel.
Arrêt du 21 de Janvier 1645, qui jugea que le Seigneur de St. Paul n'avoit pas pû nommer un ſous-Lieutenant de Juge.
Réglement Général de 1678, *tit. des inſtances criminelles* n. 10.

Arrêt de la Cour de Parlement de Toulouſe, qui fait défenſes à tous Seigneurs d'établir dans leurs Terres, pour l'adminiſtration de la Juſtice, d'autres Officiers qu'un ſeul Juge, un Lieutenant, un Procureur Juriſdictionel, un Greffier & un Baile exploitant, s'ils n'ont Titre de Sa Majeſté pour nommer un plus grand nombre d'Officiers. Du 25 Janvier 1730. Extrait des Regiſtres du Parlement.

Sur les Réquiſitions verbalement faites par le Procureur General du Roi, contenant que quoique par les Ordonnances Royaux il ſoit défendu à tous les Seigneurs de Places de nommer pour l'exercice de la Juſtice de leurs Terres qu'un Juge, un Lieutenant, un Procureur Juriſdictionel, un Greffier & un Baile exploitant, à l'exception des Seigneurs qui ont des Conceſſions du Roi qui leur permettent d'inſtituer un plus grand nombre d'Officiers de Juſtice, il y eut pluſieurs Seigneurs de Terres qui avoient nommé, indépendamment d'un Juge, d'un Lieutenant & d'un Procureur Juriſdictionel, les uns un Châtelain, d'autres un Viguier, & les autres un Baillif; en ſorte que ce grand nombre d'Officiers étoit une occaſion prochaîne de pluſieurs conteſtations très-préjudiciables au bien de la Juſtice, & à même tems onereuſes aux Parties, ſoit par le retardement de l'Expedition, que par l'augmentation des Epices qu'ils étoient obligez de payer; deſordres auxquels doit être rapporté l'Arrêt de Reglement que la Cour rendit le 25 du mois de Février de l'année 1679. ſur les Requiſitions contenant défenſes à tous Seigneurs de Places qui n'ont ni Titre général, ni Titre particulier pour décorer leurs Terres d'un Corps de Siege de Juſtice, de nommer pour exercer leurs Juſtices d'autres Officiers qu'un Juge, un Lieutenant & un Procureur Juriſdictionel. Cet Arrêt eut ſon execution pendant pluſieurs années, & les Seigneurs s'y conformerent; mais depuis quelque tems, pluſieurs Seigneurs ont nommé, par un eſprit d'oſtentation, des Châtelains, des Viguiers & des Baillifs, pour adminiſtrer la Juſtice conjointement avec le Juge & le Lieutenant par eux établis; & comme cette multitude d'Officiers eſt tout-à-fait oppoſée à l'ordre général du Royaume, au bien Public, & directement contraire aux Ordonnances Royaux & aux Arrêts de la Cour; motifs tout publics; pour arrêter le cours de ces abus, requiert la Cour d'ordonner que ſon précédent Arrêt ſera executé ſuivant ſa forme & teneur; & en conſéquence faire très expreſſes inhibitions & défenſes à tous Seigneurs d'établir pour l'adminiſtration de la Justice dans leurs terres, autres Officiers qu'un seul Juge, un Lieutenant, un Procureur jurisdictionel, un Greffier & un Baile, à moins qu'ils n'ayent Titre de Sa Majesté pour nommer un plus grand nombre d'Officiers, à peine de mille livres & autre arbitraire ; & de faire pareilles défenses à tous les Viguiers, Châtelains & Baillifs déja établis par les Seigneurs, ou qui le feront à l'avenir de s'immiscer dans l'exercice de la Justice, sur les mêmes peines, de cassation des Procedures, & de répondre aux Parties de tous dépens, dommages & interêts ; & que l'Arrêt qui sera rendu sera executé nonobstant oppositions quelconques, & sans y préjudicier ; & des contraventions à icelui il en sera enquis par le premier Magistrat requis ; & que Copies d'icelui seront envoyées aux Bailliages & Sénéchaussées du Ressort de la Cour, pour y être procédé au Registre, afin d'en assurer l'execution.

LA COUR, ayant égard aux Requisitions du Procureur Général du Roi, a ordonné & ordonne que son précedent Arrêt sera executé suivant sa forme & teneur ; & en conséquence fait très-expresses inhibitions & défenses à tous Seigneurs d'établir pour l'administration de la Justice dans leurs Terres, autres Officiers qu'un seul Juge, un Lieutenant, un Procureur Jurisdictionel, un Greffier & un Baile exploitant, à moins qu'ils n'ayent Titre de Sa Majesté pour nommer un plus grand nombre d'Officiers, à peine de mille livres & autres arbitraire. Fait pareilles défenses à tous les Viguiers, Châtelains & Baillifs déja établis par les Seigneurs, ou qui le feront à l'avenir, de s'immiscer dans l'exercice de la Justice, sur les mêmes peines, de cassation des Procédures, & de répondre aux Parties de tous dépens, dommages & interêts ; & que le present Arrêt sera executé nonobstant oppositions quelconques, & sans y préjudicier ; & des contraventions à icelui il en sera enquis par le premier Magistrat requis : & que Copies du présent Arrêt seront envoyées aux Bailliages & Senéchaussées du Ressort de la Cour, pour y être procedé au Registre & Publication, pour en assurer l'execution. PRONONCÉ à Toulouse en Parlement, le vingt-cinquiéme Janvier mil sept cens trente. Collationné, LAVEDAN. Controllé, ROUJOUX. *Monsieur* DE REQUY *Rapporteur.*

VIII.

Les Juges établis par les Seigneurs ſont obligés, avant que d'exercer les fonctions, de ſe faire recevoir au Parlement ou aux Juriſdictions Royales, dans l'étendue deſquelles les Juſtices Seigneuriales ſont ſituées.

Edit du mois de Mars 1693. Arrêt de Reglement du 23 de Mars 1729.

IX.

Le Lieutenant de Juge, le Greffier, le Procureur Juriſdictionel ſont obligés de ré-ſider dans le diſtrict de la Juſtice ; & le Juge doit s'y rendre toutes les fois qu'il eſt néceſſaire, ſans pouvoir exiger des frais de voyages.

Arrêt du 4 de Decembre 1651 rapporté par Boniface, tom. 1, liv. 1, tit 4, n. 4. qui Jugea que la Juſtice devoit être rendue ſur les lieux.

Arrêt de Réglement du 21 d'Octobre 1680.

Arrêt rendu par des Commiſſaires delegués le 11 d'Avril 1711 entre le Seigneur & la Communauté de Rougiers : » ordonnons que ledit de Valbelle établira, ſi fait n'a été, » un Lieutenant de Juge, un Greffier, un Procureur Juriſ- » dictionnel & un Sergent ſuffiſants & capables, originaires » dudit lieu ou étrangers à ſon choix, qui ſeront néanmoins » tenus d'y réſider ; & un juge qui ſe rendra audit lieu, » quand le cas le requerra ; à la charge toutefois de ne » prendre par ledit Juge de plus grands droits que s'il reſi- » doit dans ledit lieu. «

Le Seigneur doit la Juſtice à ſes dépens. Coquille, liv. 2 tit. 2, max. 34; Vedel dans ſes obſervations ſur Catelan,

liv.

liv. 3 , ch. 15. rapporte un Arrêt du 30 d'Août 1707 pour la réfidence du Greffier.

X.

L'on ne peut diftraire la Jurifdiction du Seigneur fur ce fondement , qu'il eft lui-même fufpect , foit par rapport à des procès , foit pour toute autre raifon.

Arrêts rapportés par Mourgues fur les ftatuts , pag. 4 , & par Boniface , tom. 1 , liv. 1 , tit. 4 , n. 12 & 13.

XI.

Les Officiers du Seigneur ne font pas fufpects dans les caufes de fes fermiers.

Arrêt du 14 de Juin 1659 rapportés par Boniface , tom. 1, liv. 1 tit 4 , n. 8.

XII.

Quoique l'exercice de la Juftice foit divifé entre plufieurs Coffeigneurs , leurs Officiers font tous également fufpects pour connoître des caufes des uns & des autres.

Arrêt rapporté par Boniface tom. 1 liv. 1 tit. 4 n. 9. quoique l'exercice de la Juftice foit divifé , c'eft toujours un feul & même Tribunal.

Dans la plûpart des fiefs , où il y a des Coffeigneurs Jufticiers , l'exercice eft divifé par mois, jours & heures. Il y en a d'autres où le partage eft fait par années ; mais il y a une autre efpèce de divifion qui eft finguliere & fujette à bien des inconveniens. Chaque Coffeigneur a fes hommes ou Jufticiables affectés. C'eft par l'habitation ou foyer que cette qualité eft Reglée. Aujourd'hui l'on eft Jufticiable d'un Coffeigneur , demain en changeant de Domicile on le devient d'un autre,   **D**

Dans certains fiefs le Coſſeigneur ſuit toujours ſes Juſticiables malgré le changement de demeure, tant qu'ils reſtent dans l'étendue du fief. Par exemple, dans le Village de Thoard Viguerie de Digne, la Juſtice eſt diviſée en quatre portions, qui peuvent être ſubdiviſées par vente, partage ou autrement. Il y a de plus la Juriſdiction commune qui appartient à ces Coſſeigneurs en commun, & ne peut être exercée que ſur ceux qui vont habiter à Thoard. Jamais l'homme & Juſticiable de l'un des Coſſeigneurs ne devient celui de l'autre.

En Languedoc le bas Juſticier eſt obligé de plaider devant le Juge du haut & moyen Juſticier, Arrêt du 13e de Decembre 1621. rapporté par Mr. Cambolas liv. 4 ch. 44. Le bas Juſticier étoit hommager du Roi. Mr. de Catelan liv. 3, ch. 15. dit qu'on ne peut pas être en même tems Coſſeigneur & Juſticiable; & il rapporte un Arrêt du 2e Février 1658. qui jugea que le Coſſeigneur Juſticier par indivis n'eſt pas obligé de plaider devant le Juge de l'autre Coſſeigneur pendant le tems de ſon exercice. On auroit donc donné une déciſion contraire, ſi la Juſtice eut été diviſée, ainſi que ſon Exercice.

XIII.

Lorſque la juſtice eſt poſſedée par indivis, il ne doit y avoir qu'un Juge pour exercer la juſtice totale du lieu, & il doit être commis alternativement de trois en trois ans; les profits partagés entre les Seigneurs, & les charges ſupportées également à proportion de la part qu'ils ont en la juſtice.

Ordonnance de Rouſſillon de 1564. art. 25. le Poſſeſſeur des trois quarts d'une haute, moyenne, & baſſe-juſtice demandoit que des douze mois de l'année, on lui en aſſignât neuf. Arrêt du Parlement de Touloufe du 18e. de Juillet 1702. qui ordonna que ſon Juge exerceroit pendant trois années conſécutives, & le Juge de l'autre Coſſeigneur pendant la quatriéme année. Journal du Palais de Touloufe.

XIV.

En Provence, lorſque le Juge ou autre Officier de juſtice eſt ſuſpect, il faut s'addreſſer au Seigneur pour obtenir la ſubrogation ; & le Juge ne peut ſous quelque prétexte que ce ſoit faire lui même la ſubrogation des autres Officiers, ni le greffier établir un commis.

Arrêts rapportés par Boniface, tom. 1. liv. 1. tit. 4. n. 5, qui jugerent que le plus ancien gradué ne peut remplir le tribunal.

Arrêts du 15 d'Avril 1619, du 14 d'Avril 1657, du 18 de Juin 1675, du 4 de Février 1679. Autre Arrêt du 27 de Mars 1683, qui caſſa une procédure du Juge de la Cadière, lequel avoit ſubrogé un greffier, en prenant néanmoins la précaution de déclarer que cette ſubrogation n'avoit été faite que par une abſolue néceſſité.

Semblables Arrêts du 4 de Septembre 1696 & du 28 de Janvier 1697.

En Languedoc, uſage contraire. L'ordre du tableau eſt obſervé ; Arrêts rapportés dans le recueil concernant l'ordre judiciaire, tom. 1er. p. 272, & 530. & tom. 2. p. 237.

XV.

La ſubrogation doit être enregiſtrée au Greffe de la Juriſdiction, & l'Officier ſubrogé doit prêter le ſerment devant le Lieutenant de Sénéchal du reſſort ou au Parlement ; le Lieutenant de Juge, Procureur juriſdictionnel & greffier devant le Juge.

Article 10 du réglement général de 1678 ; mais ſuivant un Arrêt du 13 de Juin 1679 le Juge ſubrogé pour l'inſtruction d'un procès criminel, peut prêter le ſerment devant le

Lieutenant de Juge du lieu où le crime a été commis ; la crainte des inconvéniens auxquels le retardement pourroit donner lieu, fut le motif de cette disposition.

Un Arrêt du 23 de Juin 1729 a accordé le choix de prêter le serment, ou devant le Lieutenant du ressort, ou au Parlement.

XVI.

La commission des Officiers ordinaires ou en titre doit aussi être enregistrée au Greffe de la Jurisdiction.

Arrêt de Réglement du 10 de Novembre 1708.

XVII.

Il est deffendu aux Seigneurs de donner des commissions ou lettres de subrogation générale ; ils ne peuvent subroger que lorsque les Officiers ordinaires abstiennent ou font suspects.

Arrêt du 26 de Février 1619. Autre du 13 de Février 1672 rapporté dans le Journal du Palais, Autre du 24 de Novembre 1673.

XVIII.

Le Fermier n'a pas le Droit d'instituer des Officiers de justice, & ce Droit ne peut pas lui être cédé par le Seigneur à qui il est personnel. Il ne peut pas non plus sans un pouvoir spécial subroger.

Ordonnance de Blois, art. 333 ; Bouvot, tom. 2. pag. 750 ; Mr. Bouhier sur la cout. de Bourgogne, tom. 2, ch. 53, n. 89.

Sur la subrogation, Arrêt du 13 de Mars 1674 rapporté par Boniface tom. 5 , liv. 3 , tit. 6. ch. 2.

XIX.

Le Seigneur ne peut pas nommer pour Officiers de justice ses parents; ni son Fermier, Juge ou Procureur jurisdictionnel ; & les Officiers, sans excepter le greffier ne doivent pas être parents entre eux, ni parents des Fermiers.

Ordonnance de François 1er. pour la Provence ch. 2 art. 25. » pour obvier aux fraudes & abus qui se peuvent faire » par les Amodiateurs & Assesseurs des Jurisdictions subalternes, » où plusieurs se pourroient accompagner ensemble , & l'un » seroit Juge, l'autre Procureur, & l'autre scribe , tablier ou » greffier, qui ne sont choses de tolerer & souffrir , com- » me pernicieuses à la chose publique & à la grande soule » des pauvres sujets , nous avons inhibé & deffendu , inhibons » & deffendons à tous nos Officiers , & autres Officiers des » Seigneurs & Barons justiciers, inférieurs de nos dits Païs » n'être Fermiers ni comportionnaires ès fermes des Terres » & Seigneuries, où ils exercent lesdits Offices.

Arrêt du 22. de Mars 1642. Arrêt du 23. de Novembre 1656. Arrêt du 13. de Février 1663. Arrêt du 9. de Février 1693. Arrêt du 8. de Mars 1695.

Autre Arrêt rapporté par Boniface tom. 4 liv. 1 , tit. 1 , ch. 16.

XX.

Les Ecclésiastiques ne peuvent pas être Juges dans les Terres des Seigneurs, non plus que les Juges Royaux.

Arrêt du 22 de Mars 1643 , qui ordonne à un Chanoine de l'Eglise Collégiale de Grignan de rendre ses lettres de Juge d'Appeau,

Arrêt du 27 d'Octobre 1662 , au sujet des Juges Royaux. Mourgues sur les Statuts , pag. 16.

Semblables Arrêts du Parlement de Toulouse rapportés par Vedel liv. 3 ch. 26 & Rodier dans le recueil judiciaire tom. 1er. p. 210.

XXI.

S'il n'y a personne dans le district de la Jurisdiction qui puisse exercer les fonctions de Greffier , le Seigneur est obligé d'en nommer un du lieu plus prochain.

Arrêt du 18 de Janvier 1645, & 17 Août 1665.

XXII.

L'auditoire ou tribunal de justice doit être situé hors du Château & son enclos.

Arrêt du 4 de Mars 1646 & 2 de Juin 1673. Réglement général de 1678 , tit. *des instances-criminelles* , art. 11. Arrêt rendu le 11 d'Avril 1711 par des Commissaires délégués entre le Seigneur & la Communauté de Rougiers. » Ordonnons » que ledit de Valbelle donnera un auditoire convenable pour » l'exercice de la justice , autre que la Maison Seigneuriale par » lui habitée.

XXIII.

Les prisons doivent être sûres & disposées , en sorte que la santé des prisonniers ne puisse en souffrir des incommodités ; & elles ne doivent pas être plus basses que le raiz de chauffée.

Ordonnance d'Orleans art. 55. Ordonnance de 1670 , tit. 13. art. 1.

XXIV.

Les Seigneurs doivent donner une attention particuliere à la punition des crimes ;
& s'ils favorisent l'impunité ou l'évasion des
prisonniers, le fief est confisqué au profit
du Roi.

Arrêt du 5 de Mai 1581 , qui enjoint au Seigneur de Varages
de faire les pourfuites fur un crime d'incendie fous peine de
privation du fief.

Le fief de la M. a été confifqué en dernier lieu au profit
du Roi ; le Seigneur ayant été convaincu d'avoir fait évader
des prifons moyennant une certaine fomme un de fes Vaffaux
coupable de plufieurs crimes de viol.

XXV.

Le Lieutenant de Juge, quoique gradué,
ne peut pas remplir la place du Juge recufé ; à moins que le Seigneur ne l'ait fu-
brogé pour en faire les fonctions.

Arrêt du 17 de Novembre 1699.

XXVI.

Il ne peut en cette qualité de Lieutenant
de Juge procéder au recolement & confron-
tation des Témoins dans les procédures criminelles , mais feulement informer , décreter
& interroger.

Arrêts du 13 de Mars 1604 , 16 de Février 1619 , 21 d'Août
1694.

D 4

XXVII.

Le Juge a seul le Droit de juger les causes appointées, & le Lieutenant de Juge ne le peut pas même avec l'assistance des gradués.

Arrêt du 26 de Juin 1710.

XXVIII.

Dans les procédures criminelles les poursuites sont faites au nom du Procureur jurisdictionnel. Mais si l'accusé appelle de la Sentence, le Seigneur a la liberté de prendre le fait & cause du Procureur jurisdictionnel. En ce cas il est partie civile, & obtient les dépens, si l'accusé succombe. Lorsqu'il ne veut pas deffendre sur l'appel, il est seulement obligé de faire conduire à ses dépens le prisonnier, & de remettre au Greffe du Parlement tous les Actes & pièces du Procès.

Loiseau trait. *des Seigneuries*, ch. 12, n. 75. Chopin cout. d'Anjou liv. 1, art. 74, n. 6. Coquille dans ses réponses ch. 6.

XXIX.

En premiere instance on ne doit pas adjuger des dépens, lorsque le Procureur jurisdictionnel est la seule partie.

Arrêts du 23 de Février 1670 & 22 de Novembre. 1681.

XXX.

Lorſque le Procureur juriſdictionnel a à ſe deffendre ſur une intimation, ou lorſqu'il revendique la Juriſdiction, le Seigneur doit prendre ſon fait & cauſe.

Arrêt de Réglement du 7 de Février 1735.

XXXI.

Le Seigneur ne peut pas nommer pour Procureur juriſdictionnel ſon Fermier.

Arrêt du 14 de Mars 1665 rapporté par Boniface tom. 1 , liv. 1 , tit. 4 , n. 22.

XXXII.

Le Procureur juriſdictionnel ne peut pas exercer en même tems les fonctions de Sergent ni celles de Concierge.

Arrêt du 6. de Septembre 1667.

XXXIII.

L'on ne peut pas évoquer à un autre Parlement du chef du Seigneur prenant le fait & cauſe de ſon Procureur juriſdictionnel.

Arrêt du 3 de Février 1657 rapporté par Boniface tom. 1 , liv. 1 , tit. 35 , n. 2.

XXXIV.

Le Concierge, qui pourſuit ſon remboursement pour le pain fourni dans les prisons Royaux, & pour le Droit de geole, n'a action que contre le Seigneur lui-même, & non pas contre le Procureur jurisdictionnel.

Arrêt du 14. de Mai 1679.

XXXV.

L'amende prononcée par le premier Juge en faveur du Procureur jurisdictionnel est partagée entre le Roi & le Seigneur, lorsque l'accusé succombe en cause d'appel.

Lettres patentes de François I. pour la Provence du 24 de Février 1539. un de nos Statuts adjugeoit la moitié de l'amende à la Cour des premieres appellations, & l'autre moitié aux Officiers, dont la Sentence étoit attaquée.

XXXVI.

S'il n'y a point eu d'appel de la Sentence rendue par les Officiers du Seigneur, & que l'exécution en soit ordonnée par forme *de visa*, l'amende n'est pas partagée ; elle appartient entièrement au Seigneur.

Ainsi jugé par Mr. Lebret Intendant le 6 de Novembre 1688. en faveur du Seigneur de Bargemon & des Sindics de la Noblesse contre le Fermier du Domaine.

XXXVII.

Lorsque les Biens dn condamné ne suffisent pas pour l'entier payement de l'amende, le Roi & le Seigneur vont en concours ;

mais le Seigneur préleve les dépens, dont il a obtenu l'adjudication en la cauſe d'appel, ayant pris le fait & cauſe de ſon Procureur juriſdictionnel.

Arrêt du 26. d'Avril 1670, rapporté par Boniface tom. 4 liv. 1. tit. 1. Déclaration du 13. de Juillet 1700.

Le Seigneur eſt regardé en ce cas comme partie civile; & c'eſt une maxime que l'adjudication des intérêts civils & les créances antérieures à l'hypothéque de l'amende prononcée en faveur du Roi, ont la préférence. *leg. in ſumma ff. de Jure fiſci.*

XXXVIII.

L'amende & les dommages & intérêts adjugés à la partie vont avant l'amende adjugée au Roi.

Automne ſur la loi 27. ff. *de jure fiſci.* Rebuffe *in præ. conſtitut. gloſ.* 5, n. 1119.

XXXIX.

L'hypothéque pour l'amende naît du jour de la condamnation & non pas de celui du délit, à l'exception néanmoins du cas où il s'agit des crimes qui ne ſont pas même éteints par la mort de l'accuſé, tels que ceux de Leze-Majeſté divine & humaine, d'héréſie, de duel, de péculat.

Le Jugement de condamnation ſur ces crimes eſt déclaratoire, comme dit Coquille queſt. 14.

X L.

C'eſt à la condamnation prononcée par

la Sentence confirmée par l'Arrêt qu'il faut
remonter par rapport à l'hypothéque.

Dumoulin dans ſes notes ſur les Conſeils d'Alexandre, liv.
3 conſ. 7. coquille, queſt. 14. Le-grand ſur la cout. de Troyes,
art. 120, gloſ. 2, n. 10 & 11.

L'amende appartient au Fermier du tems de la condamnation.
Mornac ſur la loi 5 *cod. de modo mulctarum.* Ferrieres queſt.
535 de Gui-pape.

Mainard liv. 6. ch. 36 dit que ſi le Fermier du tems du délit a fait les frais, les amendes doivent lui appartenir.

X L I.

Les lettres de graces obtenues par un accuſé le déchargent des amendes adjugées au
Roi & au Seigneur haut-Juſticier ; ſoit qu'il
s'agiſſe d'une reſtitution de juſtice, ou d'une
reſtitution de grace.

Bacquet trait. *des Droits de juſtice* ch. 16 n. 6. La reſtitution
de juſtice eſt celle qui eſt accordée pour un crime commis
involontairement ou en ſe deffendant. La reſtitution de grace
eſt l'abolition d'un crime réel & volontaire.

X L I I.

Dans le cas de la reſtitution de grace,
ſi le Roi ou le Seigneur haut-Juſticier ont
été payés de l'amende, l'accuſé ne peut pas
en demander la reſtitution.

Arrêt du 30 de Septembre 1660 rapporté par Boniface tom.
2, part. 3, liv. 1, tit. 16 ch. 11, & qui déchargea l'accuſé
de l'amende, attendu qu'elle n'avoit pas été payée. Il étoit
convenu qu'il n'y auroit pas eu lieu à la répétition, ſi le payement en eut été fait.

XLIII.

Le Seigneur n'eſt pas recevable à s'oppoſer à l'enterinement des lettres de grace.

Arrêt du 1 de Mai 1577 rapporté dans le ſecond vol. des œuvres de Duperier , pag. 497. Autre Arrêt du 16 de Février 1620 rapporté ibid. pag. 450.

XLIV.

Les alimens ou pain fourni par le Seigneur haut-Juſticier à l'accuſé , qui a obtenu des lettres de grace , doivent lui être rembourſés.

. Arrêt du 16 de Juillet 1720 en faveur du fermier de l'Abbaye de Lerins , lequel fut debouté par le même Arrêt de ſa demande en rembourſement des frais de l'envoi de la procédure au Greffe du Parlement & des épices ou honoraires payés aux Aſſeſſeurs qui avoient aſſiſté au Jugement.

XLV.

Le Seigneur haut-Juſticier n'eſt pas obligé de fournir le pain au priſonnier , lorſqu'il a une partie civile.

Arrêt du 13 de Juin 1731 en faveur de Mr. l'Evêque de Marſeille Seigneur de Malemort. Autre Arrêt du 25 du même mois & même année en faveur du Seigneur de St. Ceſaire.

XLVI.

Les Juges des Seigneurs connoiſſent des cauſes civiles & criminelles des Nobles domiciliés dans le diſtrict de leur Juriſdiction.

Déclaration du 24 de Février 1537 interpretative de l'édit de Cremieu. Arrêt du 30 de Juin 1665 rapporté par Boniface tom. 1, tit. 4 liv. 1, n. 20.

XLVII.

Les Nobles Domiciliés dans l'étendue d'une Juriſdiction Royale ayant à plaider contre quelqu'un qui eſt domicilié dans le diſtrict d'une Juſtice Seigneuriale, doivent ſe pourvoir à cette même Juſtice.

Arrêt du 14 de Mai 1728 rapporté par Bonnet dans le recueil *de la compétence des Juges* pag. 47. Autre Arrêt du 14 de Mars 1746 conforme aux concluſions que je portaï pour Meſſieurs les Gens du Roi. Rendu en faveur du ſieur Danjou de Pertuis.

Par un Arrêt du Parlement de Paris du 15 de Novembre 1544 rapporté par Neron après la déclaration du Roi ſur l'Edit de Cremieu, il a été jugé que le Noble habitant dans la Terre d'un Seigneur peut valablement plaider devant le Sénéchal; ſi le Seigneur ne vient le revendiquer.

Atrêt du Parlement de Toulouſe du 5ᵉ de Mars 1693 rapporté par Mr. de Catelan liv. 3. ch. 26 qui jugeo que le Noble habitant dans la Juſtice d'un Seigneur doit plaider devant le Juge Banneret.

XLVIII.

Le Vaſſal aſſigné devant le Sénéchal peut demander ſon renvoi devant le Juge du Seigneur quoique le Seigneur ne l'ait pas revendiqué.

Telle eſt la maxime obſervée en Provence & Vedel, liv. 3, ch. 26 rapoate un Arrſt du Parlement de Toulouſe du 16 d'Avril 1715 qui eſt conforme.

XLIX.

Les Juges des Seigneurs connoiſſent de tout ce qui conſerve le Domaine, droits ou revenus ordinaires ou caſuels de la Terre, baux, ſous-baux, circonſtances & dépendances, ſoit que l'affaire ſoit pourſuivie par le Seigneur lui-même ou ſous le nom du Procureur Juriſdiƈtionnel.

Ordonnance de 1667, tit. 24 Art. 11. par un Arrêt du 16 de Decembre 1725 rapporté par Bonnet dans ſon recueil *de la compétence des Juges* pag. 49. il fut jugé que cet art. de l'Ordonnance n'impoſoit pas la néceſſité de ſe pourvoir devant ces Juges pour ces matieres ; & qu'en leur permettant d'en connoître, on n'avoit pas entendu exclure toute autre Juriſdiƈtion.

Arrêt du Parlement de Touloufe du 24. de Mars 1670. raporté par Albert. let. j. ch. 15 & qui jugea qu'ils peuvent connoître de la demande en hommage.

L.

S'il ne s'agiſſoit pas de la preſtation ou quotité des droits ſeigneuriaux, & que le droit fût conteſté au fonds, le Juge du Seigneur ſeroit ſuſpeƈt.

Arrêt du Parlement de Paris, du 16 d'Août 1741 rapporté par Lacombe, Juriſp. civile pag. 366.

Boutaric trait. des Droits Seigneuriaux tit. de l'adminiſtration de la Juſtice dit que ſi la conteſtation eſt à raiſon des droits plus ou moins forts, par exemple, ſi l'emphitéote ſe plaint d'une ſurcharge, l'on peut décliner la Juriſdiƈtion.

L I.

Les pourſuites pour un vol fait au Seigneur ne peuvent pas être faites devant ſon Juge ; quoiqu'il ne ſe déclare pas partie civile, & que le Procureur Juriſdictionnel ſoit ſeul accuſateur.

Arrêt du 15 de Février 1687, qui caſſa une procédure faite par le Juge de Rognes au ſujet d'un vol de deux ſacs de bled fait dans le Château du Seigneur.

Il ſuffiſoit que le Seigneur eut un intérêt perſonnel qu'il pouvoit réaliſer en cauſe d'Appel en reclamant le bled volé ou des dommages & intérêts.

L I I.

Les Juges des Seigneurs connoiſſent des crimes commis ſur les grands chemins.

Cette competence a été long-tems conteſtée ; & ce qu'il y a de certain, c'eſt qu'elle étoit réſervée aux ſeuls Juges établis par le Souverain, avant que la Provence eût été réunie à la Couronne.

L'on en trouve la preuve dans un Ordonnance rendue en 1308 par l'Archevêque d'Arles en qualité de Chancelier du Comte de Provence. *Licet*, y eſt-il dit, *delicta in viis publicis, locis religioſis & ſacris, ſeu divino cultui deputatis, & in perſonis clericorum ſeu religioſorum commiſſa, tàm Dominus noſter comes quàm prædeceſſores ejuſdem ut putà ad eos ſeu eorum juriſdictionem jure regaliæ punire conſueverint.* L'on ne peut pas cependant conclure de-là que les Juges des Seigneurs ne peuvent connoître des crimes commis ſur les grands chemins, qu'autant que les regales ont été tranſportées par le Souverain. Ce n'étoit pas en qualité de propriétaires des regales que nos anciens Comtes étoient cenſés s'être réſervé la Juriſdiction par rapport aux crimes commis ſur les grands chemins. Ils l'éxerçoient également dans les

Terres,

Terres, dont ils avoient aliené les regales. C'étoit véritablement *jure regaliæ*, mais c'est-à-dire, en vertu d'un droit de souveraineté, qui leur reservoit aussi la connoissance des crimes commis *in locis religiosis* & de ceux qui l'étoient par des Ecclésiastiques & des Religieux.

Arrêt pour cette compétence le 20 d'Octobre 1663. Les Syndics de la Noblesse étoient intervenus dans le procès. Il est rapporté par Boniface tom. 1 liv. 1. tit. 4 n. 11. Autre Arrêt du 18 de Février 1670 rapporté par le même Auteur, tom. 3 liv. 1 tit. 2 ch. 4.

Il y a des jugemens des Commissaires du Domaine, qui ont jugé que la connoissance des crimes commis sur les grands chemins étoit reservée aux Juges Royaux; mais on ne l'a décidé ainsi, qu'autant qu'il avoit été fait une réserve expresse de cette Jurisdiction.

L I I I.

La voirie appartient aux Seigneurs hauts-Justiciers.

La question a été jugée ainsi par deux différents Arrêts conformes aux conclusions, que je portai pour Mr. le Procureur général; & j'ai trouvé dans le Journal du Palais de Toulouse trois Arrêts semblables; l'un du 1 de Février 1734 en faveur du Duc de Roquelaure, un autre du 29 de Janvier 1748, & le troisiéme en faveur du Comte de Pibrac.

L I V.

La Jurisdiction de la police appartient aux Seigneurs hauts-Justiciers; & les Officiers municipaux n'ont qu'une simple inspection, & le droit de dresser des procès verbaux, & de dénoncer aux Officiers du Seigneur les contrevenans.

Arrêt du 2 de Juin 1725 en faveur du Seigneur de Barbentane contre la Communauté. » La Cour a maintenu &

» maintient les Officiers du lieu de Barbentane dans le droit
» de connoître des affaires concernant la police, & notam-
» ment des contraventions aux Réglemens faits à ce sujet;
» & en conséquence a ordonné & ordonne que le Ré-
» glement dont il s'agit sera exécuté suivant sa forme
» & teneur en execution & en conformité de l'Arrêt d'ho-
» mologation, avec cette restriction néanmoins, que les
» contrevenans audit Réglement seront denoncés par les Com-
» missaires que la Communauté nomme, & à leur défaut
» par le Procureur jurisdictionnel dudit lieu au Juge de Bar-
» bentane, lequel sans frais déclarera ladite peine encourue,
» le cas écheant & appliquera le tiers des amendes audit
» Procureur jurisdictionnel & les deux autres tiers au corps
» de la Communauté.

L V.

Les Juges des Seigneurs connoissent de la
contravention à la chasse, aux criées & de
l'infraction du Terroir.

Arrêt du 11 de Mars 1614 rapporté par Boniface, tom.
1 liv. 1 tit. 4 n. 6. Aujourd'hui la question est encore moins
susceptible de doute par rapport à la chasse, les Offices de
Juges gruyers ayant été réunis aux Justices des Seigneurs.
Pour les criées & infraction du terroir Arrêt du 26 de Février 1644 rapporté par Boniface tom. 1. liv. 1. tit. 4, n. 7.

L V I.

Les Officiers des Seigneurs ne peuvent
pas exercer les charges des Communautés.

Arrêts du 18 de Décembre 1664 & du 18 de Novembre
1638 rapportés par Boniface tom. 1 liv. 6 tit. 4, n. 64
& 15.

L V I I.

Les Officiers des Seigneurs pourvûs à titre

onereux ou pour recompenſe de ſervices ne peuvent pas être deſtitués. Les autres peuvent l'être *ad libitum.*

L'Ordonnance de Rouſſillon art. 27. Mais il faut avoir l'attention de ne pas donner à la deſtitution un motif injurieux au Juge, qui ſeroit fondé à s'en plaindre.

La ſimple énonciation des ſervices, diſpenſe l'Officier de les prouver ; Arrêt du mois de Décembre 1662 rapporté par M. de Catelan liv. 3. ch. 39. Mais la regle n'a pas lieu à l'égard de tous les Seigneurs. Ainſi par un Arrêt du Parlement de Toulouſe du 1er de Juillet 1716 il fût jugé que malgré l'énonciation des ſervices le ſucceſſeur aux bénéfices pouvoir deſtituer, & par un autre Arrêt du 9e de Mai 1731. le Juge fut ſoumis à juſtifier que les ſervices avoient été rendus au Bénéfice, & non à la perſonne du Bénéficier ; parce qu'il ſeroit d'une dangereuſe conſéquence de s'en tenir à la ſimple énonciation, & de priver par là le ſucceſſeur au Benefice du droit d'inſtituer & deſtituer les Juges des terres dépendantes du Bénéfice. Voyez le Journal des Audiences, tom. 2, liv. 5. ch. 32, Bacquet des *droits de Juſtice*, ch. 27, n. 13 ; Louët & Brodeau lettre o, ch. 2.

LVIII.

Un des Coſſeigneurs, même celui qui a une plus grande portion en la Juſtice, ne peut pas deſtituer le Juge & autres Officiers nommés par tous les Coſſeigneurs.

La Roche-Flavin *des droits Seigneuriaux*, ch. 21, art. 11.

LIX.

Les Officiers inſtitués par L'uſufruitier peuvent être deſtitués par le Proprietaire après la mort de l'uſufruitier.

Mornac sur la loi 9 § *si fructuarius ff locati.*

LX.

Le Cosseigneur justicier, par indivis, n'est pas tenu de reconnoitre pour la justice, l'autre Cosseigneur, quoiqu'il habite dans l'étendue de la Justice.

Arrêt du Parlement de Toulouse du 2e de Février 1658. rapporté par Mr. de Catelan. liv. 3. ch 15.

TITRE QUATRIEME.
Des Droits Honorifiques.

I

L'Eglise en accordant aux patrons & aux Seigneurs justiciers des distinctions, des prérogatives, a eu pour objet de s'acquitter envers ceux-là d'une juste reconnoissance, & d'engager ceux-ci à maintenir ses droits par une protection singuliere.

II.

Les honneurs dans l'Eglise ne sont ni réels ni personnels, mais ils tiennent de la réalité & de la personnalité, étant dus à la personne à raison de la Seigneurie. Ils tiennent de la personnalité en ce qu'ils ne peuvent être cedés à personne, sans que la Seigneurie soit

tranſportée ; & le Seigneur ne peut pas ſubſ-
tituer un tiers pour les recevoir.

Loiſeau *des Seigneuries*, ch. 11 , n. 49 & ſuiv; d'Hericourt
loix Eccléſiaſtiques, part 3 , ch. 9. Mais ces honneurs , quoique non ceſſibles, ſont communicables. Voyez ci deſſous art. 16.

III.

Il y a deux ſortes de Droits honorifiques. Les
uns ſont *vrais honneurs* ; de ce nombre ſont la
litre , les prieres nominales , le banc & la
ſepulture dans le Chœur, l'eau bénite avec
diſtinction & l'encens. Les autres Droits conſiſtent en préſéances , à l'offrande, à la paix ;
à la diſtribution du pain béni & des cierges
& aux proceſſions , & à avoir un banc dans
la nef de l'Egliſe.

Cette diſtinction eſt très eſſentielle , comme on le verra dans
quelques-uns des articles ſuivants. *Majores honores ſunt* , dit de
Roye *de jurib. honor. lib.* 1°. *cap.* 1° , en parlant des patrons ,
*præſentatio idonei clerici, alimenta ex bonis eccleſiæ , litra , pro-
ceſſionalis receptio , thus , preces , ſepultura & ſedes in choro.
Minores ſunt panis benedictus , oſculum pacis , aqua benedicta , ſedes in honoratiore loco navis Eccleſiæ.* Cet Auteur place , comme l'on voit , l'eau bénite dans le rang des moindres honneurs
ou des préſéances , & je l'ai compriſe parmi les vrais honneurs ;
mais j'ai ajouté , *avec diſtinction* , parce qu'elle ne doit être
donnée ainſi qu'aux patrons & hauts-juſticiers. C'eſt la ſeule
des préſéances , dont le réfus peut donner lieu à la complainte ;
voye qui n'eſt ouverte que pour les vrais honneurs.
Il peut y avoir d'autres Droits honorifiques autoriſés par l'u-
ſage. Ainſi par un Arrêt du Parlement de Toulouſe du 11 de
Juillet 1743. rapporté dans le Recueil judiciaire il fut ordonné ,
que » *ſuivant l'uſage* lors du decès du Seigneur de St. Martin ,
» comme auſſi lors du decès de ſon épouſe & pendant quarante

» jours les cloches de l'Eglise Paroissiale sonneroient aux heu-
» res ordinaires, & qu'il seroit exposé un drap mortuaire
» sur un buste dans cette même Eglise ; sauf les jours de la
» Semaine Sainte prohibés par l'Eglise, même le jour de Pâques ;
» sauf au Curé & aux Paroissiens de se servir du drap mortuaire
» pendant les quarante jours pour les usages ordinaires de la
» Paroisse, si mieux le Seigneur n'aimoit fournir un drap mortuaire à ses frais & dépens.

En Languedoc les Seigneurs ont droit d'exiger que les Consuls assistent au convoi funébre, en chaperon. Arrêts rapportés
par Mr. de la Roche-flavin, ch. 21. art. 18 & ch 23. art. 4.

» La Cour ordonne que les Consuls seront tenus d'assister
» en chaperon aux convois funébres du Seigneur, son Epouse,
» & sa famille, ainsi qu'aux services, qui se feront dans l'E-
» glise , ; & d'aller prendre en chaperon le deüil & de l'accompagner au sortir de l'Eglise. Arrêt obtenu par le Marquis
d'Aramon le 27 de Janvier 1756.

I V.

Les vrais honneurs ne sont acquis *par Droit* qu'aux patrons & aux Seigneurs hauts-justiciers. Si des moyens & bas-justiciers en joüissent, ce n'est que par tolérance, & en vertu d'une possession paisible & immémoriale.

Loiseau, trait. *des Seignenries*, ch. 11, n. 30. retraint le moyen & bas-justicier à la préséance sur tous ceux qui sont soumis à leur justice : & Guiot dans ses observations sur les Droits des patrons, &c. pag. 46, dit que si l'on conserve la possession des moyens & bas-justiciers, ce n'est jamais vis-à-vis du patron & du haut-justicier.

En Provence il y a des moyens & bas-justiciers qui jouissent de quelques Droits honorifiques. J'avois cité dans la premiere édition l'Arrêt du 27 d'Août 1611 rendu entre la Duchesse de Mercœur & l'Abbé de Mont-majour moyen & bas-justicier. Mais il n'y fut question que de certains honneurs qui ne sont que de simples préséances.

L'Arrêt du 19 de Février 1717 que j'avois aussi cité, main-tint les Consuls de Pelissanne moyens & bas-justiciers non feulement dans la préféance fur les Officiers établis par le haut-jufticier, & dans le droit d'avoir un banc diftingué dans l'Eglife ; mais encore dans le droit de recevoir l'eau bénite avec diftinction. Ce fuccès leur infpira l'idée de demander l'encens. Le procès fut évoqué au grand-Confeil, où il intervint le 19 de Février 1740, un Arrêt qui condamna cette prétention, avec la claufe, *fans préjudice néanmoins de l'Arrêt du Parlement de Provence du 19 de Février 1727.*

D'héricourt, part. 2, ch. 9, n. 12 dit qu'il faut que la poffeffion du moyen & bas-jufticier foit immémoriale, & fon droit eft retraint à ce qu'il a poffedé, fuivant la regle *tantùm præfcriptum quantùm poffeffum.*

Mr. Cambolas liv. 3. ch. 33. rapporte un Arrêt du 15 de Juillet 1603, qui jugea que le bas-jufticier avoit droit de banc dans l'Eglife, en lieu le plus éminent, & avant celui des Confuls, & au liv. 2. ch. 23. il en rapporte un qui jugea que le bas-jufticier avoit pû prefcrire par une poffeffion immémoriale le Droit de placer une litre au deffous de celle du haut-jufticier. Il peut auffi, même fans poffeffion, placer une bande d'étoffe noire de dix ou douze pas de longueur & que l'on ôte après l'année. Arrêt du 12. d'Août 1591. Mr. de la Roche-flavin ch. 23. art. 2.

<h2 style="text-align:center">V.</h2>

Le moyen & bas-jufticier n'a pas le Droit prohibitif des honneurs dans l'Eglife.

La raifon eft qu'il n'en jouît lui-même que par tolérance ; & il peut feulement maintenir fa préféance. Il y a un Arrêt remarquable du Parlement de Touloufe du 19 de Juillet 1739 rapporté dans le journal du Palais. La Comteffe d'Afpin, Dame de Cabanac, n'y poffédoit que la baffe-juftice. Elle difoit que dans le Bigorre les Seigneurs n'ont que la baffe-juftice ; la haute & la moyenne appartenant au Roi, & qu'ainfi fe trouvant avoir elle feule la juftice, elle devoit jouir des honneurs exclufivement à tout autre. L'Arrêt décida pour la négative.

<h2 style="text-align:center">V I.</h2>

Le Seigneur direct du Sol où l'Eglife a

été bâtie n'y a pas les honneurs , s'il ne participe pas à la Justice. Ils ne sont pas non plus accordés aux hommagers , mais ils ont droit aux simples préséances.

Loiseau *des Seigneuries* , ch. 11 , n. 34 , dit que la consécration de l'Eglise amortit la directe ; ce qui n'est vrai , du moins en Provence , que par rapport aux Eglises cathedrales & paroissiales ; les autres Eglises & chapelles étant soumises au payement du Droit d'indemnité. C'est le défaut de participation à la Justice du lieu où l'Eglise est située , qui est la véritable & seule cause de la privation des vrais honneurs.

L'Arrêt du 19 de Février 1727 que j'ai cité sur l'art. 3 , jugea la question concernant le Seigneur d'un fief avec justice situé dans la Paroisse. Les Consuls de Pelissane joignoient à leur qualité de moyens & bas Justiciers celle de Seigneurs haut-justiciers du fief de Cabardel situé dans la Paroisse de Pelissane. Il fut jugé que s'agissant d'une Justice & d'un fief separés du fief & Justice de Pelissane , les Consuls ne devoient pas avoir les honneurs dans l'Eglise paroissiale.

Semblable Arrêt du 17 de Mars 1735 en faveur du Seigneur d'Aiguines contre le sieur Pelissier Seigneur haut-justicier du fief de Chantereine demembré de celui d'Aiguines.

Mr. de Catelan , liv. 3 , ch. 1 rapporte un Arrêt du Parlement de Toulouse rendu en faveur du Seigneur justicier du Sol où l'Eglise est bâtie , contre le Seigneur justicier d'une partie de la paroisse. Il fut jugé que celui-ci n'avoit pas le droit de placer un banc dans le chœur. On lui accorda seulement le droit d'en placer un dans la nef & les préséances après toutefois le Seigneur Justicier du Sol de la Paroisse , sa femme & ses enfants.

La Jurisprudence de ce même Parlement à l'égard des Préséances accordées à ces Seigneurs qui ne participent pas aux vrais honneurs , est constante & conforme à celle qui est attestée par Maréchal , d'Hericourt , Guiot & autres Auteurs qui ont traité des droits honorifiques , je me borne à indiquer les Arrêts rapportés par Mrs Cambolas liv. 3. ch. 33. liv. 4 ch. 25 ; d'Olive , liv. 1 ch. 29 ; Vedel sur Catelan que j'ai déja cité , liv. 3 ch. 1 , & dans le Journal du Palais de Toulouse sous la datte du 10 de Mars 1730. Tous ces Arrêts sont pour l'hommager du Roi ou du Seigneur ; n'y ayant aucune différence à faire à cet égard ; la perſonne de l'hommager étant regardée comme attachée au Seigneur de qui il releve. Ce fut ſur ce fondement que par un Arrêt du 14 d'Août 1719, que j'ai vû dans des collections Mſſ. Il fut jugé que l'hommager avoit la préſéance ſur les Conſuls, quoiqu'il n'eût jamais joüi de ce droit, non plus que ſes Auteurs ; la preſcription ne pouvant pas avoir lieu contre le Seigneur haut-juſticier, on décida qu'elle ne pouvoit pas non plus être oppoſée à l'hommager qui relevoit de lui. Cependant l'Arrêt rapporté par Mr. Cambolas ordonna la preuve de la poſſeſſion, & la préſéance fut accordée proviſoirement à l'hommager.

Dans ce même Journal du Palais de Toulouſe, eſt rapporté un Arrêt du 16e. d'Avril 1723. qui accorda au Juge du Seigneur, la préſéance ſur les Conſuls quoiqu'ils fuſſent hommagers du Roi. Mais l'on excepta le cas où le Seigneur ſeroit préſent, parce qu'alors l'hommager eſt cenſé ne faire qu'un Corps avec lui.

Par un Arrêt du 22 de Juin 1735 rapporté dans le recueil Judiciaire, pag. 337, il fut jugé que le Seigneur d'une partie de la Paroiſſe, mais qui n'avoit aucune portion de la Juſtice ni de la directe du lieu où l'Egliſe étoit ſituée, pouvoit avoir un banc *avec accoudoir* dans la nef ſans armoiries ni marque Seigneuriale.

V I I.

Dans les lieux où le Roi eſt Seigneur Féodal & juſticier, l'hommager n'a pas ſur le Juge la préſéance qui lui eſt accordée ſur les Juges des Seigneurs.

D'Olive, liv. 1 ch. 29, où il dit que la raiſon de cette différence eſt que les hommagers n'ayant la préſéance qu'à cauſe de leur union & attachement à la perſonne du Seigneur de qui ils relevent, & le Roi ne ſe trouvant jamais dans les fiefs où la juſtice lui appartient, il faut que le Juge tienne ſa place, & qu'après lui viennent les hommagers.

VIII.

Les Droits Honorifiques confistent à la recommandation aux prieres de la Meffe paroiffiale, à recevoir avec diftinction l'encens, l'eau benite, le pain beni, à avoir un banc diftingué dans le Chœur ou dans la Nef, la fepulture au Chœur, la litre ou ceinture funebre & le premier rang ou préféance à la paix, à l'Offrande & aux Proceffions.

I X.

Le patron parfait, qui a conftruit, fondé & doté l'Eglife, a le premier les honneurs, & après lui le Seigneur haut-jufticier, qui a la préférence vis-à-vis du patron imparfait.

Loifeau des Seigneuries, ch. 11 n 7. Lacombe Jurifp. canon. part. 1 pag. 281.

X.

Le Seigneur haut-jufticier d'un fief ne peut pas prétendre les honneurs dans l'Eglife fituée hors du diftrict de ce même fief quoiqu'elle en foit la Paroiffe.

Arrêt du 19 de Février 1729 cité ci-deffus n'. 6 les Confuls de Peliffanne à leur qualité de Seigneurs moyens & bas jufticiers joignoient celle des Seigneur haut-jufticier du fief de Cabardel fitué dans la même Paroiffe.

'Autre Arrêt du 17 Mars 1735 en faveur du Seigneur d'Aiguines contre le fieur Peliffier Seigneur haut-jufticier du fief
de Chante-reine démembré de celui d'Aiguines.

XI.

Entre plufieurs Seigneurs hauts-jufticiers , celui qui l'eft du fol où l'Eglife a été bâ- tie , joüit des honneurs exclufivement aux autres.

Arrêt du Parlement de Touloufe rapporté par Mr. de Ca- telan liv. 3 ch. 1.

XII.

S'ils font tous également haut-jufticiers du Sol de l'Eglife , ils participent tous aux honneurs ; mais celui qui a la plus grande portion les reçoit le premier ; & fi les portions font égales , la preféance eft donnée au pof- feffeur de celle qui échut en partage à l'ainé.

D'Hericourt loix ecclef. part. 2 ch. 9 n. 12. Le Coffeigneur qui a la plus grande portion doit toujours précéder les autres. Arrêt rapporté par Mr. de la Roche-Flavin ch. 21 art. 1er.

XIII.

L'acquereur de la portion de l'ainé doit ceder aux puinés ou à leurs defcendants toujours dans le cas où les portions font égales.

Arrêt du Parlement de Paris rapporté dans le fecond vol.

du trait. des *Droits Honorifiques* par Marechal n. 9. ; Decormis tom. 1 col. 911.

XIV.

Le Seigneur dominant haut-justicier n'a pas les droits honorifiques dans l'Eglise située dans la justice de son Vassal.

Arrèt rapporté dans le journal des audiences , dernier édit. tom. 3 liv. 9 ch. 10.

X V.

La femme & les enfans du Seigneur haut-justicier participent aux honneurs ; & s'il y a plusieurs Seigneurs , ces mêmes honneurs doivent être déferés à chaque famille sans interruption , c'est-à-dire à la femme & aux enfants immédiatement après leur mari & pere.

La question concernant la préféance entre la femme , les enfants de l'un des Seigneurs & les autres Cosseigneurs est assez problêmatique. Marechal trait. des *Droits Honorifiques* la décide en faveur de la femme & des enfans. Danti dans ses Observations sur ce traité embrasse l'opinion contraire ; & parmi les Arrêts recueillis dans le second vol. de ce même traité de Maréchal l'on en trouve quelques-uns , qui ont jugé que les enfans doivent suivre immédiatement leur pere ; & d'autres qui ont adjugé la préféance aux Cosseignenrs.

Ce qui me détermine à donner la préférence aux premiers , est cette considération que la famille entiere est censée posseder la Seigneurie ; & s'il falloit admettre la préféance en faveur des Cosseigneurs par raport aux processions , il y auroit même raison de décider à l'égard de l'encens , de l'eau-bénite , &c. de sorte qu'après avoir deferé ces honneurs à un Seigneur , il faudroit passer vers les bancs des autres , & revenir ensuite dans le même ordre à chaque banc pour rendre ces mêmes honneurs à la famille.

L'auteur des droits eccléfiaftiques part. 2. ch. 9 décide que les femmes des Seigneurs doivent dans les proceffions marcher immédiatement après leurs maris.

Les Arrêts rapportés par Mrs. Mainard liv. 2. ch. 19. Cambolas liv. 3. ch. 33. & de Catelan liv. 3 ch. 1.er. font autant de garans de la décifion, que j'ai donnée pour regle. Il y a un autre Arrêt du 17e de Juin 1724. rapporté dans le Journal du Palais de Touloufe, & qui jugea que la Dame de Borifta recevroit le pain béni immédiatement après fon mari qui en qualité de Confeiller au Parlement le recevoit d'abord après le Seigneur & avant les Confuls.

Mr. Furgole improuvoit cette jurifprudence., & donnoit la préférence à l'Arrêt rapporté par Mr de la Roche-Flavin ch 21. art. 11 & qui jugea que le Coffeigneur qui avoit la plus grande portion de la Seigneurie précéderoit les autres Coffeigneurs, mais que ceux-ci devoient venir immédiatement après lui.

La note de Mr. Furgole eft conçue en ces termes. » L'Arrêt
» de la Roche eft jufte. La femme, & les enfans du Seigneur
» ne joüiffent des droits honorifiques, que par participation, &
» les Seigneurs en jouïffent *jure proprio.* Suivant Ferriere trait.
» du droit de Patronage, part. 3. ch. 1 n. 90. Les enfans du Sei-
» gneur doivent bien joüir des honneurs, précéder les perfonnes
» qui font inférieures à leur pere ; mais ils ne doivent pas pré-
» ceder ceux qui ne font pas inférieurs, & qui ont un droit
» de même efpèce. Voyez l'Arrêt du 22 de Juin 1641 rapporté
» par Brodeau fur Louet lettre f, fom. 31, n. 2. Simon *du droit*
» *de patronage*, tit. 16 où il cite Chenu, Bafnage fur l'art. 142
» de la cout. de Normandie rapporte un Arrêt du 24 de Mars
» 1665, qui adjuge la préféance à celui qui poffedoit le fief
» dominant auquel le patronage étoit attaché fur celui qui
» poffedoit d'autres fiefs fervants. Mais celui-ci eft preféré à la
» femme & aux enfans de celui qui avoit la préférence. Idem Fil-
» leau tom. 2. part 3, tit. 11 ch. 34. Suivant Balde fur la loi.
» *Fæminæ* 8 *ff de Senat. quod quifquis habet vi fuâ, tenacius in-*
» *hæret ;* ou comme dit Barthole fur la loi, *quod principi* 56 *ff.*
» *de leg.* 2°. *fortior eft dignitas quam quifquis habet perfe, quàm*
» *illa quam quifquis habet per alium.*

XVI.

Les Seigneurs hauts-jufticiers ont droit de placer un banc à doffier & avec accoudoir dans le chœur ; pourvû qu'il ne nuiſe pas au Service Divin.

Tel eſt le droit commun atteſté par Maréchal & tous les Auteurs qui ont écrit ſur cette matiere.

Cependant par un Arrêt du 10 de Mai 1727 rendu entre Mr Le-blanc , Conſeiller au Parlement de Provence , Seigneur de Ventabren & le Curé du même lieu , il fut ordonné que le banc ne pourroit être placé que hors du Presbitere.

Cet Arrêt fut convenu entre les parties ; la poſſeſſion étoit contre le Seigneur. Mais il auroit pû ſoutenir que le droit de placer le banc dans le chœur eſt impreſcriptible. Guiot , *matier. feod.* tom. 7 pag. 280.

Le banc ne peut pas être placé dans le Presbitere & pourpris de l'Autel appellé *ſancta ſanctorum.* Le Seigneur a auſſi le droit d'en mettre un dans la Nef à l'endroit le plus honorable. Ferriere du *droit de patronage* part. 3 ch. 5 n. 16. Marechal des *Droits Honorif.* tom. 2 pag. 255 n. 50.

X V I I.

Le banc doit être placé après celui du clergé & celui du Patron, s'il y en a un , & ſi le chœur peut les contenir tous ; mais s'il ne peut y en être placé qu'un , ce doit être celui du Patron , & le Seigneur haut-juſticier aura dans la Nef une place diſtinguée.

Droit commun. La droite ou le côté de l'Epitre eſt le lieu le plus honorable. Mornac ſur la loi *fundus* 30 *ff famil. ercife ;* d'Hericour , pag. 496 , *max.* 12 Ferriere *du droit de Patronage* part. 3 , ch. 5 n. 9 & 10 ; Baſnage ſur l'art 142 de la cout. de Normandie.

X V I I I.

Le Seigneur ne peut pas ſe placer dans le banc des Conſuls.

Arrêt du Parlement de Toulouse du 30 d'Août 1707 rapporté par Vedel, liv. 3 ch. 1.

XIX.

Le Curés ne peuvent sous prétexte d'incommodité pour le Service Divin faire ôter de leur propre autorité le banc du haut-justicier.

Arrêt du Parlement de Paris du 13 de Juin 1743 rapporté par Guiot, *Matier. feod.* tom. 7 pag. 279.

XX.

Le droit de banc dans le chœur acquis au Patron & au Seigneur haut-justicier ne peut l'être par d'autres personnes à la faveur d'une possession même immémoriale.

Loiseau des *Seigneuries* ch. 11 n. 67.

XXI.

Le haut-justicier peut empêcher que les Marguilliers & particuliers n'aient des bancs à queuë ou fermés avec accoudoir, dossier & agenouilloir.

Cela a été ainsi jugé en faveur du Seigneur de Volonne par un Arrêt, dont je n'ai pû recouvrer la datte.

Le Marquis de Calvisson Seigneur de Masillargues obtint au Parlement de Toulouse sur soit montré à Mr. le Procureur Général un Arrêt, qui fit défenses aux habitans d'avoir dans l'église des bancs avec dossier, accoudoir & agenouilloir. Le sieur Thoras Capitaine dans le Regiment de Limousin, Chevalier de l'Ordre de St. Louis, se pourvût en opposition envers cet Arrêt, & demanda d'être maintenu en la poſſeſſion & jouiſſance du banc, que lui & ſes predéceſſeurs avoient eu dans l'Egliſe de Maſillargues avec un doſſier & accoudoir, ſans néanmoins aucune marque Seigneuriale ; & ſubſidiairement d'être reçu à prouver par témoins que dequis 1688 que cette Egliſe fut bâ-tie, les habitans avoient eu des bancs avec doſſier, agenouilloir & accoudoir, ſans aucun trouble de la part des Seigneurs. Par Arrêt du 5 de Juin 1737 le ſieur Thoras fut deboulé de ſon op-poſition & du ſurplus de ſa requête ; & il fut ordonné que l'Arrêt ſortiroit ſon plein & entier effet.

Dans les différents Arrêts rendus par le même Parlement, & contenant un réglement ſur les droits honorifiques, on trou-ve la diſpoſition ſuivante. » la Cour fait inhibitions & deffen-» ſes aux Marguilliers & habitans de placer des bancs à mar-» que Seigneuriale dans les Egliſes, & en conſequence ordon-» ne qu'ils feront tenus d'abbatre dans huitaine les doſſiers, » accoudoirs & agenouilloirs de ceux qu'ils y ont ; autrement » & faute de ce faire, permet au Seigneur de les faire ab-» batre aux frais & depens deſdits Marguilliers & habitans.

XXII.

S'il y a pluſieurs Seigneurs hauts-juſticiers, & que le Chœur ne puiſſe contenir qu'un ſeul de leurs bancs, le Poſſeſſeur de la plus grande portion ou de la portion de l'aîné y placera le ſien ; les autres feront dans la nef.

Guiot. *matier. féod.* tom. 7 pag. 288 prétend que quoique le Chœur puiſſe contenir pluſieurs des bancs des hauts-juſticiers, on ne doit y en placer qu'un ſeul ou au plus deux, quandil n'y a point de patron ; mais notre uſage eſt contraire.

XXIII.

Le Droit de ſepulture au Chœur n'appar-tient qu'au patron & au Seigneur haut-juſticier ; mais à la faveur d'une poſſeſſion

immémoriale

ìmmémoriale on peut participer à cet honneur.

Guiot. *matier. féod.* tom. 7 pag. 331.

Mais on ne pourroit pas acquérir le droit d'y avoir des tombeaux ou monumens relevés avec épitaphes & Statues ; on peut feulement y avoir des tombes plattes. Guiot rapporte un Arrêt du Parlement de Paris du 31 de Mai 1726, qui maintint un Seigneur de fief dans fa poffeffion immémoriale d'avoir dans le Chœur une tombe platte , fur laquelle fes Armes étoient gravées.

XXIV.

Le Seigneur haut-jufticier a feul Droit de litre ou ceinture funébre tant au dehors qu'au dedans de l'Eglife. Le Patron ne l'a pas au dehors ; mais dans l'Eglife ; fa litre eft placée au deffus de celle du haut-jufticier.

Maréchal , qui étoit extrêmement prévenu par fon propre intérêt en faveur des Patrons , établit , ch. 5 , que le Patron a droit de litre tant au dehors qu'au dedans. Mais cette opinion qui n'a pas été fuivie a été folidement réfutée par Guiot, *matier. féod.* tom. 7 pag. 164.

XXV.

La litre peinte au dehors de l'Eglife peut être conduite tout au tour , fans que la ligne foit interrompue à la partie du mur qui fert de cloture à un jardin ou cour.

Ainfi jugé par l'Arrêt du Parlement de Paris du 13 de Mars 1743 rapporté par Guiot. *ibid.* tom. 7. pag. 160.

XXVI.

L'ufufruitier & la douairiere n'ont pas le

droit de faire peindre leurs litres, ni l'engagiste du Domaine; quoiqu'il ait acquis la haute-justice.

Abregé des Mémoires du Clergé, tit. 2. ch. 7. art. 13. Guiot, tom. 7. page 283.

XXVII.

S'il y a plusieurs Seigneurs hauts-Justiciers, ils ne doivent pas multiplier les litres; ce qui causeroit une difformité dans l'Eglise. Il faut qu'entre eux tous ils n'aient qu'une ceinture de deuil tirée tout au tour de l'Eglise, soit dedans, soit dehors; & elle sera divisée à proportion de la part de chacun, en laissant un certain espace.

Maréchal ch. 5. La-peyrere lettre l. n. 94. *ubi* Arrêt du Parlement de Bordeaux du 27 de Juillet 1645. Guiot tom. 7 pag. 228.

Cependant il y a un Arrêt du Parlement de Toulouse rapporté par Mr. d'Olive liv. 2. ch. 11. & qui jugea entre deux Seigneurs Justiciers, que l'hommager devoit mettre sa litre au dessous de celle du Seigneur à qui il devoit l'hommage.

XXVIII.

L'acquereur de la Seigneurie peut faire ôter la litre de l'ancien Seigneur; à moins qu'il n'y ait stipulation de la laisser subsister dans le contrat de vente.

Guiot *matier. féod.* tom. 7. pag. 233.

XXIX.

Les Seigneurs hauts-justiciers leurs femmes,

& enfans, doivent être recommandés aux prières publiques, au prône, foit qu'ils foient préfents ou abfents.

Droit commun. Arrêt du 26 de Mars 1647 en faveur du Seigneur de Tartonne rapporté par Boniface tom. 1. liv. 3 tit. 2. ch. 2; du 6 de Juin 1663 en faveur du Seigneur d'Efcragnolles; du 29 de Juin 1669 pour le Seigneur de Puiloubier; du 5 de Février 1711 pour le Seigneur de St. Laurent; du du 20 de mai 1727 pour le Seigneur de Ventabren.

XXX.

En Provence & en Languedoc on n'eft pas en ufage d'énoncer, en faifant cette récommandation, le nom & la qualité du Seigneur haut-Jufticier. On ne fait mention que de la qualité qui oblige à déferer cet honneur.

Maréchal, trait. *des droits honorif. ch.* 8. Simon trait. *du patronage*, ch. 22. Mr. de Clugny dans le traité imprimé à la fuite de celui de Maréchal décident que l'on doit exprimer les noms & qualités.
Les Arrêts du Parlement de Touloufe ont toujours jugé qu'il fuffifoit de recommander le Seigneur en cette qualité, ainfi que toute fa famille, fans exprimer leur nom. Cela eft clairement enoncé dans un Arrêt du 11 de Juillet 1743 rapporté dans le recueil judiciaire, tom. 1 pag. 539, on y lit ces exprefions, *fans le défigner par fon nom.* Ainfi quand on lit dans d'autres Arrêts que le Curé recommandera aux prônes & prières publiques un tel *en qualité & fous le titre de Seigneur*, il ne faut pas croire que par-là on ait entendu impofer l'obligation de défigner le Seigneur par fon nom.
Il eft à propos de prévenir l'équivoque que l'on pourroit faire, voyant l'Arrêt rapporté dans ce même vol. 1. du recueil judiciaire, pag. 529, & qui enjoignit au Curé d'exprimer le nom. Cet Arrêt fut rendu en faveur d'un patron Abbé-lay dans le pays de Bigorre qui fe trouve dans le reffort du Parlement de Tou

loufe, & où l'ufage à cet égard eft différent de celui du Languedoc. On verra dans les notes fur l'art. fuivant une autre différence.

XXXI.

L'encens doit être donné au Seigneur haut-Jufticier, comme il l'eft au Clergé, par le Curé ou autre Prêtre, Diacre, Soudiacre ou Clerc révêtu d'un furplis.

Arrêt du 5 de Février 1711 entre le Seigneur & le Curé de St. Laurent. Autre Arrêt du 20 de Mai 1727, entre Mr. Leblanc & le Curé de Ventabren.

Il n'eft qu'un feul des Arrêts du Parlement de Touloufe fur les Droits honorifiques, où il foit fait mention de l'encens. C'eft celui qui fut obtenu par le Patron Abbé-lay, dont il a été queftion dans les notes fur l'art. précédent. Il fut ordonné qu'il feroit encenfé par l'officiant, lorfqu'il encenferoit l'Autel, *par trois coups d'encenfoir*, & fa femme & fes enfans par un feul coup. Tel eft fans doute l'ufage en Bigorre. Mais en Languedoc on ne donne pas l'encens au Seigneur. On me l'a affuré; & j'ai vérifié en effet dans plufieurs Arrêts contenant un Reglement qu'il n'y étoit pas abfolument fait mention de l'encens.

XXXII.

La femme du Seigneur reçoit auffi l'encens féparément après fon mari; & leurs enfans en quelque nombre qu'ils foient, ne reçoivent entre eux tous qu'un feul coup d'encenfoir.

Arrêt du Parlement de Paris du 26 de Juin 1696. Journal des Audiences.

XXXIII.

L'eau bénite doit être donnée par afperfion; à moins qu'il n'y ait une poffeffion en faveur du Seigneur pour la préſentation du goupillon.

Arrêt du 11. de Mars 1737 confirmatif de la Sentence qui avoit ſoumis le Seigneur de Cabriés à prouver qu'il étoit en poſſeſſion de recevoir l'eau bénite par préſentation du goupillon. Semblable Arrêt entre le Seigneur & la Communauté de Si-miane Léſ-Aix.

Tel eſt auſſi l'uſage obſervé en Languedoc. Mr. Furgole fait mention d'un Arrêt du 13 de Février 1709 ; & tous les Arrêts que j'ai déja cités ſont conçus ainſi : » la Cour ordonne que le Curé & autres Prêtres deſſervant la Paroiſſe donneront au » Seigneur ſéparément du public & d'une maniere diſtinctive » *en ſe tournant vers lui*, l'eau bénite *par aſperſion*, & enſuite à toute ſa famille.

Sur ces mots, *en ſe tournant vers lui*, il convient de re-marquer ce que dit Loiſeau *des Seigneuries*. ch. 11. n. 47. Le Seigneur ne peut pas exiger que le Curé lui donne l'eau bé-nite hors de ſon chemin.

L'Arrêt du Patron Abbé-lay cité ſur les précédents articles , & qu'il ne faut jamais prendre pour regle ou exemple des uſages du Languedoc, ordonna que l'eau bénite lui ſeroit don-née *par préſentation du goupillon*.

XXXIV.

Le Seigneur haut-Juſticier ne doit rece-voir l'encens & l'eau bénite qu'après tout le Clergé.

Edit de 1695 art. 45. tout ſervant à l'Egliſe , à l'Office divin en habit d'Egliſe eſt reputé pour ce tems du corps du Clergé.

Il faut obſerver que l'on n'encenſe que l'Autel , lorſque le St. Sacrement eſt expoſé , & que le Curé donnant lui même l'encens à la Meſſe , n'eſt pas obligé de deſcendre des mar-ches de l'Autel pour aller vers le Seigneur.

XXXV.

Le Seigneur va à l'Offrande immédiatement après les Prêtres & autres employés & révêtus pour le service divin ; & il doit ainsi que sa famille, recevoir aussi après le Clergé & avant tout autre, le patron excepté, le pain béni & les cierges pour les processions & autres Cérémonies.

Il y a un Arrêt remarquable du Parlement de Touloufe rendu en Janvier 1743, un Marguillier distribua les cierges sans en présenter un au Seigneur, Procès à ce sujet. Le Marguillier disoit pour sa défense que le Seigneur n'étoit pas de la Confrairie du St. Sacrement, & que si l'on avoit présenté des cierges à ses Auteurs, c'étoit parce qu'ils avoient été du nombre des Confreres, qui fournissoient les cierges à leurs dépens. L'Arrêt condamna ce Marguillier à se transporter au château, & là en présence des Consuls & de quatre principaux Habitans demander pardon au Seigneur.

XXXVI.

Le Juge laïc à droit de connoître des contestations concernant les Droits honnorifiques, à l'exclusion du Juge d'Eglise.

Arrêt du 22 de Juin 1647 rapporté par Boniface tom. 1. liv. 3. tit. 1. ch. 4.

XXXVII.

Le Curé est obligé, ainsi que les Vassaux, de respecter le Seigneur.

Arrêt du 22 de Juin 1647. rapporté par Boniface tom. 1, liv. 3 , tit. 1 , ch. 4; Arrêt du 5 de Février 1711 qui ordonne que *ledit-De-pifany Seigneur de St. Laurent & Geofroi Curé fe rendront les honneurs réciproques qui leur font dûs.*

XXXVIII.

Le Seigneur ne peut faire avancer ou rétarder l'heure marquée par les Statuts des Diocèfes & les rituels pour le Service divin.

Edit de Charles IX de 1571. Maréchal ch. 8.

XXXIX.

Ceux à qui les vrais honneurs font dûs (le patron & le haut-Jufticier) peuvent en cas de trouble ou réfus fe pourvoir par complainte.

D'Héricour, part. 3 , ch. 9 , max. 20. de Roye *de jurib. honor. lib. 2 cap.* 13.

XL.

Quant aux fimples préféances, ceux à qui elles font duës peuvent fe pourvoir par action fimple contre les Contendants, & contre ceux qui les déférent, comme les Marguilliers, qui font la diftribution du pain béni, ainfi que pour le pas à l'Offrande & à la Proceffion.

Maréchal ch. 12 ; Guiot , tom. 7. ch. 6. n. 4.

F 4

XLI.

Les Confuls ne peuvent faire battre le Tambour même le jour de la Fête du Village, fans en avoir demandé la permiffion au Seigneur.

Arrêts en faveur du Seigneur de Jouques & du Viguier de St. Paul, cités par Boniface tom. 4. liv. 1. tit. 7. *ubi.* Arrêt contraire du Parlement de Grenoble, en la caufe evoquée entre le Seigneur & la Communauté de Viens. Mrs. les Gens du Roi en écartant le prejugé que fourniffoit l'Arrêt obtenu par le Viguier de St. Paul dirent, que s'agiffant d'un fait de Police, le Viguier d'une Ville royale avoit droit de ftatuer, ainfi qu'il lui paroiffoit convenable. Mais dans les Terres Seigneuriales, les Seigneurs ou leurs Officiers ont auffi l'infpection de la Police.

Loifeau trait. *des Seigneuries* ch. 11. n. 12. dit que ce n'eft qu'aux Seigneurs hauts-Jufticiers à donner la permiffion de faire la Fête du Village, d'en faire le cri & fémonce ; permettant de lever les quilles & autres Cérémonies qui en dépendent.

J'avois tellement crû qu'on ne pouvoit pas méconnoitre cette regle ou maxime, que je ne m'étois pas attaché à en donner bien des garans, dans l'édition, qui a pour titre, *Jurifprudence obfervée en Provence fur les matieres féodales.* Il s'y étoit même gliffé une faute ou méprife. Je citois un Arrêt rendu en faveur du Seigneur de Reillane, qui eft rapporté par Boniface, dans le chap. qui fuit celui où l'on trouve les Arrêts, dont je viens de faire mention, & cet Arrêt obtenu par le Seigneur de Reillane portoit fur toute autre queftion.

Depuis, j'ai vû une confultation de deux Avocats, où l'on répandoit au moins des doutes fur cette même maxime. Ainfi je crois devoir en donner d'autres preuves.

Brillon dans fon Dictionnaire des Arrêts fous le mot *Seigneur* n°. 40 fait mention d'un Arrêt du Parlement de Tournay du 3 de Décembre 1695 rendu en faveur de Mr. de Montmorenci, & par lequel il fut jugé, que c'étoit au Seigneur du Village, y ayant les Droits honorifiques de permettre de danfer aux jours de Fête, & de la dédicace, à l'exclufion de tous les autres Seigneurs, ayant des fiefs dans le Village,

Mr. Julien dans ſes collect. Mſſ. ſous le mot *feudum* ch. 2.
s'énonce ainſi *feſtum oppidi ſine licentiâ Domini non poteſt celebrari.*
Enfin la queſtion fut jugée par un Arrêt du 20 de Juin 1724,
Mr. de Villeneuve d'Anſoüis rapporteur; en faveur de Mr. de
Gaufridi Baron de Trets. La Communauté, prétendoit être
autoriſée par l'uſage à faire la *Bravade*, la veille & jour de la
Fête de St. Jean, ſans être aſſujettis à obtenir la permiſſion
du Seigneur, qui demanda qu'il fut enjoint aux Conſuls de
s'adreſſer à lui où à ſes Officiers, en ſon abſence, pour avoir
cette permiſſion; ce qui fut ainſi ordonné par l'Arrêt. Mr. de
Gaufridi réclama ce droit comme une dépendance de la haute-
juſtice.

XLII.

Les réjoüiſſances publiques, même celles
que l'on a accoûtumé de faire le jour de la
Fête du Patron, ſont interdites dans le cours
de l'année du decès du Seigneur, ou de ſon
deüil pour ſa femme, ſon Pere ou ſa Mere.

Arrêt du 26 de Février 1737, qui caſſe une Délibération priſe par la Communauté de Pontevés, portant que la Fête du Patron ſeroit célébrée avec les réjoüiſſances ordinaires.

XLIII.

Le Juge & en ſon abſence le Lieutenant
de Juge précédent les Conſuls.

Arrêts du 22 de Juin 1618, contre la Communauté de Noves rapporté par Boniface tom. 3. ch. 10; du 23 de Mars 1713, en faveur de l'Abbeſſe de Ste Claire de Siſteron, Dame de Souribe; du 7 de Juillet 1714 en faveur des Officiers de juſtice du lieu de Biot. Autre Arrêt du 12 de Juin 1718, rendu en faveur du Juge de St Tropés, & qui ordonna qu'il ſe placeroit dans l'Egliſe à la tête des Conſuls dans le banc où ils ſiégeoient. Autre Arrêt du 10 de Juin 1731, qui ordonne que le Juge de Soliers & à ſon défaut le Lieutenant de juge précédera les Conſuls à toutes les Aſſemblées & Cérémonies publiques.

Même ufage en Languedoc. Voici comment font conçus les Arrêts obtenus par les Seigneurs. » La Cour ordonne que les » Officiers du Seigneur joüiront du droit de précéder les Con- » fuls & tous autres particuliers dans l'Eglife, aux proceffions, » convois funébres, & dans toutes les Affemblées générales » & particulières, du droit d'y préfider & d'aller les premiers » à l'Offrande immédiatement après le Seigneur & fa Famille ; » d'allumer les feux de joye, lorfqu'il en fera fait, foit pour » les feftivités ou autrement.

XLIV.

En Languedoc à chaque mutation des Confuls la Communauté doit préfenter au Seigneur ou à celui qui a charge de lui, la lifte confulaire pour choifir un fujet de chaque rang.

Arrêts rapportés par Mr. de la Roche-flavin ch. 21. art. 3, autre Arrêt du 13 de Septembre 1677, rapporté par Geraud. liv. 3. ch. 2. n. 11.

Arrêt du 12 de Décembre 1725 rapporté dans le Journal du Palais de Touloufe. On y en cite plufieurs autres & un du Confeil du 20 de Février 1722 en faveur de Mr. le Maréchal Duc de Belle-ile pour les Terres dépendantes de l'échange, qu'il avoit fait avec le Roi. Il fut ordonné qu'il joüiroit de la nomination des Confuls de la même maniere dont en joüiffent les autres Seigneurs hauts-jufticiers de la Province de Languedoc ; & qu'à cet effet les Communautés feroient tenues de lui préfenter la lifte confulaire, ou à ceux qu'il auroit chargés de fes pouvoirs, pour être choifis par eux ou par lui.

Mr. Cambolas liv. 3, ch. 3. rapporte un Arrêt du 15 de Mars 1599, qui jugea qu'entre deux Seigneurs jufticiers par égales portions, la lifte confulaire devoit être préfentée premièrement au plus qualifié. C'étoit un Confeiller au Parlement de Touloufe, l'autre étoit un fimple Bourgeois.

XLV.

Les Confuls doivent vifiter le Seigneur le jour de leur élection.

Arrêt du 30 d'Avril 1682, en faveur du Seigneur de Reillanne.

Idem. en Languedoc. » Comme aussi ordonne qu'après la no-
« » mination des Consuls faite suivant l'usage ils seront tenus de
« » faire une visite en chaperon au Seigneur & en son absence à
« » ses Officiers. Arrêts cités.

En Provence ils ne sont pas obligés de visiter les Officiers,
quand le Seigneur est absent, ni de prêter le serment entre
ses mains ou de ses Officiers, comme ils y sont soumis en
Languedoc. Je me rappelle même d'avoir vû un Arrêt du Parlement de Provence, qui malgré la possession du Seigneur
affranchit les Consuls de cette obligation.

X L V I.

Ils sont obligés d'aller révêtus du chaperon
chez le Juge, ou en cas d'absence, chez le
Lieutenant de Juge le jour où l'on doit procéder à cette même élection, pour le conduire à l'Hôtel de Ville, & de le reconduire
chez lui. A l'égard des autres Conseils ou
Assemblées, ils doivent le faire avertir la
veille par le valet de Ville, & lui mander
à l'heure assignée le Greffier qui doit l'accompagner.

Arrêts du 12 de Juillet 1718 pour St. Tropés; du 15 de
Mars 1731, pour Eygalieres; du 10 de Juin 1731 pour So-
liers; du 22 d'Avril 1732 pour Eyragues; du 22 de Juin 1733
pour la Garde. Celui-ci ordonna que pour les Assemblées &
Conseils ordinaires un Conseiller de Ville seroit mandé vers le
Juge ou Lieutenant de Juge.

X L V I I.

Toutes les Délibérations prises par la Communauté, & auxquelles le Seigneur n'a au-

cun intérêt perfonnel , doivent être auto-
rifées , par le Juge ou Lieutenant de Juge
à peine de nullité ; & s'il s'agit d'une Délibération concernant des prétentions ou
conteftations que l'on a à démêler avec le
Seigneur , on doit fe pourvoir au Parlement
pour obtenir la fubrogation d'un Juge ou la
délégation d'un Juge-Royal.

Parmi les différents Arrêts qui ont été rendus fur cette matière tant par le Parlement de Provence, que par la Cour des
Aîdes, & dont quelques uns font rapportés par Boniface &
dans le recueil imprimé par les foins des Sindics de la Nobleffe, il y en a un qui eft remarquable.

Les poffédans Biens au Terroir du Tholonet s'étant af-
femblés pour procéder à une impofition , le Juge qui auto-
rifoit ce Confeil rompit la féance & fe rétira ; parce qu'on ré-
fufa d'y admettre l'envoyé ou prépofé du Seigneur, & renvoya
à une nouvelle affemblée qui feroit tenue trois jours après.
Mais fous prétexte qu'il s'agiffoit d'une affaire qui exigeoit cé-
lérité, on délibera & par Arrêt du 14 d'Avril 1726 la Délibération fut caffée.

Pour le Languedoc mêmes Arrêts déja cités. » Ordonne que
» lefdits Confuls feront tenus de communiquer par écrit auxdits
» Officiers un jour avant les affemblées de la Communauté les
» points fur lefquels il conviendra de déliberer; leur faifant
» inhibitions & défenfes d'en convoquer aucune, foit générale
» ou particulière, fans y appeller les Officiers du Seigneur pour
» y préfider, à peine de nullité des Délibérations 500 liv. d'a-
» mende & d'en être enquis ; Sauf à l'égard des affemblées qui
» feront convoquées, pour y traiter des conteftations entre le
» Seigneur & la Communauté , auquel cas lefdits Confuls fe-
» ront tenus d'y appeller un de nos Magiftrats ou gradué pour
» y préfider , & néanmoins d'en avertir les Officiers du Seigneur
» un jour à l'avance fous les mêmes peines. »

Dans un de ces Arrêts obtenu par le Seigneur de Dieu-pantale
le 30 de Juillet 1751 , & rapporté dans le recueil judiciaire ,

il eſt ajouté : » & au cas où le Juge ne ſoit pas réſident
» audit lieu de Dieu-pantale , les Conſuls feront tenus de lui
» communiquer les points & l'avertir un jour à l'avance par
» une lettre qui fera remiſe au domicile qui fera élu par le Juge. »

XLVIII.

Dans les lieux où l'uſage eſt de convoquer les aſſemblées par le ſon d'une des cloches de la Paroiſſe , le Curé ne doit y mettre aucun obſtacle , & l'on n'eſt pas obligé de lui demander la permiſſion de ſonner la cloche.

L'Arrêt du Parlement de Touloufe du 30 de Juillet 1751 &
un autre du 16 d'Avril 1742 , obtenu par le Commandeur de
Canhac. » Inhibitions & défenſes au Curé d'empêcher de
» ſonner les cloches pour convoquer les aſſemblées de la Com
» munauté ; leſquelles cloches les Conſuls pourront faire ſonner
» ſans en demander la permiſſion au Curé ; *à la charge néan-*
» *moins de ne tenir les aſſemblées qu'avant ou après les Offices*
» *divins.*

XLIX.

Les Officiers du Seigneur précédent dans toutes les aſſemblées le Curé , qui ne peut pas exiger une diſtinction pour la convocation.

Mêmes Arrêts du Parlement de Touloufe. » Ordonne que
» dans toutes les aſſemblées de la Communauté , ſoit générales
» ou particulières , dans qu'elles occaſions qu'elles ſoient con
» voquées , & dans quels lieux quelles ſe tiennent , les Officiers
» du Seigneur y préſideront à l'excluſion des Curés , leſquels
» les Conſuls n'avertiront pour aſſiſter auxdites aſſemblées qu'en
» la manière qu'on a accoûtumé d'avertir les autres habitans.
En Provence les Curés ne peuvent pas aſſiſter aux aſſemblées de
la Communauté ; parce qu'on préſume que leur autorité pourroit
y gêner les ſuffrages. Il y a pluſieurs Arrêts qui l'ont jugé ainſi.
On n'appelle pas non plus à ces aſſemblées le Procureur ju-

rifdictionnel; & en Languedoc il doit y être appellé. Mêmes Arrêts. » Enjoint aux Confuls d'appeller à toutes les affem- » blées générales & particulières de la Communauté les Pro- » cureurs jurifdictionnels du Seigneur, qui y affifteront de mê- » me que les autres habitans qui ont droit d'affifter auxdites » affemblées.

L.

Le Seigneur ne peut affifter lui même aux Délibérations de la Communauté; mais il a droit d'y faire affifter en fon nom un pré- pofé, lequel eft néanmoins exclu du Con- feil, où il s'agit de l'élection du nouvel état.

Cette exclufion fut reconnue néceffaire dans une caufe, où je portai la parole pour Mrs. les Gens du Roi. Il s'agiffoit de l'appel de l'élection du nouvel état de la Communauté de Volx. Il y avoit plufieurs moyens de caffation; mais quand même il n'y auroit eu que celui qui étoit fondé fur l'affiftance ou préfence du prépofé, cette élection n'en auroit pas moins été caffée.

L I.

Le prépofé doit être informé de la convo- cation du confeil par un billet figné par le Conful ou le Greffier, lequel billet doit être vifé par le Seigneur ou le prépofé lui-même.

Arrêt du 10 de Décembre 1750 obtenu par Mr de la Mol- le Confeiller honoraire au Parlement, Seigneur d'Artigues. Semblables Arrêts pour les Seigneurs de la Palud & de Clumans.

L I I.

En Provence les Confuls ne peuvent obte- nir la permiffion de porter le chaperon, qu'a-

près avoir demandé le confentement du Seigneur ; en Languedoc ce confentement eft
auffi néceffaire. Mais le Seigneur ne peut pas
leur affigner la couleur rouge, fans la permiffion du Roi, & le moyen & bas jufticier
n'a pas le droit d'exiger que l'on demande
fon confentement.

L'ufage obfervé en Provence eft que les Confuls préfentent
une requête au Parlement ; qui ordonne qu'elle fera communiquée au Seigneur, dont le confentement eft néceffaire & qui
défigne la couleur, telle qu'il la veut ; fans aucune diftinction de
la rouge, avec les autres.

Quant aux ufages du Languedoc, que j'ai refumés dans la regle, ils font atteftés par Mr. Mainard liv. 9. ch. 10 Mr. de la
Roche-flavin ch. 21. art. 6. Mr. Cambolas liv. 3. ch. 33. Il a
même été jugé par des Arrêts rapportés par Mr. de la Roche-
Flavin. ch. 21 art. 10 & 13. que les lettres patentes du Roi obtenues par les Confuls fans le confentement du Seigneur étoient
inutiles.

LIII.

Les vaffaux ne peuvent intenter l'action
de complainte, appellée, en Provence, *fla-
tut de querelle* contre le Seigneur.

Arrêt du 21.ᵉ d'Avril 1644. rapporté par Boniface tom. 3.
liv. 1ᵉʳ. tit. 2. ch. 6, il y en a un autre rendu en 1554. & rapporté parmi ceux qui avoient été recueillis par M. le Préfident
de Coriolis, imprimés dans le 2ᵉ vol. des œuvres de Duperier.

Cette regle eft fondée fur cette raifon, que l'interdit *uti pof-
fidetis*, annonce *vim expulfivam vel turbativam, dolum, ma-
litiam & fraudem.*

Loifeau dans fon trait. des Offices liv. 5 ch. 5 n. 62 exami-
nant fi l'on peut intenter cette action contre le Roi, fon Pere,
le Patron ou Seigneur & autres perfonnes, à qui l'on doit du
refpect, decide qu'on ne le peut pas directement, & qu'il faut

fe pourvoir par requête , & *triflitiam , rei mitigare* ce qui au fond opere le même effet. Menoch. *de recuperan poffeff. remed.* 1 n. 75. Chopin fur la cout. de Paris liv. 3 tit. 1 n. 8 & Mr. le préfident Bouhier fur la cout. de Bourgogne tom. 1 ch. 40 n. 148 établiffent que l'action de complainte doit être accordée au vaffal ; & cette opinion paroit avoir des fondemens au moins auffi folides que l'autre , dont Loifel a formé dans fes inftitutes coutumieres une regle conçue en ces termes : *eutre le Roi , le Seigneur & le vaffal n'y a point de nouvelleté.*

LIV.

Les Vaffaux ne peuvent pas être établis fequeftres des biens faifis au Seigneur jufticier. Les emphiteotes peuvent l'être des biens faifis au Seigneur direct.

Arrêt du Parlement de Touloufe du 26ᵉ. de Juin 1666. rapporté par Gerund liv. 3. ch. 2.

LV.

Les Seigneurs jufticiers & féodataires ne peuvent prendre la qualité de Marquis, Comtes, Barons & Vicomtes, s'ils n'ont des lettres patentes enregiftrées par le Parlement.

Cette regle , dont l'ordre public reclame l'exécution , n'eft pas obfervée comme elle devroit l'être. Le nombre des Marquis, Comtes & Barons fans titre eft prodigieux L'on voit même ufurper des titres plus brillants , qui forment quelquefois un contrafte fingulier avec l'état de la fortune de ceux qui s'en décorent.

Le Roi Henri 3 par un édit du 17 d'août 1579 avoit ordonné que la Baronie feroit compofée de trois Châtelainies au moins qui feroient unies enfemble pour être tenuës d'un feul hommage au Roi ; que le Comté auroit deux Baronies & trois Châtelainies au moins , ou une Baronie & fix chatelainies ; enfin que le Marquifat feroit compofé de trois Baronies & autant de Chatelainies

telainies au moins , ou de deux Baronies & fix Chatelainies.

En Savoie , il y a un Edit de 1576 , par lequel il eft ordonné que nul ne fera décoré du titre de Marquis , s'il n'a 5000 écus de rente ; & de celui de Comte , s'il n'a 3000 écus.

Par un Arrêt de Réglement du 13 d'Août 1663 rapporté dans le journal des audiences le Parlement de Paris fit deffenfes à tous propriétaires de terres de fe dire Barons , Comtes ou Marquis & d'en prendre les couronnes à leurs armes , finon en vertu de lettres patentes du Roi bien & duëment vérifiées en la cour à peine de 1500 livres d'amende payable , favoir le tiers au Dénonciateur , un autre tiers à l'Hôpital général , & l'autre tiers aux pauvres des lieux.

Le Parlement de Provence a fait deux Réglemens femblables , l'un du 18 de Novembre 1687 , & l'autre du 7 de Décembre 1723. L'on annexa à celui-ci qui fut rendu public par l'impreffion , le rôle des Princes , Ducs , Marquis , Comtes , Vicomtes & Barons , dont les lettres ont été enregiftrées. Mais ces Réglemens font reftés prefque fans exécution.

Je dis , *prefque fans exécution* , parce qu'il eft un cas où l'on la reclame avec fuccès. C'eft lorfqu'il s'agit de l'intérêt d'un tiers. On en a vû un Exemple , il n'y a pas long-tems. Le Seigneur du Bar prenoit la qualité de Comte , & il fut traité comme tel dans la taxe des dépens d'un procès qu'il gagna contre la Communauté du Bar. Elle appella de la taxe en ce chef. La caufe fut plaidée folemnellement ; & par Arrêt prononcé par feu Mr. de la Tour premier Préfident la taxe fut réformée & réduite à celle de fimple Gentil-homme.

Mais ce n'eft pas le feul intérêt du tiers qui a été l'objet des réglemens dont il s'agit. Ils ont trait à une police générale , à un ordre qu'il convient de maintenir ; & relativement à cet objet il femble que l'on ne devroit pas permettre que jufques dans les procès pourfuivis devant les Tribunaux , d'où ces mêmes réglemens font émanés , on s'arrogeât des qualités qu'on n'a pas droit de prendre. c'eft une témérité que la juftice elle même eft intéreffée à reprimer. Il ne faut pas s'attendre en cette matiere à avoir des Dénonciateurs ; mais quand l'ufurpateur fe dénonce lui-même par un orgueil deplacé , pourquoi ufer d'indulgence ?

L V I.

Le Seigneur , qui ne poffede que des directes fans participer à la juftice, n'a pas droit d'exiger du refpect de la part de fes emphitéotes.

Arrêt du 5 de Novembre 1644 rapporté par Boniface tom. 4 liv. 3 , tit 2 ch. 7.

LVII.

Le Seigneur a droit d'empecher le change-ment du tableau de dédicace de l'Eglife Paroiffiale , & qu'un particulier ne s'y faffe repréfenter avec des marques de dignité.

Arrêt rendu en faveur de l'Abbé de Montmajour Seigneur de Correns en Juin 1665 & rapporté par Decormis tom. 1 col. 1697. Cet auteur qui avoit plaidé pour l'Abbé de Montmajour , convenoit que le particulier , qui avoit fait don du nouveau ta-bleau , auroit pû , en confervant l'ancienne repréfentation , y mettre fon nom ou fes armes , mais non pas fon portrait en long & à plein avec carreau & rideau de velours cramoifi.

TITRE CINQUIEME.

Des Régales.

I.

LEs Régales confiftent à certains Droits d'honneur, de prééminence & de pro-fit qui dérivant de la puiffance publique , appartiennent à l'état ou à celui qui le gouverne.

Paſtour *de feudis lib.* 1. *tit.* 3. Dunod trait. *des Preſcriptions* part. 3. ch. 11.

II.

Quelque étendue que puiſſe être la conceſſion des Régales faite par le Souverain à des Seigneurs féodataires & juſticiers, elle eſt toujours rétrainte aux ſeules Régales mineures; les majeures ſont inaliénables, comme faiſant partie du Domaine de la Couronne.

Paſtour *ibid.* Dumoulin cout. de Paris §. 1. gloſ. 5 n. 56.

III.

Les Régales majeures ſont le pouvoir de faire des loix, lever des troupes, faire la paix & la guerre, exercer la juriſdiction en dernier Reſſort, créer des dignités, des Ordres de Chevalerie, des Magiſtrats & Officiers publics, le droit de faire battre monnoye, de ſuccéder aux Aubains, de les naturaliſer, de légitimer les Bâtards, d'annoblir, d'amortir les héritages tenus par gens de Main-morte, d'impoſer des tributs, accorder des Sauve-gardes, permettre l'établiſſement des Corps & Communautés, des Foires & Marchés; la propriété des mines de ſubſtance métallique, la juriſdiction & police des rivages de la mer, fleuves & rivières navigables.

G 2

Sixtinus *de regalibus* ; Montanus *de regalibus.*
Dunod trait. *des Prescriptions* part. 2. ch. 11. Boiffieu *de l'u-*
fage des fiefs , ch. 60.

IV.

Les Régales mineures font les chemins publics , les Rivieres , les Iles , les Biens va-cans , la proprieté des chofes dont le public a l'ufage , & qui n'appartiennent à aucun maitre particulier, la pêche, la chaffe, les falines , les tréfors , les confifcations , le droit de fuccéder aux Bâtards , le péage , les épaves , le droit de Bris & Varech , la jurifdiction , le droit d'avoir Château avec crénaux, forterefles , &c.

Paftour *de feudis lib.* 1 tit. 4.

V.

On ne peut pas acquerir par la feule poffef-fion, même immémoriale, les Régales mineures.

Quelques Auteurs & entre autres Dunod & Paftour ont crû que les Régales mineures pouvoient être prefcrites ; mais cette opinion a été conftamment condamnée par les Jugements des Commiffaires du Domaine.

VI.

Le concours de la haute-juftice & de la directe univerfelle dans un terroir circonf-crit & limité fupplée au défaut d'une con-ceffion expreffe des Régales mineures.

Extrait sur les anciens Régiftres dépofés au Greffe du Terrier des Domaines du Roi en Provence.

» Les Commiffaires des Domaines du Roi en Provence. En-
» tre Dame Françoife De la-tour de la Charce Gouvernet Da-
» me de Rognes , Demandereffe en Requête à fins d'oppofition
» du 14 Novembre 1687 , d'une part.

» Et le Procureur du Roi en notre commiffion , pourfuite &
» diligence de Mᵉ. Louis Simon Fermier des Domaines de Sa
» Majefté en Provence , Défendeur d'autre.

» Vû le Jugement par nous rendu par défaut le 15 Septembre
» 1687 , fur la demande dudit Procureur du Roi contre ladite
» Dame de Rognes , par lequel nous avons déclaré que les Ré-
» gales dudit lieu appartiennent à Sa Majefté , & en conféquence
» ordonné que les Poffeffeurs des maifons & héritages fis dans lef-
» dites Régales, en feront chacun leur Déclaration au Terrier aux
» termes & en la maniere portée par l'Ordonnance générale du
» 14 Août 1683 , ladite Dame condamnée à la reftitution des
» lods reçûs depuis vingt-neuf années pour les mutations def-
» dites maifons & héritages arrivées pendant ledit tems ; ex-
» ploit de fignification d'icelui fait audit Garnier Procureur de
» ladite Dame du 4 Octobre fuivant ; Requête à nous préfentée
» par ladite Dame de Rognes le 14 Novembre audit an ten-
» dante à ce qu'il nous plût la recevoir oppofante à l'exécution
» dudit Jugement , la décharger des condamnations portées
» par icelui , & la maintenir en la poffeffion & joüiffance des
» Droits de Régales dudit lieu à l'exception des Régales con-
» cernant les appellations des jugemens rendus par les Officiers
» dudit lieu , & au moyen de ce que les Poffeffeurs des maifons
» & héritages attenant les murailles dudit lieu feront déchargés
» de faire la Déclaration mentionnée audit jugement , ladite
» Requête fignée *de Julianis & Garnier* ; notre Ordonnance au
» bas dudit jour 14 Novembre portant Acte de l'oppofition ,
» & pour y faire droit , qu'elle fera fignifiée audit Fermier des
» Domaines & communiquée audit Procureur du Roi , pour
» leurs réponfes reçûes , être ordonné ce que de raifon ; ex-
» ploit de fignification du 20 dudit mois ; réponfes du Procureur
» du Roi du 4 Mars 1688 ; inventaires , piéces & productions
» defdites parties ; contrat d'échange fait entre Charles II
» Comte de Provence , & Ricaud de Camus de la haute jurif-
» diction du lieu de Rognes du 3 Juillet 1305 ; donation d'une
» partie de ladite Terre faite par Dame Marie Sauve à Noble
» Jacques d'Agoult du 3 Février 1489 ; dénombrement de la

» dite Terre du 27 Juillet 1560 ; extrait de la transaction
» passée entre Honoré d'Agoult Seigneur de Rognes, & la Com-
» munauté dudit lieu du 14 Décembre 1540 ; extrait tiré des
» Archives des Régistres *fclapony & leopardus* ; oüi le rapport
» & tout confidéré.

» Nous Commiſſaires fufdits ayant aucunement égard à l'op-
» pofition de la Dame de Rognes, attendu qu'elle a la directe
» univerfelle & la haute juftice dans ledit lieu de Rognes & fon
» Terroir, declarons les maifons & héritages en queſtion être
» mouvans de la directe de ladite Dame ; en conféquence or-
» donnons qu'en payant par elle audit Fermier de fa Majefté la
» fomme de huit livres treize fols pour les dépens liquidés par
» notre jugement du 15 Septembre 1687, elle demeurera de-
» chargée, enfemble les poffeffeurs defdites maifons & herita-
» ges du fimplus de la condamnation portée par ledit jugement.
» Fait à Aix le quatre Janvier mil fix cent quatre vingt neuf.
» figné, *Lebret, Fulconis & Joannis.*

La maxime a auffi été atteftée par un Acte de Notorieté donné par Mrs. les gens du Roi le 1er de Février 1755 ; & Duperier
tom. 2 pag 7 n. 24 la retrace après du Moulin en ces termes.
*Les droits de régale qui peuvent être en commerce & être poffedés
par un fimple Seigneur font compris dans l'inveftiture ou don que
le Roi fait d'une Terre ou Seigneurie & de toute forte de droits
en termes généraux.*

Mais maigré ces décifions, qui doivent fans contredit prevaloir
à l'opinion particuliere de Paftour, qui dans fon traité *juris
feudalis* lib. 1 tit. 3 dit que la conceffion doit être expreffe, le
fermier du *Domaine* renouvelle fouvent la même conteftation. Il
y a même, à ce qu'on m'a dit, un Arrêt du Confeil rendu en 1745
qui a jugé la queftion en fa faveur contre le Seigneur de Claret.

Il eft effentiel d'obferver que la haute juftice & la directe
univerfelle réunies ne peuvent faire préfumer, ou pour dire
mieux, n'entrainent la conceffion des Regales, qu'autant que
par l'inféodation elles n'ont pas été féparées. Car fi le Souverain
avoit retenu, par exemple, la haute juftice, & n'avoit tranfporté que la directe univerfelle, nul doute que cette directe
n'eut pas attiré les Régales. Elles feroient reftées au Souverain,
qui n'en auroit pas fait le tranfport. Si dans la fuite il avoit aliené la haute juftice en faveur de ce même acquereur de la directe & de fes fucceffeurs, il eft évident que les Regales ne feroient pas comprifes dans cette alienation, fi elles n'y étoient
pas énoncées expreffément.

Je ne diffimulerai pas que cette opinion, qui m'a toujours paru devoir être à l'abri de contradictions , en a cependant éprouvé dans un procès entre les Seigneurs & la Communauté de Vence. Il étoit prouvé & convenu que la haute justice n'avoit été acquise que long-tems après la directe cedée à deux différents Seigneurs. Il étoit prouvé de plus par un ancien titre qu'en 1335 tems où l'alienation avoit deja été faite , la Cour Royale possedoit à Vence *merum imperium & regalia.* Il seroit inutile de rappeller les autres titres & raisons que la Communauté fit valoir. Elle succomba. Mais l'Arrêt qui fut rendu en Juin 1762 a été attaqué au Conseil ; *& adhuc sub judice lis est.*

VII.

Quoique nos Rois ayent une autorité souveraine sur les mers , qui bordent leurs états, les Seigneurs & les particuliers même peuvent y avoir des droits utiles , qui font partie des regales mineures.

Mr. d'Olive liv. 2 ch. 3. rapporte un Arrêt du Parlement de Toulouse du 14 d'Août 1628. qui jugea qu'en vertu d'un ancien titre , le Seigneur de Perignan avoit droit d'exiger la 12e partie du poisson, que ses vassaux pêchoient dans la mer.

Au chap. suivant il fait mention d'un autre Arrêt du 15 de Juin. 1633. qui maintient l'Evêque d'Agde dans le droit d'exiger une redevance , en vertu d'un ancien titre , pour la pêche qui se fait sur la côte de la mer avec une Barque à laquelle est attachée une corde, que les pêcheurs qui restent à la rive , tiennent par le bout.

Arrêt du Conseil du 26 de Décembre 1739 , qui ordonne l'execution de celui du 21 d'Avril précédent concernant la vérification des droits maritimes qui se perçoivent sur les quais , ports, havres, rades, rives & rivages de la mer dans l'étenduë du Royaume , ensemble du droit de pares , pecheries & autres , & qui prescrit ce que les Seigneurs & proprietaires de ces droits doivent observer sur le fait de verification de leurs titres.

Arrêt du Parlement de Bordeaux rapporté par Bacquet trait. des droits de justice , par lequel Mr le Duc d'Epernon fut maintenu dans le droit de prendre l'ambre gris que la mer jette sur ses bords. L'Ordonnance de la marine autorise les Seigneurs voifins de la mer, & qui ont une conceffion expreffe ou des dénombremens fournis à la Chambre des comptes avant 1544 à exiger des droits utiles pour la pêche.

Quant au Terrain des bords de la mer, lequel fait partie des Régales comme celui des places publiques & remparts jufqu'à une certaine diftance, il y a un Arrêt du Parlement de Provence d'autant plus remarquable, qu'on ne trouve aucune autre décfion fur cette matiere.

L'Abbé de St. Victor poffede les Régales dans le terroir de Six fours en vertu du tranfport fait à l'Abbaye par la Reine Jeanne Comteffe de Provence le 20 de Décembre 1364. Il vendit en 1630 à Michel Tortel la partie de ces Régales qui fe trouvoit enclavée entre les Caps de Mouiffeque, Raiffon & Bregaillon au quartier de la Seyne, où il n'y avoit alors qu'un hameau, & où a été formé enfuite un Bourg très-confidérable. L'Abbé de St. Victor referva le mole qui s'allongeoit dans la mer, & dix pans de largeur le long de ce mole pour le rendre plus fpaceux.

Les fucceffeurs de Tortel firent divers comblemens dans ces mêmes régales. On pretendit qu'ils les avoient faits au-delà des bornes du rivage de la mer & empieté fur les Terres voifines ; & ils fe plaignirent à leur tour que les poffeffeurs des fonds voifins avoient empieté fur les Régales. Dans le procès formé à ce fujet intervint l'Arrêt, dont voici la teneur. » La Cour » fans s'arrêter aux avancemens & jets faits dans la mer par » aucuns defdits particuliers & tenanciers des biens proche d'i » celle, déclare les terrains, bourbiers, graviers & marais » étant le long du rivage de la mer, puis le cap de Bregaillon » jufques au cap de Mouiffeque & *jufques où le plus haut flot de* » *la mer peut arriver de prefent*, enfemble les places à bâtir bail » lées par l'Abbé de St. Victor, ou ayant droit & caufe de lui, » être de la Régale dont eft queftion, remife par ledit fieur » Abbé par acte du 5 de Septembre 1630 à Michel Tortel » & par ledit Tortel a Lidoire Hou & par ledit Hou » aufdits Daniel & Vidal, & tout le refte des terrains où » ledit flot ne peut arriver être & appartenir aufdits particuliers ; » & à ces fins qu'aux dépens defdits Daniel & Vidal bornes & » limites feront pofées en préfence du Commiffaire rapporteur de » l'Arrêt, pour les feparations des terres des particuliers def » dites régales ; & pour le regard du mole, déclare lefdits Con » fuls de Six-fours n'avoir pû empêcher le comblement dont eft » queftion, commencé proche d'icelui par Laurens & Jofeph » Daniel & autres ayant droit & caufe d'iceux, de continuer ledit » comblement, & faire bâtir maifon audit endroit, &c. «

Cet Arrêt fut exécuté , & des Experts fixerent l'emplacement de ces Régales dans l'enceinte de 50 Termes. Ainsi ces regales & le rivage de la mer commencent où le plus haut flot de la mer peut atteindre en hiver ; ce qui est conforme à la decision du § 3 instit. *De rerum divisione. Est autem littus maris quatenus hybernus fluctus maximus excurrit.* Il est vrai que l'Ordonnance de la marine publiée en 1681 fixe le Rivage à l'endroit où le grand flot de Mars peut s'étendre. Mais il est très vraisemblable qu'en donnant cette regle l'on n'eut égard qu'à ce qui arrive sur les bords de l'Océan , qui occupe la plus grande partie des côtes du Royaume de France. Dans la Mediterranée le plus grand flot est celui que poussent les vents en hiver. Les Romains n'avoient eu en vuë que la Mediterranée , lorsqu'ils avoient fixé le rivage à l'endroit , où le plus grand flot peut atteindre en hiver. Il est certain que dans le mois de Mars le plus haut flot reste au dessous de ce même erndroit.

Cet Arrêt a aussi jugé que les terrains , boubiers , graviers & marais qui sont dans l'enceinte du rivage de la mer sont partie des regales ; que le possesseur peut y faire des comblemens , & que les endroits où il y a assez d'eau pour la navigation, ne sont pas compris dans les regales ; la denomination de terrains , bourbiers, graviers & marais le designe assez.

La reserve d'aggrandir le mole est une suite du droit de faire des comblemens. Un mole est une jettée dans la mer. *adversus eum qui molem in mare projecit , utile interdictum competit ei cui res fortè nocitura sit. leg. 2 § 8 ff ne quid in loc. public.* Il y a plusieurs espèces de moles. Les uns sont faits pour arriver à une quantité d'eau suffisante pour les embarquemens & debarquemens ; les autres pour la pêche. il y en a d'autres qui garantissent les ports de l'impetuosité des Vagues. L'on en construit aussi pour la deffense des côtes ou des fortifications des places.

VIII.

Le droit d'avoir des Salines compris aussi parmi les regales mineures, ne donne pas celui de vendre le sel qui s'y fabrique, aux particuliers. Le débit est reservé au Roi.

Il y a certains pays ou contrées , qui ont des privileges particuliers. Le ſel y eſt marchand , mais il n'eſt pas permis de le tranſporter ailleurs. Les habitans d'Arles ont le Franc-ſalé.

IX.

Le droit du Roi ſur les mines d'or & d'Argent a été reduit à un dixieme. les autres mines appartiennent aux propriétaires des fonds où on les trouve.

Ordonnance d'Henri III. du mois de Novembre 1593. Ordonnance d'Henri IV. du mois de Juin 1601.

En Provence nous avons un exemple d'une mine de Jay , dont le Seigneur haut-juſticier perçoit le 10ᵉ. Decormis tom. 1 col. 775.

Par Arrêt du conſeil du 28ᵉ de Septembre 1762 il a été jugé contre le ſieur Peiſtonel Seigneur de Fuveau , qu'il n'avoit aucun droit de dixieme à prétendre ſur les mines de charbon de pierre ou de terre.

X.

Le Sol des chemins appellés Royaux , des ruës , halles , places publiques , des remparts , les remparts eux-mêmes appartiennent au Roi ou au Seigneur Juſticier , qui a les regales mineures.

Paſtour *de feudis* lib. 1. tit. 4. Cela eſt exactement vrai en Provence Ainſi il ne faut pas s'arrêter à ce que diſent Loiſeau trait. *des Seigneuries* ch. 9 , & Le-grand ſur la cout. de Troyes. Ces Auteurs ſoutiennent que le Roi n'a que la garde principale & ſuper-Intendance des chemins Royaux , & non la propriété qui ne peut appartenir à perſonne , s'agiſſant d'une choſe dont l'uſage eſt commun. C'eſt préciſément par cette raiſon que la propriété en appartient au Roi ; les choſes communes qui n'ont point de Maitre particulier , faiſant veritablement partie des regales mineures.

Catelan liv. 3 ch. 40 rapporte un Arrêt conforme à cette opinion de Loiſeau, & dans le Journal du Palais de Touloufe on trouve un Arrêt du 16ᵉ. de Fevrier 1715. qui jugea, qu'une place publique d'une Ville n'appartenoit pas au Roi Seigneur haut-juſticier, mais à la Ville. Cependant le Seigneur juſticier peut empêcher qu'on ne faſſe des ouvertures aux remparts. Arrêt du 23ᵉ. de Mars 1715. rapporté dans le même journal.

Arrêt du conſeil du 14 de Septembre 1678, qui declare que les places qui ont ſervi aux murailles, remparts, foſſés, fortifications & clotures des Villes du Royaume appartiennent à ſa Majeſté. Arrêt du 26 d'Avril 1681 pour les places des anciennes & nouvelles fortifications de la Ville de Paris; & dans le préambule d'un édit du mois de Décembre 1681 le Roi s'explique ainſi. » Encore qu'il ne puiſſe être conteſté que les places des » remparts, murs, foſſés, contreſcarpes & dehors de toutes les » Villes de notre Royaume nous appartiennent, &c.

Déclaration du mois de Février 1696 & édit du mois d'Avril 1713, qui confirment les proprietaires & poſſeſſeurs des places qui ont ſervi aux foſſés, remparts & fortifications des Villes dans la propriété de ces places & édifices qui y ont été conſtruits en payant une finance.

XI.

Les Communautés chargées de la conſtruction & réparation des chemins, ruës, places, remparts peuvent bien les changer à leur gré pour la commodité du public; mais l'ancien terrain ou fol ne ceſſe pas d'appartenir au Roi.

L'on en a des exemples dans la Ville d'Aix. Les maiſons qui ont été bâties ſur le terrain qu'occupoient les Remparts avant les différents aggrandiſſemens qui ont été faits, font ſoumiſes à la directe du Roi.

XII.

Le terrain voiſin des remparts juſqu'à l'étendue de trois cannes en dehors & de deux cannes en dedans, l'épaiſſeur des murailles non comprife, fait auffi partie des Régales.

XIII.

Les caves, avancemens & auvans bâtis fous ou dans les ruës, & la faculté de dériver l'eau des rivieres, ruiffeaux & fources étant aux chemins publics ou fonds appartenans au Roi, rélevent de la directe de Sa Majefté.

L'on verra dans les titres que je vais rapporter, que les Commiffaires du Domaine avoient décidé que les bancs, étaux, faillies & avancemens faits dans les ruës ne devoient être foumis ni à la mouvance ni à aucune redevance envers le Roi. Mais cette décifion ne fut pas adoptée par le confeil, parce que l'on trouva à la Chambre des comptes & au bureau des Treforiers généraux de France plufieurs nouveaux baux & permiffions accordées pour avancer les caves fous les ruës, & faire d'autres ouvrages dans les chemins publics, comme acqueducs & canaux pour la derivation des eaux & les arrofages des terres. Tout cela a été declaré faire partie des regales, & à été compris dans l'abonnement fait par un Arrêt du confeil du 19 de Juin 1691, & pour raifon duquel les Etats payent annuellement au Roi la fomme de 35000 liv.

Jugement de Mrs les Commiffaires du Domaine du 25 d'Octobre 1668.

» Nous Commiffaires ayant aucunement égard à la requête
» des Procureurs des gens de trois états du 5 de Juin dernier,
» avons declaré & declarons les regales portées par nos juge-
» mens des 30 de Janvier & 6 de Février dernier être celles de
» droit conformément à l'ufage de cette Province, & avoir
» efdites Ordonnances entendu parler des fleuves navigables,
» ruiffeaux, fontaines étant & appartenant au Roi ès chemins
» publics & aux fonds de fa Majefté, & qu'il fera conformé-
» ment à ce que deffus pourvû aux parties fur les cas particu-
» liers, ainfi qu'il appartiendra. Fait à Lambefc le 25 d'Octobre
» 1668. Signés, Oppede, Guidy. «

Il y eut de nouvelles contestations avec le Fermier du Domaine, ce jugement n'ayant pas statué sur la proprieté des Ruës. Les Procureurs des Pays présenterent une requête, où après avoir observé que suivant Loiseau & d'Argentré sur la cout. de Bretagne tit. *des droits du Prince* art. 56 & des *appropriances* art. 366 ch. 23 n. 2 les Ruës & les places publiques des villes ne sont pas vraies Régales, mais seulement sous la protection & tuition du Roi, ils ajoutoient que cela étoit exactement vrai en Provence, où les pavés des Ruës sont faits aux dépens des Communautés, & les chemins publics sont reparés aux dépens de la Province. Le Roi ne contribuant pas à leur entretien ne doit prétendre aucuns émolumens. Loiseau ch. 3 n. 86.

Par la même raison il ne peut rien prétendre pour raison des saillies, auvans, étaux, caves sous les Ruës. La jurisdiction de la voirie ne s'y exerce que pour l'utilité & pour la commodité publique. Le Roi n'a jamais rien prétendu pour la permission d'avoir ces avancemens ni pour la possession des halles, places publiques, poissonneries. Il est permis aux communautés de les changer. Le cours d'Aix a été fait au moyen de la taxe des maisons. Ainsi il ne faut pas prendre pour Regle l'arrêt rapporté par Bacquet *des droits de Justice* ch. 30 n. 15 au sujet des halles de Paris. Elles avoient été bâties par Philippe-Auguste en 1182; mais quand elles n'ont pas été bâties par le Roi, elles ne sont assujetties à aucune redevance en faveur de Sa Majesté.

Quelquefois les particuliers ont demandé au Roi la permission de traverser les Ruës & les chemins & ils ont été assujettis à une cense ou redevance. Ils doivent l'acquitter ; mais regulierement il n'est rien dû au Roi pour ces permissions ; & les voyers n'ont inspection que pour examiner si ces sortes d'ouvrages peuvent nuire au public.

La Reine Jeanne donna à la Communauté d'Aix les fossés de la Ville, parce qu'elle avoit fait rebâtir les murailles à ses dépens. Crinias Medecin fit construire celles de Marseille ; & celles du nouvel aggrandissement ont été faites aux dépens de la Ville.

Ordonnance générale de Mrs. les Commissaires du Domaine sur divers chefs de demande de l'adjudicataire dudit Domaine.

» Sur la requête à nous presentée par les Procureurs des » gens des trois états de ce pays de Provence de la part de l'af- » semblée générale des Communautés seante en ce lieu de » Lambesc sur divers chefs concernant la confection du papier

» terrier en ce pays, & diverses poursuites qui sont faites par
» l'adjudicataire du Domaine du Roi, nous Commissaires avons
» ordonné que conformément à notre précédente ordonnance
» du 14 Décembre dernier ledit adjudicataire sera obligé de
» donner ses demandes libellées, en faire la preuve suivant le
» droit commun & du franc alleu dont jouït la province ; autre-
» ment il en sera debouté avec depens ; sauf les exceptions des
» lieux, auxquels le Roi possede la directe universelle, & au
» fait des biens relevans de Sa Majesté ou domaines engagés ;
» que les executions en suite de nos jugemens seront par lui
» faites suivant les ordonnances du Roi, formes & usages de
» la Province en la levée des deniers de sa majesté, & ne sera
» établie aucune garnison par ledit adjudicataire du Domaine
» ni par ses commis dans les Communautés & aux maisons des
» particuliers que par nos ordonnances. Que ledit adjudicataire
» ne pourra rien prétendre des bancs, étaux, saillies & auvans
» devant les maisons & dans les Ruës, places, ni troubler les
» possesseurs d'iceux comme n'étant point en cette Province de
» la qualité ni au cas portés par les ordonnances du Roi. Que
» notre ordonnance du 25 Octobre 1668 concernant les eaux sera
» executée suivant sa forme & teneur; sauf titre, possession ou pres-
» cription au contraire; qu'il ne sera fait aucune recherche pour rai-
» son des alienations faites par les Comtes de Provence trente an-
» nées avant l'union de la Comté à la Couronne, conformément
» à l'Arrêt du Parlement rendu sur la verification des lettres pa-
» tentes du Roi en faveur de la Noblesse du mois de Juin 1668.
» Que les Communautés qui possedent des biens non Nobles mou-
» vans de la directe de quelque Seigneur particulier, ne pour-
» ront être recherchés pour aucun droit d'indemnité en faveur
» de Sa Majesté. Que les Communautés qui tiennent de leurs
» Seigneurs des biens Nobles faisant partie du fief, moyennant
» une pension reservée audit Seigneur, ne pourront pareille-
» ment être recherchés par ledit adjudicataire, fors en cas de
» fraude faite au fief dominant. Que le droit d'indemnité tenant
» lieu de lods pour les gens de main-morte ne pourra être payé,
» savoir, ledit droit entier que de 20 en 20 ans, & le demi-lods
» de 10 en 10 ans. Que les vieux & nouveaux adjudicataires
» du Domaine feront enregistrer, si fait n'a été, leurs baux au
» greffe de notre commission, & les procurations par eux faites
» à leurs commis sur les lieux. Et pour ce qui regarde le rem-
» boursement de la finance en faveur des Communautés qui ont
» été ou seront depossedées des biens & droits dont elles étoient
» engagistes, nous avons renvoyé lesdits Procureurs du pays

» & lefdites Communautés au Roi pour y être pourvû Fait à
» Lambeſc le 21 Janvier 1670, ſignés, *Oppede, Guidy* «

La diſpoſition concernant les avancemens dans les Ruës fut réformée. L'on en trouve la preuve dans l'abonnement fait par
l'Arrêt du Conſeil du 19 de Juin 1691. Il y eſt dit que les Droits
de Régale compris dans cet abonnement conſiſtent aux caves ,
avancemens & auvans bâtis ſous ou dans les ruës , & aux
plantemens d'arbres dans les lices, foſſés & le long des grands
chemins , la faculté de ſe ſervir de l'eau des rivieres pour arro-
ſer les Prés , Terres & Jardins.

TITRE SIXIEME.

Du Droit de Péage.

I.

LE Péage eſt un Droit que le Seigneur,
à qui il eſt acquis , prend ſur les beſ-
tiaux ou ſur les marchandiſes qui paſſent,
ſoit par terre, ſoit par eau dans ſa terre.

II.

Pour pouvoir joüir du Droit de Péage établi 100 ans avant 1669 ou depuis , il faut
rapporter un titre primordial ou conceſſion
expreſſe. A l'égard de ceux dont l'établiſſement
rémonte à un tems plus réculé , les Actes
probatoires d'une poſſeſſion non interrompue
ſuffiſent.

Ordonnance de 1669 , tit. *des droits de péage, travers* &
autres art. 1. & 2.

III.

Les conceſſions de péage doivent être confirmées à chaque avenement à la Couronne.

Arrêts du Conſeil des 29 d'Août 1724 & 20 d'Avril 1725.

IV.

Le péage étant un droit purement Royal,
il n'y a pas d'autres titres à admettre que
ceux qui ſont émanés du Souverain lui-même.

Ainſi les Seigneurs ne peuvent pas l'établir par des baux à
fief, conventions ou autres titres particuliers. La Roche-flavin
pag. 557. En Provence il y a un ſtatut rapporté par Mourgues
pag. 367, & qui le décide expreſſément.

V.

Le Droit de Péage doit être perçû ſur
les lieux pour leſquels il eſt accordé.

Déclaration du 31 de Janvier 1663.

VI.

Les propriétaires du droit de péage ſont
chargés de l'entrétien & réparation des chemins.

Edit du mois de Septembre 1535, les deniers du péage du
Roi & des Seigneurs ſeront employés aux réparations des ponts,
chauſſées paſſages, & chemins des lieux & diſtricts, auxquels
leſdits péages ſont cueillis & levés, afin qu'on puiſſe y paſſer
ſans danger ni incommodité; leſquelles réparations ſeront faites
par ordre des Baillifs, Sénéchaux & autres Juges reſſortiſſants
au Parlement, ou leurs Lieutenants; appellés les Avocats ou
Procureurs

Procureurs du Roi, les poſſeſſeurs deſdits péages & gens experts qu'il commettront.

Déclaration du 31 de Janvier 1663. Dans le Réglement fait en 1687, pour les réparations des ponts & chemins de Provence, il y a un article conçu en ces termes ; *s'il y a des ponts à conſtruire & des ponts & chemins à réparer dans un terroir, où il ſe leve des droits de péage, ce ſera aux frais des propriétaires deſdits péages, même des Fermiers du Roi, ſous ſon bon plaiſir, exigeant des péages, ſans que la Province y ſoit en rien contribuable ni les Villes & Vigueries ſuivant les Ordonnances & Réglement du Roi du mois de Janvier 1663, ni que la Province, Communautés ou Vigueries en puiſſent faire aucune avance en cas de refus ou de négligence du péager.*

<h2 style="text-align:center">VII.</h2>

Les habitans du voiſinage peuvent contraindre le Seigneur péager à entretenir & réparer les chemins.

Ordonnances d'Orléans art. 107. En Provence les Procureurs du Pays ont le droit, en cas de négligence de la part des Seigneurs péagers, de faire les réparations aux dépens de ces mêmes péagers. Il a été rendu à ce ſujet pluſieurs Ordonnances par Mr. l'Intendant, & entre autres une du 4 de Mai 1724 conçue en ces termes : *nous enjoignons à tous les Seigneurs péagers de cette Province de faire procéder dans la quinzaine à compter du jour de la ſignification de notre Ordonnance, aux réparations à faire aux chemins, qui traverſent les terroirs de leurs fiefs ; ſinon & à faute de ce faire publier & adjuger leſdites réparations ſur les devis qui ſeront dreſſés par Valon Architecte de la Province, & de faire ſaiſir les rentes & révénus deſdits Seigneurs pour le prix deſdites réparations, ſi mieux n'aiment leſdits péagers abandonner leurs droits de péage à ladite Province ; ce qu'ils ſeront obligés de déclarer dans la huitaine du jour de la ſignification qui leur ſera faite du devis.*

<h2 style="text-align:center">VIII.</h2>

Les propriétaires des Droits de péage doivent faire afficher. ſur un pilier ou autre en-

H

droit éminent le tableau ou pancarte contenant le tarif des Droits, & préposer une personne, qui en exigeant les droits instruise les passants ; & faute par eux de satisfaire à cette obligation, les passants sont dispensés du payement de ces mêmes droits.

Arrêt de Réglement du 5 Septembre 1661. L'Ordonnance de 1669 tit. *des Droits de péage* art. 7. prescrit la nécessité de la pancarte.

IX.

La privation du droit de péage est la peine du propriétaire convaincu de surexactions. Les Fermiers ou préposés qui ont commis ces surexactions, doivent être punis corporellement.

Telle est la disposition de l'art. 138 de l'Ordonnance d'Orleans, mais elle n'est pas suivie à la rigueur. Il y a un Arrêt du 10 de Décembre 1678, par lequel M^e. Beraud Procureur du Roi en la Justice de la Ville des Mées, & propriétaire du droit de péage fut déclaré atteint & convaincu du crime de surexaction, & condamné à une amende de 300 liv. envers le Roi, à une autre de 600 liv. envers la Communauté qui l'avoit accusé, & à la restitution des sommes qu'il avoit surexigées, modérées à 300 liv. & appliquées à l'Hôpital St. Jacques de la Ville d'Aix.

Ce crime est puni plus séverement par la loi unique, *cod. de superexactionibus*, & par la loi derniere *cod. vectigalia nova institui non posse*. L'Empereur Constantin s'expliqua en ces termes dans celle-ci : *Rei tanti criminis perpetuo exilio puniantur.*

X.

Les Voituriers, leurs garçons & compagnons & autres, de qui le péager a surexigé, font Témoins légitimes dans l'information.

Art. 5. de la Déclaration du 8. de Février 1666.

XI.

La peine de ceux qui fraudent le droit de péage, est la confiscation non seulement des marchandifes fujettes au paiement de ce droit, mais encore de celles qui en étoient exemtes.

Lebret trait. de la Souveraineté. liv. 2 ch. 16.

XII.

Il n'eft pas permis de faire arrêter & faifir les chevaux, équipages, bateaux & nacelles, faute de payement du droit du péage. L'on peut feulement faifir les meubles, marchandifes & denrées jufques & à concurrence de ce qui eft légitimement dû.

Ordonnance de 1669 tit. 29. art. 3. Cette difpofition de l'Ordonnance n'eft pas contradictoire avec la régle rétracée à l'article précédent, & qui autorife la confifcation. Là il s'agit d'une fraude confommée ; ici d'un fimple refus de payer fous quelque prétexte. La fraude doit toujours être punie par la confifcation. Voyez l'art. 3 de l'Arrêt du Confeil du 28 de Juin 1718 rapporté par Galon dans fon commentaire fur ce même art. 3 du tit. 29, & Vaucelles *des péages*, part. 4. pag. 56.

XIII.

Le péage n'eft pas dû pour les marchandifes & denrées, que l'on fait tranfporter pour fon propre ufage, mais feulement pour ce qui

eft porté *négotiationis caufâ* ; & le propriétaire
en eft crû , lorfqu'il affirme avec ferment
qu'elles étoient deftinées à fon ufage.

Gui-Pape & Ferrieres queft. 4 ; Vaucelles *des péages* part. 4. pag. 43. Cet Auteur part. 3 traite de l'exemtion des péages , & diftribue les exemts en neuf claffes. Il y établit auffi que ceux qui ont acheté des exemts & leurs Fermiers ne joüiffent pas de l'exemtion : *mutata perfonâ , mutatur conditio bonorum , leg.* 9 §. 1. *ff. de acquir. hæred.* Il obferve part. 4. pag. 44 que l'exemtion accosdée à certaines perfonnes ne s'entend pas des chofes qu'elles achétent pour vendre.

XIV.

Le Droit de Pontonnage ne peut plus être
exigé , lorfque le pont eft détruit ; mais feulement après qu'il a été rétabli.

Vaucelles part. 4 pag. 53 ; Ranchin tit. *vectigal.* art. 2. & 5. Le péage dû à raifon d'un bac eft auffi appellé pontonnage. Ge-raud des *Droits Seigneuriaux* liv. 2. ch. 7.

XV.

Les blés , grains , farines , légumes font
exemts dans toute l'étendue du Royaume des
droits de péage, paffage, pontonnage, travers
& de tous autres Droits, tant par eau, que
par terre ; foit que ces droits appartiennent
à des Villes & Communautés , ou à des Seigneurs Eccléfiaftiques ou laïques, ou autres
perfonnes.

Arrêt du Confeil du 10 de Décembre 1739.

XVI.

La largeur des chemins , autres que les voisinaux & les simples sentiers , doit être au moins de seize pans aux endroits, où l'on peut leur donner cette largeur ; & elle doit être doublée, s'il est possible dans les contours.

Art. 31. du Réglement de 1687 fait pour la Provence & autorisé par Arrêt du Conseil du 25 de Février 1689.

XVII.

Les propriétaires des Terres voisines des chemins sont obligés d'entre tenir les fossés qui les bordent, d'en détourner les eaux , & d'ôter les pierres mouvantes qui sont à leur frontiere.

Art. 7. du même Réglement. Ordonnance de Mr. l'Intendant du 30 de Juin 1705.

XVIII.

Il est permis aux ouvriers chargés des réparations des ponts & chemins de prendre dans les champs voisins les pierres & graviers qui leur sont nécessaires , sans que les propriétaires en puissent rien prétendre , lorsque ces pierres & graviers leur sont inutiles.

Ordonnance de Mr. l'Intendant du 5. de Juillet 1700.

XIX.

Le Droit de pulvérage que l'on exige dans

plufieurs fiefs de Provence, ne doit pas être confondu avec le droit de péage, ni compris parmi les régales.

Il eft acquis aux Seigneurs comme un Droit de fief indépendant de tout titre & imprefcriptible par le feul défaut d'exaction. Arrêt du 11. de Décembre 1684 rapporté par Boniface tom. 4 liv. 3. tit. 7. ch. 3. Arrêt rendu en 1750 en faveur du Seigneur de Pontis, dont le péage avoit été fupprimé par Arrêt du Confeil, & à qui l'on avoit réfufé depuis, le payement du droit de pulvérage.

On m'a dit que ceux contre qui cet Arrêt fut rendu fe font pourvus au Confeil en caffation. Comme c'eft une affaire qui intéreffe tous les Seigneurs féodataires de la Province, leurs Syndics ne devroient pas refter dans l'inaction. Le Droit de pulvérage qui tire fon nom *à pulvere*, a été accordé ou confirmé comme une efpèce de dédommagement par un Statut rapporté par Mourgues pag 368.

L'on a douté fi fous le mot *avers* employé dans ce Statut on ne devoit comprendre que les feuls troupeaux de brebis & moutons. Le Seigneur de Montpezat ayant fait faifir des Bœufs appartenans à des particuliers de la Ville de Digne qui alloient les vendre à la foire de Barjolx, il fut déliberé dans l'Affemblée générale des Communautés tenue en 1691 d'intervenir pour l'intérêt général de la Province dans le Procès, auquel cette faifie donna lieu. J'ignore quel fut le jugement.

TITRE SEPTIEME.

Des Rivieres, Iles & Attériffemens.

I.

LEs Rivieres navigables portant bâteau de leurs fonds fans artifice & ouvrage des mains font partie du Domaine de la Couronne.

Ordonnance de 1669 tit. *de la police & confervation des forêts, eaux & rivieres*, art. 41.

II.

Les Iles, Iflots, attérriffemens de ces Rivieres, le Droit d'y prohiber la pêche & la conftruction des Moulins, d'en dériver les eaux, le péage, paffage, droits des bacs, bateaux, appartiennent auffi au Roi ; mais les Seigneurs & même les particuliers peuvent les poffeder en vertu des titres de conceffion ou d'une poffeffion légitime.

Même art. de l'Ordonnance de 1669. Déclaration du mois d'Avril 1683 ; autre du mois de Décembre 1693.

Edit du Roi ; portant que les taxes , qui ont été faites fur les propriétaires des ifles peages , Moulins , bais fitués fur les riviéres du Rhône , Garonne , & Aude ne pourront nuire , ni préjudicier à la difpofition du droit écrit , fuivant lequel le Languedoc eft regi , ni aux titres de propriété , & de poffeffion des particuliers , qui jouiffent defd. biens & droits.

Donné à Verfailles au mois de Septembre 1697.

Louis par la Grace de Dieu, Roi de France & de Navarre, à tous préfens , & avenir Salut. Ayant par notre édit du mois d'Avril 1668 ordonné que les poffeffeurs , & detempteurs des Ifles, & cremens, qui fe font formés fur les fleuves , & rivieres navigables , des Batimens, & Edifices , qui s'y font faits , & des peages , ponts , paffages , bacs , bateaux , moulins , peches & autres droits , qui s'y perçoivent , qui juftifieront une poffeffion centenaire y feroient maintenûs , en nous payant par chacun an par forme de furcens , & rédevance fonciere le vingtieme du revenu annuel defd. biens, & droits ; & à l'égard de ceux, qui ne pourroient juftifier une poffeffion centenaire , qu'il en feroient privés , & lefd. biens réunis à notre Domaine. Nour aurions fur les rencontrances , qui nous furent faites par quelques proprietaires defd. biens, qui pretendirent que la propriété leur en ayant été legitimement acquife par les formes prefcrites par nos Ordonnances , ils ne devoient

H 4

pas être sujets au payement de lad. redevance, confirmé par notre déclaration du mois d'Avril 1683 ; en la propriété, possession & Jouissance, des Isles, Islots, atterrissemens, accroissemens, droits de pêche, peages, bacs, Bateaux, ponts, moulins & autres édifices, & droits sur les rivieres navigables, tous les propriétaires, qui rapporteront des titres de proprieté, authentiques, faits avec les Rois, nos prédécesseurs en bonne forme, auparavant l'année 1566, & à l'égard des possesseurs desd. isles, islots, fonds, édifices, & droits susd. sur lesd. rivieres, depuis les lieux où elles sont navigables, sans ecluses ni artifices, qui rapporteront seulement des actes authentiques de possession, commencée sans vice auparavant lad. année 1566, & continuée sans trouble ; nous les aurions pareillement confirmés en leur possession, sans qu'à l'avenir ils puissent être troublés, en payant anuuellement par forme de redevance fonciere le vingtieme du revenu annuel des Isles, islots, & autres droits, & choses susd, suivant la liquidation, qui en seroit faite, & ce outre les droits Seigneuriaux, rentes & redevances, dont ils se trouveroient chargés, tant envers nous, qu'envers les Seigneurs particuliers ; & nous aurions reüni à notre Domaine les susd. Isles, & droits, dont ces detempteurs ne rapporteroient titres valables de proprieté, ou de possession avant lad. année 1566. Mais ayant consideré depuis, qu'en execution de cette déclaration plusieurs particuliers pourroient être depossedés des isles, qu'ils ont pris soin de former, avec une grande depense, & dont ils ont joui, sur la foi de leurs titres ; nous aurions par nos Edits du mois d'Avril 1686 ; & Août 1689, confirmé tous les possesseurs, & détempteurs, à quelque titre & qualité que ce soit, des Isles & crémens situés sur les rivieres navigables du Rhône, Garonne, & autres de notre Province de Languedoc, en la possession desdites Isles, & crémens qui se sont formés, & de ceux, qui pourroient s'y former à l'avenir : soit par alluvion, ou par industrie, dépense ou autrement en quelque sorte, & manière que ce soit, nonobstant les Arrêts, & Jugemens, qui pourroient avoir été rendus, & exécutés ; à la charge de nous payer dans deux mois pour droit de confirmation les sommes, auxquelles ils seroient taxés en notre Conseil, & de payer encore à l'avenir par forme d'albergue annuelle, & de champart la quinziéme portion des fruits, qui seroient récueillis dans ces Isles nobles, & crémens, & la vingt-deuxiéme dans les Isles rurales & crémens, après la dime payée aux endroits, ou elle est due, & de nous rendre la foi & hommage à nous dus par les Isles possédées noble-

ment, & les Droits Seigneuriaux pour celles qui étoient tenues en roture, fuivant la coutume des lieux & par notre
Edit du mois de Décembre 1693 ; nous aurions ordonné, que
tous les détempteurs propriétaires, & poffeffeurs des Ifles Iflots,
Attérriffemens, accroiffemens, alluvions, droits de pêche, péages, paffages, ponts, moulins, bacs, coches, bateaux, édifices,
& droits fur les rivieres navigables de notre Royaume, qui
rapporteront des titres de propriété, ou de poffeffion avant le
premier Avril 1566, feront maintenus, & confervés à perpetuité
enfemble dans les crémens futurs, en nous payant une année
de revenu, ou le vingtieme de la valeur préfente defdits Biens,
droits & édifices à notre choix fuivant les Roles, qui en feroient arrêtés en notre Confeil, avec les deux fols pour livre,
& annuellement une rédévance Seigneuriale de cinq fols par
arpent des Ifles, & autres femblables Biens, & droits par
forme de furcens, outre, & par deffus les cenfives, & autres
rentes, & droits, dont ils peuvent être chargés envers nous
ou envers d'autres Seigneurs, & pareillement nous avons maintenu, & confirmé ceux qui jouiffent defd. Biens & droits, &
qui n'ont aucun titre de propriété, ou de poffeffion, avant
ledit jour premier d'Avril 1566, en nous payant deux années
de revenu, ou le dixiéme de la valeur préfente defd. Biens,
& droits, auffi à notre choix, & annuellement une pareille
rédévance de cinq fols, laquelle rédévance a été depuis modérée, & réduite par notre Déclaration du mois de Mai 1694.
Nous avons encore maintenu par notre dite Déclaration du mois
de Décembre 1693, les Seigneurs particuliers, dans la perception des cenfives, & des rentes Seigneuriales & foncieres
qu'ils ont coutume de prendre fur aucun defdits Biens & droits
en vertu de leurs aveus, & dénombremens, & autres titres,
en nous payant le dixiéme de la valeur en fonds defd. Droits
des cenfives, lods, ventes & rentes Seigneuriales, & foncieres, fuivant l'évacuation, qui en feroit faite ; & à l'égard
des Eglifes, & monaftères de fondation royale, nous les avons
maintenus & confirmés purement & fimplement, fans payer aucune chofe, dans la poffeffion, & jouiffance defd. Biens &
droits, à eux donnés, & concédés par caufe de fondation, &
dotation defd. Eglifes, & monaftères, & feulement pour ce
qui eft compris dans les titres de leurs fondations, & dotations
& que pour les autres Biens, & droits qui n'y feroient pas
compris, ou qui font fortis de leurs mains même pour les crémens, ils feroient fujets au payement du vingtieme, ou dixieme
de la valeur préfente, comme les autres Poffeffeurs, & dé-

tempteurs , & à la rédévance annuelle de cinq fols , n'ayant entendu néanmoins comprendre par notre dit Edit du mois de Décembre 1693 les Possesseurs , & propriétaires desdites Isles & crémens , compris dans les roles , & états, par nous arrêtés , en conséquence de notre dite Déclaration de 1686, & Edit de mille six cens quatre vingt neuf, qui jouiront de la confirmation à eux accordée , & néanmoins pour rendre leur condition égale , à celles des autres Possesseurs & détempteurs & affranchir lesdits Biens, & droits de Champart, & rédévances imposées en conséquence desdits Edits & Déclaration, qui pourront en empêcher la culture , & le commerce , même de celles imposées par les Fermiers de nos Domaines , en conséquence de notre Déclaration de 1683 ; si aucuns y a, nous les avons quittés , & déchargés en nous payant le principal dudit Droit de Champart, & rédévance au denier dix-huit, & pareille rédévance de cinq fols , qui a été depuis modérée à un dernier par notte dite Déclaration de 1694, & depuis nous aurions encore ordonné par l'Arrêt de notre Conseil du neuviéme Novembre 1694 , que notre dit Edit du mois de Décembre 1693 , seroit exécuté, & que tous les détempteurs propriétaires, & Possesseurs desdits biens , & Droits sur les rivieres navigables , tant par bateaux , que par radaux notamment sur les rivieres de Garonne & d'Aude , aux endroits , où elles portent bateaux & radaux seroient contraints au payement des fommes , pour lesquelles ils ont été employés dans les états des récouvremens. Mais les gens de trois états de notre Province de Languedoc, considérant que nous avons été obligés de nous fervir de ces moyens pour pouvoir foutenir la dépenfe d'une si longue guerre , & que par le traité , fait en exécution de l'édit du mois de Décembre 1693 , & de l'Arrêt de notre Conseil rendu le 9. Novembre 1694 ; nous étions en état de rétirer une nouvelle finance , ils nous auroient offert dans nos plus preffans befoins la fomme de deux cens quarante mille livres , & les deux fols pour livre aux termes, & conditions portées par leur Délibération du onziéme Janvier 1695 , & demandé en même tems , qu'attendu que les fufdits Edits , Déclarations & Arrêts du Confeil *font contraires aux usages de ladite Province , & à la disposition du droit écrit , qui la régit* , qu'il nous plût ordonner que les taxes faites fur les propriétaires, & Possesseurs des Isles, & Islots, attérriffemens, péages, bacs, moulins, & autres édifices & droits fur lefd. rivieres du Rhône, de Garonne , & d'Aude, ne pourront nuire, ni préjudicier à la difpofition du droit écrit, & aux ufages de ladite Province, ni aux titres de propriété, & de possession des particuliers. A ces causes désirant favorablement traiter nos sujets de ladite Province de Notre certaine science, pleine puissance & authorité Royale ; Nous avons par ce présent Edit perpétuel, & irrévocable, dit, statué & ordonné, disons, statuons, & ordonnons, voulons, & Nous plait que les taxes qui ont été faites sur les propriétaires, & Possesseurs des Isles, & Islots, attérrissemens, accroissemens, Droits de péages, passages, bacs, bateaux, ponts, moulins, & autres édifices, & droits sur lesdites rivieres du Rhône, de Garonne, & d'Aude qui ont été, ou seront payés en conséquence de nos Edits, & Déclarations du mois d'Avril 1668, 1683, & 1686, des mois d'Août 1689, & Décembre 1693 ; & de l'Arrêt de notre Conseil du 9. Novembre 1694 ; *ne pourront nuire, ni préjudicier à la disposition du Droit écrit, & aux usages de notre dite Province, ni aux titres de propriété, & de possession des particuliers, qui jouissent desdits Biens & droits qui demeureront en leur force & vertu.* Si donnons en mandement à nos amés, & feaux Conseillers les gens tenant notre Cour des Comptes, Aydes & Finances à Montpellier, que ces présentes, ils ayent à faire régistrer, & le contenu en icelles garder & observer selon leur forme & teneur, nonobstant tous Edits, Déclarations & autres choses à ce contraire, auxquelles nous avons dérogé, & dérogeons par ces présentes : car tel est notre plaisir, en témoin de quoi Nous avons fait mettre notre scel à ces dites présentes. Donné à Versailles au mois de Septembre l'an de grace mil six cens quatre-vingt dix-sept, & de notre Régne le cinquante cinquiéme. *Signé* LOUIS, par le Roi Phelipeaux *visa Boucherat*, vû au Conseil Phelipeaux.

III.

Les Possesseurs de ces Iles, attérrissemens & autres droits ont été confirmés dans leurs possessions en payant au Roi le 20 de la valeur & une rédévance annuelle de 5 s. par arpent des biens fonciers, & pareille rédévance sur chaque Droit de pêche, péage, passage, ponts, moulins, bacs.

Mêmes Déclarations citées sur l'art. précédent.

IV.

Les Seigneurs ont été maintenus dans la perception des censives , lods, rentes Seigneuriales ou foncieres en payant le 10 de la valeur en fonds.

Déclaration du mois de Décembre 1693.

V.

Un terrain qui a été inondé, & a fait partie de la riviere navigable pendant plus de dix ans , appartient au Roi , lorsque l'eau vient à se rétirer ; quoique l'ancien propriétaire ait conservé la Motte-ferme.

Ainsi jugé par Arrêt du Conseil du 10 de Février 1728 contre les P. P. Chartreux de Villeneuve-lez-Avignon.

Je doute que cette décision pût fournir un préjugé en faveur des Seigneurs. Elle paroit diamétralement opposée à cette régle rétracée par Loisel dans ses institutions coutumieres liv. 2. tit. 2. *La riviere ôte & donne au Seigneur haut justicier , mais Motte-ferme demeure au Seigneur très foncier.*

VI.

Les Rivieres non navigables, ruisseaux & sources étant aux terres gastes & incultes & autres lieux publics, & les ruisseaux formés par les eaux pluviales, appartiennent aux Seigneurs hauts-justiciers.

Il y a des coutumes qui en donnent la propriété aux Seigneurs des fiefs préférablement aux Seigneurs juſticiers. Guiot dans ſes differtations ſur les matieres féodales tom. 5 rappelle la diſpoſition de ces coutumes.

Le Droit commun eſt pour le Seigneur haut-juſticier ; & la queſtion s'étant préſentée entre le ſieur de Villeneuve & le ſieur de l'Iſle de Taulanne Coſſeigneur de Seranon, il fut jugé par Arrêt de la Chambre des eaux & forêts rendu en 1754 que le droit de pêche qui eſt une dépendance de la propriété des rivieres, étoit attaché à la haute juſtice. Le ſieur de Villeneuve prétendoit qu'étant ſeul Poſſeſſeur de la directe univerſelle, il devoit jouir ſeul du droit de pêche.

Arrêt du Parlement de Toulouſe du 12 de Juillet 1736, qui a jugé qu'en Languedoc le Seigneur haut-juſticier eſt propriétaire des petits ruiſſeaux. Journal du Palais de Touloufe.

Henris tom. 2. liv. 3. queſt. 5 ; Bretonnier, tom. 1. ch. 3. queſt. 36 : Chorrier ſur Gui-Pape, tit. *des Droits Seigneuriaux*, ſect. 12. art. 18. not. 3.

VII.

Le Droit de pêche dans les rivieres navigables appartient au Roi, & dans les rivieres non navigables au Seigneur haut-juſticier du territoire où elles coulent.

Boiſſieu *de l'uſage des fiefs* ch. 37. St. Yon *des eaux & forêts* liv. 1. tit. 20. art. 23 ; Ferriere ſur les queſt. 514 & 577 de Gui-Pape. Voyez l'Arrêt que j'ai cité ſur l'art. 6, & qui jugea que la propriété des rivieres & par conféquent la pêche qui en eſt un fruit, appartient au Seigneur haut-juſticier.

VIII.

L'on ne peut pas preſcrire par la poſſeſſion même immémoriale contre le Seigneur haut-juſticier la faculté de la pêche dans les rivieres non navigables & ruiſſeaux.

Arrêt rendu en 1736 en faveur du Seigneur de Thorame-la baſſe contre la Communauté du même lieu, qui oppoſoit un

Arrêt contraire, rendu en 1717, & qui avoit admis la preuve de la possession en faveur de la Communauté de Bras.

Le Seigneur de Thorame n'avoit pas les régales. Il étoit prouvé que la Communauté les avoit acquises à titre d'engagement ; mais le Seigneur soutenoit qu'ayant la haute-justice & de plus la directe universelle, la propriété des eaux publiques lui appartenoit.

IX.

Le Seigneur peut affermer, céder, aliéner, même sans aucun démembrement de la justice, la faculté de pêcher. Mais si c'est une Communauté d'habitans qui en a acquis le droit, il faut qu'elle l'afferme.

Il n'en est pas de la pêche comme de la chasse, qui ne peut être affermée, ni permise à des roturiers. Si tous les habitans usoient de la liberté de pêcher, la riviere seroit bientôt dépeuplée. L'ordonnance de 1669 tit. *des bois, prés, marais appartenants aux Communautés* impose l'obligation d'affermer. Arrêt du Parlement de Paris du 8ᵉ. de Février 1689 rapporté dans le Journal des Audiences.

X.

Il est deffendu de pêcher à autre heure que depuis le lever du Soleil jusqu'à son coucher, excepté aux Arches des Ponts où l'on peut pêcher tant de nuit que de jour, de même qu'aux moulins & aux gords où se tendent des dideaux.

Art. 14. du tit. 31. de l'Ordonnance de 1669.

XI.

Il est aussi deffendu de pêcher durant le

tems de fraye ; favoir , aux rivieres où la truite abonde , depuis le 1. de Février jufques à la Mi-mars , & aux autres, depuis le 1. d'Avril jufques au 1. de Juin à peine de 20. liv. d'amende & un mois de prifon. La pêche des Saumons, Alozes & Lamproyes eft exceptée.

Art. 6. & 7 du même tit. de l'Ordonnance.

XII.

C'eft un délit qui mérite punition corporelle , de jetter dans la riviere de la chaux, noix vomique , coque du levant , mommie & au-tres drogues ou appâts.

Art. 14 du même tit. de l'Ordonnance.

XIII.

Ceux qui ont Droit de pêche doivent ob-ferver les Réglemens faits par l'Ordonnance de 1669 & les faire obferver par leurs Do-meftiques & par les pêcheurs , auxquels ils auront affermé le droit, à peine de privation de leur droit.

Art. 19. du même tit. de l'Ordonnance. Galon obferve fur cet art. que les Prélats , Eccléfiaftiques , Seigneurs , Gentils-hommes, Communautés & particuliers font tenus d'obferver & faire obferver cés Réglemens non feulement dans les rivieres navigables & flotables , dans lefquelles ils ont droit de pêche , mais encore dans les eaux & rivieres qui leur font particulieres , pour la confervation & augmentation du poiffon.

XIV.

Il n'est pas permis de prendre des pierres & du sable dans la riviere sans le consentement du Seigneur.

Arrêts du Parlement de Dijon rapportés dans la pratique des Terriers tom. 4. pag. 484.

XV.

Les Iles qui se forment & naissent du lit même de la riviere non navigable, appartiennent au Seigneur haut-justicier. Mais le terrain que le partage de la riviere laisse entre ses deux bras, ne forme pas une Ile, & il ne cesse pas d'appartenir à l'ancien propriétaire riverain.

Droit commun. Il est de l'essence d'une Ile qu'elle naisse dans la riviere ou soit formée par un amas de gravier & matériaux entraînés par le courant des eaux. *Insula in flumine nata.*

XVI.

La propriété des Iles peut-être perduë par la prescription de 30 ou 40 ans, si pendant cet espace de tems un tiers, & même un vassal en a joüi paisiblement.

Arrêt du Parlement de Toulouse rapporté par Geraud des Droits Seigneuriaux liv. 3. ch. 2. Il en est comme des usurpations faites dans les Terres gastes, dont la propriété appartient au Seigneur. *Voyez ci-dessous tit. des Biens nobles, art. 34.*

XVII.

L'alluvion ou attérriffement qui fe forme infenfiblement fur les bords des rivieres non navigables , appartient , quant au domaine utile, au Poffeffeur des fonds contigus. Le Seigneur y acquiert feulement la juftice & la directe.

Dupérier tom. 1. liv. 2. queft. 3 ; De-cormis tom. 2. col. 1195. Boniface tom. 4. pag. 167, où eft rapporté un Arrêt qui jugea que l'alluvion avoit lieu même dans les champs limités.

XVIII.

L'alluvion ou attérriffement qui fe forme tout à coup *vi fluminis* par un débordement, appartient au Seigneur haut-jufticier.

Droit commun.

XIX.

Si le champ qui fe trouve accru étoit foumis à une cenfive ou rédévance pour raifon de chaque arpent ou autre mefure de terre , la rédévance doit être augmentée à proportion en faveur du Seigneur ; mais fi elle a été impofée vaguement pour la totalité du fonds, il n'y a aucune augmentation pour raifon de l'accruë.

Arrêt du Parlement de Touloufe du 14. d'Août 1597 rapporté par Maynard liv. 1. ch. 3.

I

XX.

Si le champ est soumis à un droit de tasque ou d'agrier, la partie qui est accruë par l'alluvion est aussi assujettie à cette rédevance.

Geraud trait. *des Droits Seigneuriaux* liv. 2. ch. 9.

XXI.

Si le Seigneur a un cens universel, le terrain qu'a donné l'alluvion, doit être soumis au cens réglé & fixé par la comparaison des fonds voisins.

Ainsi jugé par Arrêt rendu en 1753 en faveur du Seigneur de St. Michel contre Mᵉ. de Beauchamps Lieutenant-général en la Sénéchaussée de Forcalquier.

XXII.

Le lit que la riviere abandonne appartient au Seigneur haut-justicier ; mais si après en avoir occupé un nouveau, elle reprend l'ancien, le propriétaire riverain qui a conservé Motte-ferme, reprend le terrain qui lui appartenoit.

Loisel instit. coutum. liv. 2. tit. 2. régle 9. la régle a été citée ci-dessus tit. *des régales.* Mr. de Boissieu *usage des fiefs* pag. 60. Boutaric dans son trait. *des Droits Seigneuriaux* ch. *des rivieres.*

XXIII.

Si la riviere passe entre les limites de deux différentes jurisdictions, chaque Seigneur est propriétaire jusqu'au milieu du courant des eaux, & l'Isle appartient à celui du côté duquel elle s'est formée, & de la justice duquel elle est plus près.

Loisel instit. cout. liv. 2. tit. 2. régle 12.

XXIV.

Les eaux pluviales ou les ruisseaux qu'elles forment, appartiennent au Seigneur haut-justicier, nonobstant toute possession même immémoriale.

Chorrier, Jurisprudence de Gui-pape sect. 12. art. 18. *ubi* Arrêt du Parlement de Grenoble du 9. de Juillet 1672. Basset tom. 2. liv. 3. tit. 7. ch. 1. Jugement des Commissaires délégués pour la renovation du terrier de Sa Majesté rapporté par l'Auteur de la pratique des terriers tom. 4. pag. 515.

TITRE HUITIEME.
Du Trésor trouvé.

I.

L'On entend par trésor un dépot d'or ou d'argent, si ancien, qu'on n'en ait plus de mémoire.

Leg. 41 *ff. de acquir. rer. Domin. leg. unic. cod. de Thesauris.* Arrêt du 11 d'Août 1699 rapporté dans le Journal du Palais de Toulouse, confirmatif d'une sentence, qui avoit ordonné le partage d'un trésor trouvé par l'acheteur du sol d'une maison démolie, entre lui & le vendeur. Celui-ci prétendoit qu'on avoit dû le lui adjuger entièrement; parce que *non erat vetus pecunia*. Il vouloit le prouver par le tems où les monnoies avoient été frappées. Il prouvoit de plus que la maison qui avoit été bâtie fur le fol vendu & enfuite démolie, avoit appartenu à fes Auteurs.

Mais la démolition avoit été faite depuis le commencement du fiécle. Le Prince au coin duquel une partie de ces efpèces étoit marquée (Philippe II Roi d'Efpagne) avoit commencé à régner en 1555. L'autre Prince (Henri III. Roi de France) étoit mort en 1589, il y avoit donc plus de cent ans.

Cet Arrêt paroît fingulier. Il jugea, qu'il s'agiffoit véritablement d'un tréfor; pourquoi donc en ordonna-t-on le partage ? Il devoit appartenir entièrement à l'acquereur du terrein, où il l'avoit lui-même trouvé. Voyez ci-deffous. art. 12.

II.

Les bagues & pierres précieufes ne font pas mifes au rang des tréfors.

L'hommeau jurifp. franc. art. 6 ; Duval inftit. du Droit franc. liv. 2. ch. 1.

III.

La difpofition du droit romain, qui adjugeoit le tréfor à celui qui l'avoit trouvé dans fon propre fonds, & en ordonnoit le partage, lorfque tout autre que le propriétaire même du fonds en avoit été l'inventeur, eft encore fuivie dans les Provinces régies par ce même Droit.

Boutaric trait. *des Droits Seigneuriaux*, tit. *du Tréfor trouvé*; où il rapporte l'Arrêt rendu par le Parlement de Touloufe au fujet d'un tréfor trouvé par des Maçons qui bâtiffoient le Palais de l'Archevêché. Le Fermier du Domaine en avoit réclamé une portion, & cette demande fut rejettée. l'Arrêt cité fur le 1er. art. fournit un autre décifion fur ce point, puifque l'on ordonna un partage, où le Seigneur jufticier n'eut rien.

Boutaric rapporte un Arrêt du 9. de Juillet 1697 conforme à cette maxime.

Voici ce qui avoit été remarqué à ce fujet par Mr. Furgole dans fes collections Mff. » Le Tréfor trouvé dans fon propre » fonds appartient entièrement au propriétaire. S'il eft trouvé » dans le fonds d'autrui fans deffein prémedité, la moitié en » appartient à l'inventeur, & l'autre moitié au propriétaire du » fonds ; ce qui a lieu, quoique le fonds appartienne au Roi ; » § *Thefaurus* 4°. *inflit. de rerum divif.* Duval inflit. du Droit » François liv. 2. ch 1. Ferriere dans fes inflit. du Droit Franc. » tit. *de la divifion des chofes,* rapporte plufieurs Arrêts con- » formes. Dans le pays coutumier on adjugé autrement le » Tréfor trouvé ; car il appartient pour un tiers à l'inventeur, » pour un autre tiers au propriétaire du fonds où il a été trouvé, » & pour l'autre tiers au Roi ou au Seigneur jufticier fuivant » une Ordonnance de St. Loüis rapportée par Expilli plaid. 37. «

IV.

En Provence nous avons adopté la régle établie dans les pays coutumiers. Le Seigneur haut-jufticier a la moitié du Tréfor, s'il a été trouvé par le propriétaire, qui en a l'autre moitié ; & fi la découverte a été faite par un autre, le Tréfor eft partagé par tiers entre le Seigneur haut-jufticier, le maitre du fonds eft l'inventeur.

Il m'a toujours paru étrange de rémonter en matiere de fiefs & de droits Seigneuriaux à la difpofition du Droit Romain, qui ne les connoiffoit pas abfolument. A le prendre pour régle à l'égard des Tréfors trouvés, il faudroit s'y conformer auffi par rapport à la propriété des rivieres, épaves & autres chofes que le droit des fiefs donne aux Seigneurs hauts-jufticiers. Or à cet égard la régle eft générale, & les Pays régis par le Droit Romain ont adopté la maxime établie dans les pays coutumiers.

L'Arrêt rendu le 27 de Mai 1611 entre Madame la Ducheffe de Mercœur & l'Abbé du Mont-majour, & qui régla les Droits du haut-jufticier & ceux du moyen & bas, déclara appartenir à la dite Dame en qualité de haut jufticier les confifcations, defhérences, Biens vacants, épaves, droit de Bâtardife, & Tréfors cachés. Cet Arrêt eft rapporté par Bomy dans fes mélanges ch. 6 ; Paftour de *feudis* lib. 1. tit. 1.

V.

Si le Tréfor a été trouvé à deffein & non par hazard, l'inventeur n'a rien à y prétendre.

Leg. unic. cod de Thefauris. Lebret trait. *de la Souveraineté* part. 2. liv. 2 décif. 4.

VI.

L'ufufruitier n'a aucun droit fur le tréfor ; & par la même raifon le mari n'acquiert pas la propriété de celui qui a été trouvé dans le fonds dotal ; mais il a droit d'en joüir comme d'un acceffoire de la dot.

Leg. 7. §. 12 *ff. folut matrim.* Dumoulin fur la cout. de Paris §. 1. glof. 1. n. 60.

Suivant Mr. Benoit *in cap. rainutius* v°. *cœtera bona*, l'ufufruitier doit avoir l'ufufruit fur le Tréfor trouvé. Mais cette opinion n'eft pas fuivie. *Thefaurus non eft in fructu*, comme dit Dumoulin.

VII.

Le Tréfor trouvé dans un chemin ou autre lieu public appartient par égales portions ou au Roi ou au Seigneur haut-jufticier & à l'inventeur.

Bacquet trait. *des Droits de Juftice* ch. 32 n. 29 ; Berthelot des droits du Domaine ch. 34.

VIII.

Si le Tréfor eft trouvé dans une Eglife , le Seigneur jufticier n'y a aucun droit.

Les Auteurs fe réüniffent à le décider ainfi , mais ils ne font pas d'accord fur la queftion, fi l'inventeur doit en avoir une por-tion.

Lebret *de la Souveraineté* part. 2. liv. 5 décif. 4. Bacquet *des Droits de Juftice* ch. 32. n. 29.

IX.

L'inventeur a la moitié de celui qu! a été trouvé dans un Cimetière public , & l'Eglife l'autre moitié.

Chopin *de Domanio* lib. 2. tit. 5. n. 12.

X.

L'action criminelle peut-être intentée con-tre celui , qui ayant trouvé un Tréfor dans le fonds d'autrui , cache cette découverte pour fe l'approprier entièrement.

Arrêt du Parlement de Grenoble rapporté par Baffet tom. 2. liv. 7 , tit. 10 , ch. 1.

A plus forte raifon doit-il n'y avoir aucune part. *Qui thefaurum inventum fupprefferit in fraudem fifci , totum amittit. leg non intelligitur ,* § 11 *ff. de jure fifci.* Ainfi jugé pour le Tréfor trou-vé au Palais de l'Archevêque de Touloufe, & dont Boutaric fait mention dans fon trait. *des Droits Seigneuriaux.*

XI.

Le Seigneur direct n'a rien à prétendre

fur le Tréfor trouvé dans le fonds emphitéotique.

Dumoulin cout. de Paris § 55. glof. 10. n. 4.

XII.

Le Tréfor trouvé dans la terre vendue
appartient à l'acheteur & le vendeur n'y a
aucune part.

Leg. 67. ff. de rei vendicat. Mornac fur cette loi.
Cependant l'Arrêt rapporté fur l'art. 1. en adjugea la moitié
au vendeur du fol de la maifon démolie.

TITRE NEUVIEME.

Des Epaves.

I.

LEs chofes mobiliaires & les bêtes, qui
ayant eu un maître, ont été égarées
font également comprifes fous le mot d'épaves.

Ubique paffim.

II.

' Les pigeons, les paons, les abeilles, quoique mis au rang des animaux fauvages par
le droit romain, font au nombre des épaves.

La place, introduction aux Droits Seigneuriaux pag. 192.
. Plufieurs coutumes renferment une difpofition expreffe par
rapport aux abeilles.

III.

Les bois à bâtir , à brûler , & autres que les eaux des rivieres & ruisseaux entraînent , font épaves , si leur maitre est inconnu ; car il est permis de les réclamer & l'on en est crû propriétaire en affirmant à serment qu'on l'est.

Ainsi jugé par Arrêt du Parlement de Touloufe rapporté par Geraud trait. *des Droits Seigneuriaux* liv. 3. ch. 5. n. 4. & par Catelan liv. 3. ch. 30.

IV.

Les épaves appartiennent au Seigneur haut-justicier du lieu où elles font trouvées.

Bacquet trait. *des Droits de Justice* ch. 33 ; Loifel instit. cout. liv. 2. tit. 2. reg. 50 ; Mr. de Boissieu de *l'ufage des fiefs* ch. 62 ; Paftour *de feudis* lib. 1.

V.

C'est à l'ufufruitier & au fermier & non au propriétaire des droits de justice que les épaves appartiennent.

Taifand cout. de Bourgogne art. 2. Bouhier fur la même cout. tom. 2. n. 68. & 72.

VI.

L'épave peut être toujours réclamée tant que les formalités preferites pour pouvoir en acquerir la propriété , n'ont pas été remplies.

Livoniere Trait. des fiefs liv. 6. ch. 5. croit qu'elle peut l'être pendant trois ans , espace de tems fixé pour la prescription des choses mobiliaires , & même tant que la chose est existante & non consommée. Cette opinion est singuliere.

VII.

Les formalités sont la dénonciation ou publication pendant trois Dimanches consécutifs à l'issuë de la Messe paroissiale ; & après avoir attendu 40 jours à compter depuis la premiere proclamation , sans que personne ait réclamé l'épave ; le Seigneur doit en faire prononcer l'adjudication en sa faveur par son juge.

Il y a des coutumes qui ne font courir les 40 jours que depuis la derniere publication ; mais celle de Paris en fait commencer le cours depuis la premiere.

VIII.

Si dans cet intervalle le propriétaire réclame l'épave , il doit payer la nourriture , garde & frais de justice.

Droit commun.

IX.

L'inventeur de l'épave n'y a aucune part ; & s'il ne la dénonce, il peut être condamné à une amende.

Droit commun.

X.

Lorsque les choses perdues ont causé quelque dommage dans les terres d'un particulier où elles font trouvées , le propriétaire qui les réclame ne peut pas les recouvrer fans payer ce dommage , pourvû qu'il foit conftaté qu'il a été caufé par les chofes perdues.

Arrêt du 4 d'Août 1628 rapporté par Mr. de Catelan liv. 3 ch 30.

XI.

Il y a des épaves fur l'eau comme fur la terre. Les effets jettés à la mer pour caufe de tempête ou pourfuite des pirates ou ennemis ; 2°. Les chofes qui proviennent du crû de la mer & qui font trouvées fur le rivage, comme font les perles , le corail , l'ambre , &c. 3°. L'argent & bijoux trouvés fur un cadavre noyé. 4°. Ses vêtemens. 5°. Les débris d'un Navire ou batteau. 6°. Les poiffons Royaux ou à lard échoués & trouvés fur les greves.

Voyez l'Ordonnance de 1669 tit. 31 & Galon *ibid* & l'Ordonnance de la Marine tit. 7. art. 1. 2. & 3.

XII.

Les enfants expofés font une efpèce d'épave onereufe ; & par l'ufage des autres Provinces les Seigneurs hauts-jufticiers font chargés de leur nourriture. En Provence cette charge eft rejettée fur les Communautés d'habitans.

Arrêts rapportés par Boniface tom. 2 liv. 6 ch. 1. L'ufage que nous n'avons pas adopté eft fondé fur cette raifon : que les Seigneurs hauts-jufticiers recueillent la fucceffion des bâtards & de ceux qui meurent fans laiffer des héritiers teftamentaires ou légitimes : *ubi emolumentum, ibi onus effè debet.*

TITRE DIXIEME.

De la Confifcation pour Crime & pour félonie.

I.

EN Provence la confifcation n'a lieu qu'en deux cas ; pour crime de Leze-Majefté & pour félonie.

Il n'y a pas été dérogé à la difpofition de la novelle 134 de l'Empereur Juftinien, & l'on n'y connoit pas cette maxime, dont Loifel a formé une régle du Droit François: *qui confifque le corps confifque les Biens.*

Dans les Provinces où la confifcation pour crime a lieu, elle appartient inconteftablement au Seigneur haut-jufticier ; excepté pour certains cas tels que celui de Leze-Majefté, de fauffe-monnoie, falfification des lettres & fceaux de la Chancelerie, d'héréfie. Mais lorfqu'elle eft adjugée pour félonie, elle appartient au Seigneur féodal ou foncier, envers qui la félonie a été commife. Ferrieres fur la queft. 34. de Gui-Pape ; Defpeiffes *des Droits Seigneuriaux* tit. des hautes juftices art. 2.

II.

La confifcation pour crime de Leze-Majefté a lieu même pour les Biens fitués hors du Royaume.

Ferrieres fur la queft. 431 de Gui-pape.

III.

Ce cas excepté, les Biens situés dans un pays, où la confiscation n'a pas lieu, ne font pas confisqués ; quoique le condamné foit jugé dans une Province où elle a lieu. Ces Biens appartiennent aux héritiers légitimes.

Arrêts rapportés par Mr. Maynard liv. 8 ch. 86 la Roche-flavin des *droits Seigneuriaux*, liv. 6 tit. 23 art. 1 ; Bainage art. 143 de la cout. de Normandie.

I V.

Lorfque les biens mouvans d'un fief font confifqués au profit du Roi pour crime de de leze-Majefté, il doit ou vuider fes mains, ou donner une indemnité au Seigneur.

Boutaric trait. des *droits Seigneuriaux* tit. *de la confifſation.*

V.

Les biens confifqués au profit du Roi font affranchis de toute charge, telle que fidei-commis, droit de retour, hypothéques.

Brodeau fur Louet lettre E ch. 53. Paſtour liv. 7 tit. 3 ; la Roche-Flavin liv. 6 tit 23 n. 4 & Graverol.

Mais cela ne doit être entendu que du cas, où la confifcation eft prononcée pour crime de leze-Majefté au premier chef. Encore dans ce cas la femme peut demander fa dot & avantages nuptiaux. La-Roche-Flavin fous le mot *confifcation* art. 5, & fous le mot *dot* art. 16. Dans les cas ordinaires, c'eft-à-dire, lorfque le Roi a la confifcation comme Seigneur jufticier, il tenu de payer les dettes comme tout autre Seigneur.

Il y a un Arrêt du Parlement d'Aix rendu en 1727 en faveur des créanciers du sieur B..... dont les biens furent confisqués au profit du fils du Seigneur de Beauduen qui avoit été assassiné.

VI.

Lorsque les biens du pere sont confisqués, le pecu e castrense du fils n'est pas confisqué, & lorsque les biens du fils sont confisqués, ce même pecule ne l'est pas & reste au pere.

Leg. 3 § 4 ff de minor. & leg. si filius 3 cod. de bonis proscrip.

VII.

Les biens donnés ne sont pas confisqués au préjudice du droit de retour.

Mainard liv. 2 ch. 9 Papon liv. 21 tit. 1 art. 24.

VIII.

Les alienations faites par l'accusé ne préjudicient pas à la confiscation. Elles sont toujours présumées faites en fraude ; & lorsque la confiscation survient, elles sont revoquées.

Arrêt du 19 d'Août 1658 rapporté par Mr. de Catellan liv. 3 ch. 43 au sujet d'une donation faite par un accusé qui fut ensuite condamné à la mort.

Henris tom. 2 liv 4 quest. 36. Le Pretre cent. 1 ch. 85. Ricard des donations part. 1 ch. 3 sect. 4 n. 243. Lebret part. 2 liv. 3 decis. 4. Catelan liv. 3 ch. 30.

IX.

Le tiers des biens confisqués est prelevé pour la femme & les enfans , & ce tiers est pris sur la totalité sans distraction des frais faits par le Seigneur pour la poursuite du crime.

Arrêts rapportés par Mr. Mainard liv. ch. 4. Mr. Cambolas liv. 1 ch. 4 ; Mr. de Catellan liv. 2 ch. 98.

Ce tiers se divise en deux portions égales , dont la femme prend une moitié , & les enfans l'autre ; & si quelqu'un des enfans meurt , la mere lui succéde en propriété avec les autres enfans , quoiqu'elle se soit remariée ; parce qu'il s'agit d'une indemnité accordée par la loi , & non d'une liberalité qui doive être prise sur les biens du mari. L'Arrêt de 1580 le jugea ainsi.

X.

Les biens immeubles appartiennent au Seigneur haut justicier du lieu où ils sont situés ; les meubles au Seigneur justicier du lieu du Domicile ; & les dettes actives au Seigneur haut-justicier de la terre où demeurent les debiteurs. Chacun des Seigneurs est tenu des frais de justice à proportion du profit.

Arrêt du 25 de Juillet 1585 rapporté par Mr. Mainard liv. 8 ch 84.

XI.

La confiscation a lieu pour le suicide ; quoique celui qui l'a commis ne fût pas accusé.

Cette décision est contraire à celle de la loi 3 ff *de bonis eorum qui ante* &c de la loi 1 *cod. eod.* & à l'ancienne jurisprudence attestée par Mr. Mainard liv. 6 ch. 86, & liv. 3 ch. 85 ; par Mr. de la Roche-flavin liv. 1 sous le mot *confiscation* art. 1 ; Mr. d'Olive liv. 1 ch. 40.

Mais comme suivant l'Ordonnance criminelle de 1670 tit. 22 art. 16 le procès doit être fait à la mémoire de ceux qui se sont tués *tædio vitæ*, il n'est pas douteux que la confiscation ne doive avoir lieu, comme l'observent Boutaric trait. des *droits Seigneuriaux* tit. de *la confiscation*, & Ferriere sur la cout. de Paris art. 184 § 1 n. 26.

XII.

Si l'accusé meurt après l'Arrêt, mais avant l'exécution, la confiscation n'a pas lieu.

La loi 3 *cod. si reus vel accus.* la loi 10. *cod. de jure fisci.* Mr. Mainard liv. 4 ch. 52. Mr. d'Olive liv. 5 ch. 8. A plus forte raison la confiscation n'a-t-elle pas lieu, lorsque l'accusé meurt après avoir appellé de la Sentence de condamnation ; *cum appellatio extinguat judicatum.*

Mr. Mainard liv. 8 ch. 89 rapporte un Arrêt, qui adjugea la confiscation ; quoique le prevenu fût mort avant la condamnation, mais après avoir confessé le crime qui n'étoit pas éteint par la mort.

XIII.

La confiscation pour crime de félonie est autant un droit de fief que de justice ; dans le concours d'un Seigneur justicier & d'un Seigneur féodataire les biens seront confisqués au profit de celui envers qui le crime a été commis, à l'exclusion de l'autre.

Voyez la note sur l'art. suivant.

XIV.

XIV.

Quoique le Seigneur ou Cosseigneur feodataire, envers qui la félonie a été commise participe aussi à la haute justice, il n'y a de confisqués à son profit que les seuls biens mouvans de sa directe.

Ainsi jugé par Arrêt rendu en 1727 en faveur des créanciers du sieur B. qui par Arrêt du mois de Mars 1726 fut condamné à la mort pour avoir fait assassiner le sieur Gravier Cosseigneur de Bauduen. Une partie des biens situés dans le terroir de Bauduen étoit assujettie à la directe de Mr. l'Evêque de Riez; & il fut jugé que ces mêmes biens n'étoient pas compris dans la confiscation adjugée au fils du sieur Gravier.

Il y a cependant des doutes à former sur la justice de cette décision. Le sieur Gravier étoit aussi Seigneur justicier, & la portion qu'il avoit en la justice, affectoit aussi ces mêmes biens mouvans de la directe de l'autre Cosseigneur. Le sieur B. n'en eut-il possedé aucuns sous celle du sieur Gravier, il n'en auroit pas moins été coupable de félonie; & il n'y avoit aucun préjudice pour l'autre Cosseigneur dans la confiscation des biens soumis à sa directe; puisque celui qui les eut acquis par cette voye, les auroit possedés sous cette même mouvance.

X V.

La félonie se reduit à deux cas; 1°. l'injure atroce, 2°. la denegation.

Graverol sur la Roche-flavin des *droits Seigneuriaux* ch. 32. art. 1.

X V I.

Le lien de vassellage rend le delit respectif entre le Seigneur & le Vassal. En cas d'excès graves ou vexations commises par le

Seigneur envers le vaſſal, il perd à jamais le droit de mouvance ſur les biens de celuici, qui eſt auſſi affranchi de la juriſdiction Seigneuriale & ſoumis à celle du Juge Royal plus prochain pendant ſa vie.

Ferrieres ſur la queſt. 6 de Gui-pape ; la Roche-ſlavin & graverol ch. 32 art. 5 ; Paſtour liv. 7 tit. 4. Arrêt rapporté par Boniface tom. liv. 1 tit. 6 ch. 1 , & qui condamna le Seigneur de Montpezat à être banni à perpétuité de la Ville d'Aix, de la terre de Montpezat & de la Viguerie de Mouſtiers ; le declara indigne de poſſeder des fiefs à l'avenir, le priva de ſa juriſdiction ſa vie durant, & ordonna qu'elle ſeroit exercée par le Juge Royal de Mouſtiers.

Arrêt du Parlement de Toulouſe rendu en 1644 & rapporté par Albert lettre S ch. 2 qui condamna le ſieur de Gabriac, pour avoir donné des coups de bâton à un de ſes Vaſſaux qui n'étoit pas Gentil-homme, à une amende de 3000 liv ; & le Vaſſal fut affranchi de ſa Juſtice. Autres Arrêts rapportés par Mr. de la Roche-Flavin ch. 32 art. 1 & 5.

XVII.

Lorſque le Vaſſal eſt offenſé par le Seigneur immediat, il demeure libre à ſon égard, & devient ſujet immediat du Seigneur dominant ; mais il ne devient pas Vaſſal du Roi, ſi le fief eſt tenu en franc alleu par le Seigneur felon.

Du-Moulin § 3 gloſ. 4 n. 13 & n. 15.

XVIII.

L'Egliſe ne perd pas la Seigneurie directe, quoique le Prélat offenſe les Vaſſaux ;

mais le Prélat perd les revenus & l'adminiftration, & le Vaffal offenfé devient libre
pendant la vie du Prélat.

Du-moulin § 40 n. 75 & fuiv.

X I X.

On met au nombre des injures atroces
qui opérent la félonie ; fi le Vaffal abufe
de la femme du Seigneur, de fa Sœur qui
refte dans fa maifon, de fa fille, de fa bel-
le-fille, petite-fille *ex filio* ; s'il a commerce criminel avec la fiancée ou la mere du
Seigneur, qui n'a pas convolé en fecondes
noces, avec la veuve du Seigneur, pourvû
que le nouveau Seigneur foit fils ou petit-fils ;
ou s'il a eu commerce avec la veuve dans
l'an du deüil, pourvû que le nouveau Seigneur foit héritier direct ou collateral du
précédent Seigneur.

Du-moulin § 43 n. 136. 142. 143 & 144. Mornac fur les loix
1 & 2 *cod. de in jus vocando.* Delpeiffes *des droits Seigneuriaux*
pag. 181.

X X.

Le Vaffal qui donne un dementi en jugement à fon Seigneur, eft privé de l'ufufruit
du fief pendant la vie du Seigneur.

Mornac fur la loi derniere ff *de inoff. teftam.* Louët & Brodeau lett. f fom. 9 Graverol fur la Roche-Flavin ch. 31 art. 1.

X X I.

Les héritiers du Seigneur qui est mort sans se plaindre de la félonie du Vassal, ne peuvent pas demander la confiscation du fief ; excepté 1°. que pour quelque conjecture on ne pût présumer que l'injure n'avoit pas été remise ; 2°. s'il avoit chargé l'héritier d'en poursuivre la vengeance. 3°. s'il avoit ignoré l'injure ; 4°. s'il a été prevenu par la mort, & qu'il n'ait pas eu le tems de s'en plaindre.

Du-moulin § 43 n. 43. 52 & 126. Mornac sur la loi 30 *cod. de inoff. testam.*

X X I I.

Si le Vassal meurt avant que le Seigneur se plaigne de la félonie, elle est éteinte ; & le Seigneur ne peut plus en faire aucune poursuite.

Du-moulin § 43 n. 128.

X X I I I.

Le Vassal qui denie le fief, le confisque au profit du Seigneur dominant ; mais il faut que le Déni soit formel, spécifique & absolu.

Arrêt du 24 de Novembre 1570 rapporté par Mr. Mainard liv. 6 ch. 53 ; Gravcrol sur la Roche-flavin ch. 9 art. 3. Du-moulin § 43 n. 8.

XXIV.

Il y a trois sortes de Déni ; 1°. de la personne & du lieu dominant ; 2°. de la personne seulement 3°. de la chose seulement, lorsqu'on soutient qu'elle est dépendante d'un autre fief.

Du-moulin § 43 n. 9. 20. 21. & 29.

XXV.

Le prodigue à qui l'administration de ses biens a été interdite, peut confisquer son fief par félonie & non pas par déni.

Du-moulin § 43 n. 92 & 93.

XXVI.

La félonie ou le déni du propriétaire ne nuit pas à l'usufruitier, dont l'usufruit subsiste nonobstant la confiscation.

Du-moulin § 43 n. 114 & 115.

XXVII.

Le Vassal qui reconnoit le fief à un autre Seigneur, ne le confisque pas ; pourvû qu'il ne dénie pas lorsque le Seigneur l'interpellera.

Du-moulin § 43. n. 165. Boislieu de *l'usage des fiefs* ch. 9.

XXVIII.

Lorſque le Seigneur reçoit le vaſſal à fai-re l'hommage, il eſt cenſé avoir remis l'in-jure, qui pouvoit donner lieu à la confiſca-tion du fief, ſi l'injure lui étoit connuë ; quand même il reſerveroit le droit de con-fiſcation.

Du-moulin § 43 n. 130.

XXIX.

Quand le fief eſt confiſqué pour félonie ou pour déni, les bâtimens qui ont été faits, les accroiſſemens par alluvion, tout cede au fonds ; & tout ce qui a été acquis par le Vaſſal dans le deſſein de le rendre féodal, & reconnu au Seigneur eſt confiſqué, ainſi que les méliorations & réparations. Mais les choſes qui ne ſont pas unies & qui ſubſiſ-tent par elles mêmes, comme la juriſdiction, les meubles, ne ſont pas confiſquées.

Du-moulin § 43 n. 116.

XXX.

Les charges impoſées ſur les biens confiſ-qués au profit du Seigneur, fidei-com-mis, droit de retour, hypothéques, ſub-ſiſtent.

Ainſi jugé par un Arrêt rendu en 1727 après partage

en faveur des créanciers du sieur B. Il n'y a que les biens confisqués au profit du Roi qui soient affranchis de ces charges. Voyez les Auteurs cités ci-dessus art. 3, qui établissent cette différence. De-cormis tom. 1 col 1066.

XXXI.

Si le condamné pour crime de félonie obtient du Roi des lettres de rémission par justice, il rentre dans tous les biens confisqués, même dans ceux qui avoient été aliénés par le Seigneur après la confiscation. Si les lettres ont été accordées par grace, il ne reprend que les biens extants.

Voyez sur cette différence entre *restitutionem justitiæ & restitutionem gratiæ* l'art. 36 du tit. 2.

XXXII.

Le Seigneur en faveur de qui les biens ont été confisqués pour crime de félonie, est recevable à s'opposer à l'entérinement des lettres de grace.

J'ai cité sur l'art. 38 du titre de l'administration de la justice des Arrêts, qui déclarerent le Seigneur non recevable. Mais là il n'agissoit pas comme partie, & seulement par rapport à l'amende prononcée en faveur de sa justice ; au lieu qu'ici il est lui-même la partie offensée.

TITRE ONZIEME.

Du Droit de Bâtardife & des Biens vacans.

I.

LE Seigneur haut-jufticier recueille la fucceffion du Bâtard mort fans Teftament, fans enfants & fans femme.

Droit commun. Le Bâtard peut difpofer de fes biens par Actes entre-vifs ou par teftament. S'il meurt fans teftament, mais laiffant des Enfants nés de légitime mariage, ils lui fuccédent ; au défaut d'Enfants fa femme recueille en vertu de l'Edit du prêteur *unde vir & uxor*, à l'exclufion du Seigneur haut-jufticier.

II.

Trois conditions font néceffaires pour l'exercice de ce droit. 1°. que le Bâtard foit né dans le diftrict de la juftice. 2°. qu'il y eut fon domicile. 3°. qu'il y foit mort. Une de ces trois conditions manquant, le Roi exclud le Seigneur haut-jufticier.

Bacquet du *Droit de Bâtardife*. ch. 8. n. 5.
Boutaric trait des *Droits Seigneuriaux*, titre *du Droit de Bâtardife*.

III.

Dans le doute fur le lieu de la naiffance, on préfume que le Bâtard eft né dans l'é-

tendue de la justice où il étoit domicilié, &
où il est mort.

Boutaric *ibid.*

I V.

Le Seigneur ne succéde qu'aux Biens situés ou trouvés dans l'étendue de sa Jurisdiction. Le Roi a les autres ; les Seigneurs
où se trouvent ces biens, ne pouvant réunir
les trois conditions.

Bacquet trait. du *Droit de Bâtardise.* part. 1. ch. 8. n. 18,
& trait. *des Droits de justice.* ch. 23. n. 3.

V.

Le Roi réclamant la succession du bâtard, qui pourroit appartenir par Droit
de deshérence au Seigneur haut-justicier,
doit prouver la bâtardise.

Arrêt du 18 de Septembre 1688 rapporté par Boniface tom.
4 liv. 1. tit. 1 ch. 2. Quoique cet Arrêt ait été rendu en faveur
d'un particulier, qui comme se prétendant légitime successeur,
soutenoit que le défunt n'étoit pas bâtard, sa décision peut
s'appliquer au cas posé dans cet art.

V I.

Lorsque le Roi acquiert par droit de Bâtardise ou deshérence des biens situés dans
un fief, cette acquisition ne les affranchit
pas des droits Seigneuriaux ausquels ils étoient
soumis.

Arrêt du 26 de Mai 1626 rapporté par Boniface tom. 1. liv. 3. tit. 1 ch. 3. Les biens acquis au Roi avoient été adjugés aux enchéres ; le ceſſionnaire du retrait féodal expulſa l'acquereur.

VII.

Les biens vacants par défaut d'héritiers teſtamentaires & légitimes appartiennent au Seigneur haut-juſticier par dèsherence.

Il ne faut pas confondre avec les biens vacans, dont il eſt queſtion ici, ceux d'une ſucceſſion vacante, mais où un curateur nommé en Juſtice repréſente l'héritier qui s'eſt abſtenu. Le Seigneur n'a aucun droit à ceux-là.

Il y a trois autres ſortes de Biens vacans. 1°. les terres vaines & incultes, qui n'ont jamais eu un maître. 2°. les Biens, dont la propriété à été degguerpie au Seigneur. 3°. les Biens, dont le propriétaire a abandonné la culture. Dans la ſeconde partie de cet ouvrage il ſera queſtion du déguerpiſſement & des terres vaines & incultes. Ici je ne traiterai que des biens acquis par droit de dèshérence & des Biens vacants par défaut de culture.

VIII.

Le Droit de dèshérence eſt exclus par la ſucceſſion introduite entre mari & femme par le droit Romain en défaut de parents.

Boutaric trait. *des Droits Seigneuriaux* tit. *du Droit de Dèshérence*, même raiſon de décider qu'à l'égard du Droit de Bâtardiſe.

IX.

La parenté exiſte à l'effet de ſuccéder *ab inteſtat* au de-là du dixieme degré, tant que la ligne n'eſt pas éteinte.

Ceux qui ont expliqué ces expreſſions employées par l'Empereur Juſtinien *agnationis jure admitti aliquem ad hæreditatem*, *etſi decimo gradu ſit*, comme déſignant qu'il n'y avoit plus de parenté au dela de ce degré, ne ſe ſont pas apperçus que le 10ᵉ. degré n'eſt propoſé là que par forme d'exemple & non par limitation.

Loiſeau *des Seigneuries* ch. 12 n. 101 & ſuiv.

X.

Si les biens de la ſucceſſion tombée en dèshérence ſont ſitués ou trouvés en différentes parties, chacun des Seigneurs hauts-juſticiers recueille ceux qui ſont de ſon diſtrict, & contribue à proportion au payement des dettes.

Lebret trait. *de la Souveraineté* liv. 3 ch. 13. de Cormis tom. 1 col. 1097.

X I.

La dèshérence ſuit le territoire où les fonds ſont ſitués, & non celui du domicile du decedé. Les meubles ſuivent la perſonne, & ils doivent ainſi que les dettes actives & rentes conſtituées, appartenir au Seigneur du domicile.

Loiſeau *des Seigneuries* ch. 12 depuis le n. 88 juſques au n. 94.

X I I.

Ce n'eſt pas au Seigneur haut-juſticier, mais au Seigneur foncier & direct qu'appartiennent les biens abandonnés & laiſſés ſans culture.

Il ne faut pas croire que la déclaration que je rapporteraï fous l'art. fuivant, ait privé le Seigneur de la préférence qu'il doit avoir à l'égard de ces biens, que l'on peut regarder dans un fens comme deguerpis mais fans formalités. Tout ce qu'on peut induire de ce défaut ou omiffion de formalités, eft que les biens ne feront pas poffedés noblement & en franchife de tailles ; & le Seigneur les poffedera comme les poffédcroient ceux, à qui l'adjudication en feroit faite conformément à cette déclaration.

Quant à la préférence du Seigneur foncier & direct, on peut confulter Loifeau *des Seigneuries* ch. 12 n. 122 ; Geraud *des droits Seigneuriaux* liv. 3 ch. 3 n. 10. Il y a même une décifion formelle fur cette queftion dans un Arrêt du Confeil du 4 de Décembre 1663. Il fut ordonné que dans un mois après la publication de cet Arrêt les propriétaires & autres pretendans aux biens abandonnés en reprendroient la poffeffion, autrement déchus de tous leurs droits, & leurs fonds réünis par defhérence & en roture *aux Seigneurs cenfiers & directs*, pour en paffer un mois après nouvelle inveftiture à des perfonnes contribuables ; & ce delai paffé, les fonds demeureront irrevocablement acquis aux Communautés, quittes des arrerages des rentes, pour être ces fonds baillés à des perfonnes folvables, quï en payeront la taille, &c.

XIII.

En défaut du Seigneur, tout particulier peut acquerir la proprieté de ces biens, dont la culture a été abandonnée, en s'en rendant adjudicataire fous la charge d'en payer la taille & d'acquitter les redevances Seigneuriales.

Declaration du Roi, concernant les biens abandonnés en Provence. Donnée à Paris le 6 Novembre 1717. Regiftrée en Parlement.

Louis par la Grace de Dieu, Roi de France & de Navarre, Comte de Provence, Forcalquier, & Terres adjacentes : A tous ceux qui ces prefentes Lettres verront, Salut. L'utilité que la

Province de Languedoc retire journellement de l'exécution de
nôtre Déclaration du 16. Janvier 1714. par laquelle nous avons
accordé à ceux qui ſe rendroient adjudicataire des Biens abandonnés, pour les mettre en culture, l'exemption des Impoſitions pendant cinq années, nous ayant fait écoûter favorablement les très-humbles ſupplications qui nous ont été faites,
par les Gens des Trois Etats de nôtre Pays de Provence, d'accorder à nos ſujets de ladite Province qui deſirent de s'adonner
à la culture des Biens abandonnés, les mêmes avantages, Nous
nous y ſommes portez d'autant plus volontiers, que nous ſommes perſuadez que les Villes & Lieux, & même les Vigueries qui doivent profiter de cette grace, concourront de leur
part au ſuccès d'une entrepriſe dont ils connoiſſent l'importance :
A ces cauſes, de l'Avis de nôtre très-cher & très-amé Oncle
le Duc d'Orleans, petit Fils de France, Regent, de nôtre très-
cher & très amé Couſin le Duc de Bourbon, de nôtre très-
cher & très-amé Couſin le Prince de Conty, Princes de nôtre Sang
de nôtre très-cher & très-amé Oncle le Duc du Maine, de nôtre
très-cher & très-amé Oncle le Comte de Toulouſe, Princes le-
gitimez, & autres Pairs de France, grands & notables Per-
ſonnages de nôtre Royaume ; Nous avons par ces preſentes ſi-
gnées de nôtre main, dit, declaré & ordonné, diſons, declarons & ordonnons, voulons & nous plaît.

ARTICLE PREMIER.

Que ceux qui ſe rendront adjudicataires des Biens abandonnez, ſans Actes ni formalitez de Juſtice, dans l'étenduë de nôtre Province de Provence, ſoient & demeurent déchargez comme nous les déchargeons du payement de la Taille, de la
Capitation & autres Impoſitions, tant ordinaires qu'extraor-
dinaires qui ſeront faites, pour raiſon deſdits Biens,
pendant cinq années, à compter du jour que leſdits Biens
leur auront été adjugez. Voulons que ſur les Ordonnances
du ſieur Lebret Préſident du Parlement p'Aix, Intendant
en Provence, la Taille des Biens abandonnez ; & la Capitation ſoient paſſez en repriſes aux Particuliers qui les cultive-
ront, par les Tréſoriers des Villes & Lieux, aux Tréſoriers
par les Receveurs des Vigueries, auſdits Receveurs, par le
Tréſorier de ladite Province, & audit Tréſorier, par le
garde de nôtre Treſor Royal.

Art. II.

Dechargeons pareillement les adjudicataires des Biens abandonnez pendant ledit temps de cinq années du payement de
tous droits Seigneuriaux qui nous font dûs, pour raison defdits Biens, tant du passé que de ceux qui pourront échoir
pendant lefd. cinq années.

Art. III

Dechargeons en outre lefdits adjudicataires de tutelle, cu-
ratelle, fequeftrations, logement de gens de guerre, collec-
te des Tailles, & autres charges perfonnelles pendant lefdites cinq années, pourvû neanmoins qu'ils n'ayent point d'autres fonds en proprieté.

Art. VI.

N'entendons comprendre dans les décharges ci-deffus, les
Biens en friche des Particuliers qui n'ont pas abandonné la
totalité des Biens qu'ils poffedent dans un même taillable, ni
même ceux qui pourront être abandonnez après la datte des
préfentes.

Art. V.

Voulons qu'il foit arrêté par les Maires & Confuls un état
des Biens qui ont été abandonnez jufqu'à prefent fi fait n'a été,
& qu'il foit envoyé audit fieur Lebret ; que fur cet état les publications en foient faites à la Diligence des Maires & Confuls
pendant trois Dimanches confécutifs, à l'iffue de la Meffe de
Parroiffe ; que les offres foient reçues par les Greffiers Confulai-
res, ou par le Greffier de la Viguerie, & qu'elles foient par
eux envoyées au Greffe de l'Intendance, pour être lefd. Biens
adjugez par ledit fieur Lebret à ceux qui fe chargeront de les
cultiver aux conditions ci deffus ; pour l'execution defquelles
adjudications, circonftances & dépendances, Nous avons attribué audit fieur Lebret toute Cour, Jurifdiction & connoiffance, & icelle interdite à toutes nos autres Cours & Juges.
Si donnons en Mandement à nos amez & feaux les Gens tenans
notre Cour du Parlement de Provence, que ces préfentes ils
ayent à faire, publier & Regiftrer ; & le contenu en icelles,
garder & executer felon leur forme & teneur: Car tel eft nô-

tre plaiſir ; en témoin dequoi Nous avons fait mettre nôtre ſcel
à ceſdites préſentes. Donné à Paris le 6ᵉ. jour de Novembre
l'an de grace 1717. & de nôtre Regne le troiſiéme. *Signé.* LOUIS:
Et plus bas ; Par le Roy, Comte de Provence, le Duc d'Orleans
Régent preſent, PHELYPEAUX. Vû au Conſeil, VILLEROY,
Et ſcellé.

Enregiſtrée par le Parlement le   Décembre 1717. La déclaration a été copiée ſur celle du 16ᵉ de Janvier 1714, faite
pour le Languedoc ; ainſi il ſeroit inutile de la rapporter ici.

Un Arrêt de réglement de la Cour des Aydes de Provence du 23 de Janvier 1715 contient deux diſpoſitions analogues
à cette déclaration, dont il n'y eſt pas abſolument fait mention. Elle n'avoit été adreſſée qu'au Parlement : obſervation
eſſentielle par rapport à une des diſpoſitions que je vais rapporter.

» A l'égard des cottes infructueuſes qui ſe trouveront compo-
» ſées des biens hermes & abandonnés, la Cour ordonne qu'en
» conformité de ſes Arrêts de réglement leſdits biens feront
» expoſés en vente en vertu du preſent Arrêt, ſans qu'il ſoit be-
» ſoin d'autre, devant les Officiers ordinaires des lieux ſans
» frais, pour être delivrés aux enchéres publiques à ceux qui en
» feront la condition meilleure ; eſtimation prealablement fai-
» te deſdits biens par les eſtimateurs modernes & publication de
» la vente qui doit en être faite pendant trois Dimanches con-
» ſécutifs à l'iſſuë de la Meſſe de Paroiſſe, & par affiches &
» placard ; afin que s'il eſt dû des arrérages de tailles à aucun
» Tréſorier & d'autres ſommes à des créanciers hypothécaires
» ſur le total ou partie deſdits biens, ils ayent à juſtifier de leurs
» titres, & à en remettre un état aux Conſuls dans trois mois
» à compter du jour de la derniére publication, pour leur être
» delivré, s'il y echoit, deſdits biens juſqu'à la concurrence de
» ce qui pourra leur être dû ; autrement & à faute par leſdits
» Tréſoriers & créanciers d'avoir remis l'état de leurs préten-
» tions dans ledit delai, les en a declarés & declare definitive-
» ment dechus, & ſera paſſé outre à la vente & délivrance deſ-
» dits biens après trois encheres, pour ſur le prix en prove-
» nant la Communauté être payée de ce qui ſera dû tant en
» principal, interêts que dépens.

» Ordonne que la procédure preſcrite ci-deſſus ſera notifiée
» dans le même delai aux Seigneurs féodataires des lieux en leur
» perſonne ou celle du greffier de leur juriſdiction, aux fins
» qu'ils ayent à former pour leurs droits Seigneuriaux telle de-
» mande qu'ils aviſeront en préférence aux arrerages de taille

» duë fur lefdits biens ; après lequel tems ils en feront définiti-
» vement déchus , & ne pourront les acquereurs & délivratai-
» res defdits biens être troublés en la poffeffion & jouiffance
» d'iceux par les Seigneurs , Tréforiers & Créanciers pour
» quelque caufe & prétexte que ce foit , après que lefdites
» procédures & formalités auront été obfervées «.

Les difpofitions concernant ces decheances abfolues font
très rigoureufes , & fe trouvent condamnées par une fameufe
déclaration du 10 d'Août 1728 donnée en interpretation de celle du 16 de Janvier 1714 faite pour les biens abandonnés en
Languedoc. Les propriétaires, leurs Créanciers hypothécaires
& autres ayant droits fur les biens abandonnés par la feule
inculture & fans acte ni formalité de juftice , dont l'adjudication aura été faite , pourront rentrer dans ces biens pendant dix ans à compter, à l'égard des majeurs , du jour que le
bail aura été paffé & à l'égard des mineurs depuis leur ma-
jorité moyennant le rembourfement.

Il femble même que la déclaration n'ayant été adreffée qu'au
Parlement , la competence de la Cour des Aydes fe trouvoit re-
trainte aux objets purement relatifs au payement des tailles. La
déclaration du 10 d'Août 1728 que je viens de citer, pourroit
fervir à appuyer l'objeftion. Il y eft dit à l'art. 13 que » les ac-
» tions qui feront intentées pour la validité où invalidité des
» baux ; ou *pour rentrer en poffeffion* des biens abandonnés, ne
» pourront être portées que devant les Juges qui connoiffent
» du fait des tailles en premiere inftance, & par appel à la
» Cour des Aydes ; fans que les adjudicataires puiffent être
» traduits devant d'autres Juges fous prétexte de l'itifpendan-
» ce , diftribution ou autrement pour quelque caufe ou pré-
» texte que ce foit «.

Il a donc fallu une difpofition expreffe & émanée de l'autorité Souveraine pour interdire abfolument aux Juges ordinaires la connoiffance de toutes les conteftations , auxquelles les
adjudicataires pourroient être expofés.

TITRE

TITRE DOUZIEME.

De l'hommage & serment de fidélité.

I.

EN Provence le Droit que le Seigneur a d'exiger l'hommage & le Serment de fidélité, est une dépendance de la justice, & n'affecte que ceux qui sont soumis à cette même justice.

Dupérier tom. 1. liv. 2 quest. 22 attestant cette maxime, dit qu'en bonne justice on ne peut demander ni l'hommage ni le serment de fidélité dans une Province de droit écrit, où il n'y a ni coutume ni statut, qui ait introduit un pareil droit. Il ajoute qu'il est fait mention dans les livres des fiefs, liv. 2. tit. 4, 5 & 6 du Serment de fidélité, dont les Vassaux feodataires sont chargés à cause du fief dont ils sont investis, & ceux qui sont soumis à la Jurisdiction d'autrui.

C'est de ce même droit des fiefs que l'on a emprunté la formalité de l'hommage & du Serment de fidelité qui dans l'usage ont été confondus ; quoique différents dans leur origine. Mais ce même usage a dispensé de ce devoir les possédans biens appellés en Provence Forains, & qui habitant ailleurs que dans la terre du Seigneur, ne sont pas ses justiciables. Ils ne sont regardés que comme emphitéotes & non comme Vassaux, ainsi que l'établit Dupérier.

Dumoulin sur la cout. de Paris § 3 n. 1. 2. dit que l'hommage *tripliciter accipitur ;* 1°. *ratione servitutis vel ipsiusmet personæ,* 2°. *ratione simpliciis jurisdictionis ;* 3°. *ratione feudi.*

En Languedoc l'hommage est dû au Seigneur de fief ; quoiqu'il ne posséde aucune portion de la justice. Il y a même un Arrêt du 20 de Mai 1711 rapporté dans le Journal du Palais de Toulouse, qui condamna un simple emphitéote à prêter l'hommage au Seigneur direct. Mais il faut observer que le bail emphitéotique contenoit cette stipulation : *ut debeat facere homagium ligium.*

II.

La poffeffion peut autorifer le Seigneur à exiger auffi des Forains ce devoir.

Arrêt du 16 de Mars 1665. rapporté par Boniface tom. 1.
liv. 3. tit. 3. ch. 3. Il fut refervé au Seigneur de prouver par
des hommages que les Forains y étoient foumis ainfi que les
habitans. J'ai vû un Arrêt du Parlement de Grenoble rendu
dans un procès évoqué, & qui condamna les Forains du lieu
de Valerne à prêter l'hommage & ferment de fidélité.

III.

L'hommage & ferment de fidélité doivent être prêtés non feulement par les habitans en particulier, mais encore par l'univerfalité repréfentée par les Confuls de la Communauté.

Dupérier *loc. cit.* De-cormis dans fes confultations tom. 1er.
col. 905. l'Arrêt cité fur l'art. précédent.

IV.

On ne peut s'affranchir de ce devoir par la feule poffeffion, mais feulement par la prefcription, dont le vaffal ouvre le cours par la dénégation.

Arrêts rapportés par Dupérier *loc. cit.* aux notes, & tom.
2. p g. 476 de la nouvelle Edition.
Autre Arrêt rendu par le Parlement de Touloufe dans une
caufe évoquée & cité par De-cormis tom. 1. col. 908.

V.

Les anciens hommages doivent en défaut d'un titre primordial servir de régle pour la forme en laquelle l'hommage doit être prêté ; & s'il n'y a ni titre ni possession constatée par d'autres hommages, il doit être prêté en la forme la moins rude, débout & découvert.

Dupérier & De-cormis *loc. cit.* & l'Arrêt du 16 de Mars 1665. Il est certain qu'en cette matière comme à l'égard de tous les autres droits Seigneuriaux, c'est au titre primordial qu'il faut s'en tenir ; & si les anciens hommages ne lui sont pas conformes, ils doivent subir le même sort que les dénombremens ou reconnoissances qui sont toujours rectifiées par le titre primordial, *semper vigilat, semper clamat.*

Coquille tit. *des fiefs* art. 1. dit que la coutume de Paris forme une régle prétique générale en prescrivant la nécessité de prêter l'hommage à genoux. Dumoulin blâme cette forme, & Mr. de Boissieu de *l'usage des fiefs* ch. 4 dit que cette sorte de respect n'est duë qu'au Souverain ; parce qu'il représente la puissance de Dieu sur la terre. Mais il convient que s'il y a titre ou coutume, il faut s'y tenir ; & tel est l'usage observé en Provence.

Par Arrêt du 15 d'Avril 1711 rendu par des Commissaires délégués entre le Seigneur & la Communauté de Rougiers, il fut ordonné » que les Consuls tant audit nom qu'en leur propre » & les manans & habitans du même lieu prêteroient serment » de fidélité & hommage au Seigneur & à ses Successeurs » dans la maison Seigneuriale, *dbeout & tête nuë, sans gands,* » *sans manteau* & à leurs dépens à la premiere réquisition qui » leur en seroitfaite.

Par l'Arrêt du Parlement de Toulouse du 20 de Mai 1711 que j'ai rapporté sur l'art. 1. de ce titre, l'emphitéote fut dispensé de le prêter à genoux ; quoiqu'il y fut soumis par le titre primordial, & qu'il l'eut réellement prêté en cette forme. La stipulation fut regardée comme illicite ; mais je crois que l'on en auroit eu une autre idée, s'il avoit été question d'un Seigneur justicier ou féodal & non d'un Seigneur direct.

Au reste ce n'est que pour la forme que l'on doit en défaut de titre primordial prendre pour régle les anciens hommages. Mais si l'on voit que le Seigneur avoit exigé un hommage insolite, par exemple, l'hommage lige, les Vassaux font dispensés d'en prêter un semblable, si le Seigneur ne justifie que le droit lui est véritablement acquis. Il s'agit alors non de la forme, mais de la substance de l'hommage.

Les Possesseurs des fiefs mouvants du Comté de Sault en Provence prêtent l'hommage lige, Sa Majesté exceptée. Ils le prêtent à genoux devant le Lieutenant ou Juge d'Appeaux de ce Comté, tête nue, & ayant les mains jointes, entre celles du Lieutenant, sans ceinture ni épées. Ils donnent & recoivent le baiser.

VI.

L'hommage ne peut être prêté ni reçu par Procureur.

C'est la régle générale & le Droit commun. Dupérier tom° 1. liv. 2 quest. 22. De-cormis tom. 1. col. 848. Mais il y a des exceptions. Ainsi les Religieuses qui ne peuvent sortir de leurs cloitres le prêtent par Procureur. Il y a même des Auteurs qui décident que le Seigneur peut le recevoir par Procureur; mais ils veulent que la qualité du Procureur soit proportionnée à celle du Vassal. La peirere dans ses décisions let. h, n. 33.

Il peut aussi être rendu & reçu par Procureur, s'il y a inimitié capitale, si le Vassal est malade, impotent, absent *rei publicæ causâ*. Voyez Dumoulin fur la cout. de Paris, § 55. glos. 2. n. 6.

En Dauphiné il peut être prêté & reçu par Procureur, Boissieu ch. 7.

VII.

Si le Vassal est dans un état perpétuel d'inhabileté à prêter lui-même l'hommage, tel que le furieux ou l'imbecille d'esprit, le Seigneur doit le recevoir du tuteur ou curateur.

De-cormis tom. 1. col. 4.

VIII.

Le mari peut recevoir l'hommage & le prêter pour les fiefs & biens dotaux fans procuration fpéciale de fa femme.

D'Argentré fur la cout. de Brétagne tit. *des fiefs*, art. 339. n. 1; Chopin fur la cout. d'Anjou liv. 2. tit. 2. n. 1. Il ne faut pas prendre pour régle l'Arrêt du Parlement de Paris rapporté par Rebuffe *in proem conft. reg.* glof. 5. n. 64.

IX.

C'eft le propriétaire & non l'ufufruitier qui doit prêter l'hommage ; & c'eft auffi le feul propriétaire qui peut l'exiger.

Droit commun , Bacquet *des Droits de juftice*, ch. 12. n. 14; Dumoulin tit. 1. §. 3. glof. 1. n. 70.

X.

Les engagiftes du Domaine du Roi ne peuvent pas demander la foi & hommage aux Vaffaux.

Mornac fur la loi 1. ff. *de pign.* voyez l'Edit de 1695 rapporté par Bretonnier fur Henris tom. 1 Arrêt du Parlement de Touloufe du 9°. de Septembre 1710 rapporté par Mr. Furgole dans fes collections Mff. & rendu en faveur du Chapitre de St. Afrique contre le fieur d'Albis de Giffac.

XI.

L'hommage doit être prêté dans le Château ou principal manoir ; & s'il n'y en a point, dans tel lieu qu'il plait au Seigneur d'indiquer, pourvû qu'il foit dans le diftrict de fa juftice ou du fief.

Droit commun ; journal des Audiences tom. 5 liv. 11. ch. 11 ; Gui-pape queft. 123 & 164 ; Livoniere trait. *des fiefs liv.* 1. ch. 6 ; Henris tom. 1. liv. 3 queft. 9.

XII.

L'hommage doit être renouvellé à chaque mutation de Seigneur & de Vaffal.

Droit commun.

XIII.

Les Vaffaux font difpenfés de prêter au Seigneur l'hommage-lige quoiqu'ils y fuffent foumis par le titre primordial, par des re-connoiffances & par l'ufage.

Le Vaffal-lige étoit ainfi appellé parce que la condition de fon fief le lioit plus particulierement à fon Seigneur, qu'il étoit obligé de fervir envers tous & contre tous fans exception même du Souverain. Mr. le Préfident Bouhier fur la cout. de Bourgogne tit. de l'hommage où il ajoute que depuis que les guerres privées font défendues, on ne doit plus d'hommage-lige qu'au Roi & que ce terme de lige doit être retranché de tous les hommages.

TITRE TREIZIEME.

De la Chasse.

I.

LA chasse est autant un droit de féodalité que de justice. Le Seigneur haut-justicier en jouit dans les district de sa jurisdiction ; quoiqu'il n'y ait ni fief ni censive ; & le Seigneur féodal ou les Seigneurs féodaux , s'il y a plusieurs fiefs dans cette même justice, en jouissent aussi chacun dans l'étendue de leur fief.

Ordonnance de 1669 tit. *des Chasses* , art. 26.

II.

Dans le même cas de la division de la justice & du fief, le Seigneur haut-justicier n'a que le droit de chasser en personne dans le fief , sans pouvoir y envoyer chasser des Domestiques ou autres personnes de sa part.

Même art. de l'Ordonnance. Voyez ci-dessous art. 4. aux notes.

III.

Le moyen & bas-justicier ainsi que le Possesseur d'un arriere-fief ont droit de chasser & de prohiber la chasse. Le Seigneur direct

sans aucune participation à la justice ou au
fief ne joüit pas du même avantage.

Mr. de la Roche-flavin trait. des *Droits Seigneuriaux* ch. 28.
art 3. rapporte un Arrêt du Parlement de Touloufe, qui jugea que les Seigneurs moyens & bas-jufticiers & les Seigneurs
directs pouvoient chaffer fur leurs terres. Mais nos ufages font
contraires par rapport au Seigneur, qui n'a que des directes.

L'Ordonnance de 1669 exige une participation à la juftice ou
à la féodalité ; & la fimple directe n'a rien de commun avec l'une
ni l'autre.

Les moyens & bas-jufticiers & les Poffeffeurs des arriere-
fiefs ont contribué & payé leur contingent pour l'acquifition ou
réunion des offices des Juges Gruyers aux Juftices Seigneuriales.

Arrêt du mois d'Avril 1716 en faveur du fieur Brunet d'Ef-
toublon.

Autre Arrêt obtenu en 1734 par le fieur Senchon Poffeffeur
d'un arriere-fief dans le fief de Noves.

Autre Arrêt rendu en 1740 en faveur du fieur Jaufret de
Baumelles.

Autre Arrêt obtenu par le fieur Pagi de Valbonne pour
l'arriere-fief de Jannet fitué dans la Principauté de Lambefc.

Tous les Arrêts ont jugé non feulement que les Poffeffeurs
des arriere-fiefs avoient droit de chaffer, mais encore qu'ils
peuvent prohiber la chaffe.

IV.

Le Seigneur haut-jufticier, de qui l'arriere-
fief réleve, peut feul y chaffer ; & fes enfants
mêmes ne jouiffent pas de ce droit.

Arrêt du 14 de Décembre 1710 rapporté par Bonnet lettre
C, ch. 8. qui confirma la procédure criminelle faite fur la
plainte du fieur Duranti de Bon-recueil contre les fils du Seigneur du fief de Suë, de qui l'arriere-fief de Bon-recueil réleve.

V.

Le privilége accordé par les Ordonnances

aux Nobles de pouvoir chasser ne peut être exercé dans les Terres des Seigneurs.

Art. 14. de l'Ordonnance de 1669.

Tel a toujours été l'usage observé en Provence Déclaration du 7 de Mars 1733 art. 2.

Par l'art. 14 du titre *des chasses* de l'Ordonnance de 1669 il est permis à *tous Seigneurs*, Gentils-hommes & Nobles de chasser noblement à force de chiens & oiseaux dans leurs forêts, buissons & garennes. Froidour dans son recueil des Ordonnances des eaux & forêts explique le mot *Seigneurs*, comme indiquant ceux qui possèdent des Terres. Mais il doit être entendu aussi des Gentils-hommes & Nobles, qui n'ont ni fief ni justice, comme l'explique l'Auteur du code des chasses tom. 1er. pag. 353; & son opinion paroît d'autant moins susceptible de doute, que par une Ordonnance du mois de Septembre 1552 il étoit permis indéfiniment à tous propriétaires, sans distinguer s'ils étoient Nobles ou roturiers de chasser dans leurs bois, terres, buissons & garennes : permission revoquée par l'art. 28 du tit. *des chasses* de l'Ordonnance de 1669 à l'égard des roturiers ; & elle ne l'a pas été à l'égard des Gentils hommes & Nobles. Mais ils ne peuvent pas chasser dans leurs fonds, garennes, bois, buissons, s'il font situés dans la Terre d'un Seigneur.

Ils le peuvent cependant suivant l'art. 119 de l'Ordonnance d'Orléans, dans le pourpris de leur maison. Par un Arrêt du Parlement de Toulouse du 2e. de Juillet 1680. rapporté par Boutaric tit. de la chasse, il fut jugé, en expliquant ce qu'on devoit entendre par *pourpris* que le Gentil-homme pourroit chasser dans toutes les Terres qui lui appartenoient & étoient contigues à sa maison jusques au chemin sans pouvoir passer outre en suivant le gibier.

V I.

Tout Cosseigneur, quelque petite que puisse être la portion pour laquelle il participe à la justice, chasse & prohibe la chasse dans l'étendue de cette même justice.

Tel est l'usage de Provence, contraire à la disposition de l'art. 27 du tit. *des chasses* de l'Ordonnance de 1669.

Il y est décidé que si la justice est divisée en portions iné-
gales, celui qui posséde la plus grande portion a seul droit de
chasser ; & si elles sont égales, le droit est acquis au Possesseur de la portion, qui procéde du partage de l'ainé.

Arrêt du 22 de Septembre 1663 rapporté par Boniface tom.
4. liv. 2 tit. 4. ch. 5.

Arrêt du 24 d'Octobre 1689 pour les Cosseigneurs de Ron-
tevés.

Arrêt du 4 de Juillet 1720 pour les Cosseigneurs de Collo-
brieres.

Arrêt du 25 de Mai 1726 pour les Cosseigneurs de Pierra-
feu.

Le Parlement de Toulouse observe exactement la disposition
de l'ordonnance. Boutaric dans son traité des *Droits Seigneuriaux*,
tit. de *la chasse*. rapporte un Arrêt du mois de Septembre
1699, qui maintint le Seigneur pour sept portions sur huit dans
le droit de chasser seul. L'autre Seigneur demandoit l'exécution d'une transaction, par laquelle il avoit été convenu que
de huit en huit ans il jouiroit de tous les droits utiles & honorifiques de la justice.

V I I.

Tous les copropriétaires du fief peuvent
non seulement y chasser, mais encore y faire
chasser par leurs Domestiques.

L'Ordonnance de 1669, interdit au seul Seigneur haut-justicier le droit de faire chasser dans le fief mouvant de sa justice,
& qui appartient à un autre Seigneur ; il ne peut chasser qu'en
personne.

Il n'en est pas de même du Seigneur du fief. La chasse est
à son égard d'un droit utile, il peut faire chasser par ses Domestiques ; & comme malgré la division du fief en plusieurs
portions, c'est toujours un seul & même fief, chacun des Cosseigneurs a droit de chasser & de faire chasser dans toute l'é-
tendue du fief.

Les Arrêts cités sur l'art. précédent reçoivent encore ici leur
application.

V I I I.

Les Cosseigneurs doivent déclarer annuel-

lement au Greffe de la jurisdiction quel sera
le Domestique qui chassera pour eux ; & en
cas de révocation ou de congé, la Déclaration doit être renouvellée par celui qui le
remplace.

Telle est la disposition de l'Arrêt du 24. d'Octobre. 1689.
cité ci-dessus art. 6 ; & elle a eu pour objet de prévenir les
abus que l'on pourroit faire en transformant en chasseur Domestique une autre personne, à qui l'on auroit donné la permission de chasser.

I X.

Le Seigneur Suzerain peut chasser en personne dans le fief & haute justice qui releve
de lui.

Code *des chasses* tom. 1. pag. 460.

X.

Les Seigneurs hauts-justiciers qui ne peuvent
par leur état, tels que les Ecclésiastiques, les
femmes, ou par leur âge & infirmités, chasser en personne, peuvent faire chasser un
Domestique.

Ordonnance du 3 de Mars 1604, Déclaration du 26 de
Mai 1701, jugement au Souverain de la chambre des eaux &
forêts de Toulouse le 28 d'Août 1718 entre la Dame de Ma-
lause & le Sindic des Chanoines réguliers d'Aubrac, qui per-
mit à ces Religieux de commettre un chasseur. Il est rapporté
par Vedel liv. 3 pag. 325.
Jugé au même Parlement le 9 de Mai 1725 entre le Marquis de Montfrin & la Communauté de Thésiers qu'une Communauté laïque, qui avoit dans ses patrimoniaux des directes
ou des Biens nobles n'avoit pas droit de nommer un chasseur

pout y chasser ; ce droit n'ayant été accordé par la déclaration de 1604 qu'aux Communautés ecclesiastiques.

En Provence on souffre que tous les habitans chassent dans le fief qui appartient à la Communauté , & à la Seigneurie duquel ils sont tous censés participer.

Par une Ordonnance de Loüis 12 du mois d'Octobre 1501 enregistrée au Parlement de Toulouse au mois de Janvier 1511 les habitans de la Province de Languedoc furent maintenus dans le droit de chasser , excepté dans les garennes & lieux deffendus de toute ancienneté. Ce privilége fut confirmé en 1535 par des lettres patentes.

Après la publication de l'Ordonnance de 1669 on craignit que la disposition de l'art. 28 du tit. *des chasses* ne fut envisagée comme ayant donné atteinte à ce privilége. Sur la requisition du Sindic de la Province il intervint Arrêt le 13 d'Août 1670 , par lequel on renvoya à y statuer en jugement , Mr. le Procureur général oüi ; & cependant la Cour déciare n'entendre empêcher que tous les habitans de la Province de Languedoc , nobles & non nobles , & de quelque qualité & condition qu'ils soient , ne puissent chasser & prendre partout ledit pays toute manière de bêtes , oiseaux & volatilles ; comme conils , hors garennes & lieux deffendus , colombes , ramiers , grues , outardes , oyes sauvages , renards , flurques , pluviers , tourterelles , étourneaux , vanelles , calandres , Cailles , en les chassant au chien couchant , & autres gibier & oiseaux de passage quelconques ; excepté les grosses bêtes rousses & noires conformément aux lettres patentes de 1535.

Ce privilége ne fut jamais regardé comme affectant les terres des Seigneurs ; & malgré l'Arrêt de 1670 & les lettres patentes on ne croit pas qu'il soit permis d'en user.

X I.

Les Seigneurs hauts-justiciers ou feodataires ne peuvent acquerir même par la possession immémoriale le droit de chasser sur les terres de leurs voisins.

Arrêt du Parlement de Toulouse rapporté par Graverol dans ses observations sur l'art. 3 du ch. 28 du traité de Mr. de la Roche-Flavin. Pratique des terriers tom. 4 tit de la chasse , quest. 15.

XII.

Il n'est pas permis aux Seigneurs d'affermer la Chasse ; mais les Communautés d'habitans sont non-recevables à demander contre leurs Seigneurs des deffenses de passer de pareils baux.

Arrêt du 19 d'Août 1706, qui rejette la requête présentée par la Communauté de Cabasse pour obtenir de semblables inhibitions, & qui néanmoins fait deffenses aux Religieuses Bénédictines, à qui cette terre appartient, d'affermer la Chasse.

Il y a deux Arrêts plus anciens ; l'un du 23 d'Avril 1695 rendu contre le Chapitre de l'Eglise Cathédrale de Marseille, Seigneur d'Allauch, & l'autre du 24 d'Avril 1706 contre les Seigneurs de Fabregues.

Arrêt du Conseil du 30 de Septembre 1722 qui deffend à tous les Seigneurs Laïques & Ecclésiastiques du Royaume d'affermer la Chasse sur leurs terres & domaines, & à toute sorte de personnes de la prendre à ferme & redevance.

Mais on peut affermer la Chasse dans une garenne. Galon sur l'art. 27 du tit *des chasses* de l'Ordonnance de 1669.

XIII.

Les Seigneurs ne peuvent pas accorder à des roturiers la permission de chasser.

Arrêt du 17 de Juin 1687, qui deffend aux Coseigneurs de Rustrel d'accorder de semblables permissions.

Arrêt du 6 de Juin 1693 rapporté par Bonnet let. C art. & qui confirma une procedure criminelle instruite sur la plainte du Seigneur de St. Michel contre des particuliers, à qui un Cojusticier avoit permis de chasser. Ce même Arrêt fit deffenses à tous les Seigneurs de la Province d'accorder de semblables permissions.

La Chasse est absolument deffendue aux roturiers. Ordonnance de 1669 tit. *des Chasses*, art. 28. Elle n'a fait à cet égard

que renouveller les anciennes Ordonnance de François I,
d'Henri 3, d'Henri 4 & de Louïs 13.

XIV.

Les transactions par lesquelles les Communautés d'habitans ont acquis le droit ou faculté de chasser, sont nulles : quelque longue & paisible qu'en ait été l'exécution.

C'est là une suite du principe retracé dans le précédent art. Ordonnance de François I du 6 d'Août 1533.

Arrêt du parlement de Dijon, où le procès avoit été évoqué, rendu le 9 d'Août 1679 entre le Seigneur & la Communauté de Boulbon.

Arrêt du 20 de Juin 1714 entre le Seigneur & la Communauté du Puget Roustan. Cet Arrêt confirma la procedure criminelle faite à pourfuite du Seigneur ; quoique l'on eut chaffé sur la foi d'une transaction, par laquelle on avoit accordé aux habitans la faculté de chasser.

Arrêt du 7 d'Août 1724 entre le Seigneur & la Communauté de Trans.

Il y en a plusieurs autres pour les Seigneurs de Trez, d'Eyragues, de la Verdiere, de Grambois, de Velaux, de Mons, du Cannet, &c.

Par un Jugement de Commiffaires delegués par Arrêt du Conseil & rendu le 14 d'Août 1704 la Communauté de la Verdiere fut deboutée de la Requête qu'elle avoit présentée pour être maintenue dans la faculté de chasser fuivant une transaction de 1313.

Ce même jugement renferme cette claufe, qui me paroit plus conforme à l'équité que la difpofition de l'Arrêt, qui jugea que le Seigneur du Puget Roustan avoit pû intenter l'action criminelle ; *fans néanmoins que pour le paffé le Seigneur puiffe pourfuivre les contrevenans.*

XV.

Le fermier judiciaire ne peut chasser ni

faire chasser sur les terres comprises dans son bail.

Cela a été jugé ainsi par deux Arrêts du Parlement de Paris ; l'un du 14 de Février 1698 , & l'autre du 14 de Février 1718 rapportés par Ferrieres dans son Dictionnaire de pratique sous le mot *Chasse.*

X V I.

Le Seigneur ne peut poursuivre dans la terre d'un autre Seigneur le gibier qu'il a fait lever dans la sienne.

Boutaric trait. des *droits Seigneuriaux* , tit. *de la Chasse.* rapporte un jugement de la table de marbre , qui ne réserve au Seigneur que le droit d'entrer dans cette terre pour rompre ses chiens ou reprendre son oiseau , après en avoir demandé la permission au Seigneur , à qui il seroit obligé d'envoyer le gibier poursuivi , s'il étoit pris avant que les chiens fussent rompus & l'oiseau réclamé.

Il y a cependant des Arrêts rapportés par Bouchel dans sa Bibliothéque du droit François sous le mot *chasse* , & par Mr. de la Roche-flavin ch. 28 art. 8 , qui ont jugé que l'on pouvoit suivre le gibier.

Galon sur l'art. 26 du tit. des *chasses* de l'Ordonnance de 1669 dit *qu'il est de régle qu'on ne peut suivre son gibier sur les terres de son voisin* , & cette opinion me paroit d'autant plus devoir être préférée , que par-là on previent des contestations & des querelles. Admettra-t-on à la preuve de ce fait , qu'on a seulement suivi le gibier levé dans sa terre ; ou s'en rapportera-t-on à l'assertion du Chasseur ?

X V I I.

Il n'est pas permis aux particuliers de clore leur héritage , & d'empêcher par-là le Seigneur justicier , ou féodal d'y chasser.

Arrêt du 17 de Mai 1668 rapporté par Boniface tom. 4 liv. 2 tit. 4 ch. 2 en faveur du Seigneur de Vitroles. Il fut ordonné que le sieur Barrigue, qui avoit fait clore une grande étendue de terrein y laisseroit deux portes, dont il remettroit la clef au Seigneur ; afin qu'il pût y aller chasser en tems & saison convenable suivant les Ordonnances.

Suivant l'Ordonnance de 1669 art. 25 du tit. *des chasses*, on ne peut clore que les héritages qui sont derriere les maisons situées dans les Bourgs, Villages & Hameaux hors des plaines des maisons Royales.

La régle que je viens de retracer pour les terres des Seigneurs, doit être entendue du cas, où l'enceinte du terrein fermé est considerable & éloignée de la maison. Il seroit trop rigoureux d'interdire aux Vassaux l'agrément & l'utilité des enclos, ou de les soumettre à souffrir que le Seigneur y chassât ou y fit chasser. Papon liv. 14 tit. 1 n. 1. & 8 ; serrieres sur la quest. 218 de Gui-Pape ; Mr. Bénoit sur le ch. *Rainuties in 2°. & uxsrem* n. 308 ; Loiseau des Seigneuries ch. 12 n. 131 peuvent être cités pour prouver que le Seigneur ne peut pas prohiber aux vassaux d'avoir des enclos, où il ne lui est pas permis de chasser.

Mr. de la Roche-flavin ch. 28 art. 5 rapporte un Arrêt du du Parlement de Toulouse, qui eu permettant à un Seigneur de chasser ou faire chasser par ses domestiques en tems non prohibé par les Ordonnances par toutes le terres & possessions de ses vassaux, excepta celles qui seroient closes de murailles, parois ou hayes vives.

Mr. le Président Bouhier sur la cout. de Bourgogne tom. 2 ch. 63 n. 16 atteste quetel est l'usage observé dans cette Privince ; & il ajoute : *peut être seroit-il juste d'excepter le cas où un particullier voudroit faire une pareille clolure ou milieu d'une plaine & dans un lieu éloigné de sa maison.*

Ce fut sur un semblable cas qu'intervint l'Arrêt du parlement de Toulouse raporté par Boutaric dans son trait. des *droits Seigneuriaux* til. *de la Chasse*, & qui rendu en faveur du Seigneur de Cugnaux, ordonna qu'un particullier, qui avoit fait clore cesse grande étendue de terrain, laisseroit deux ouvertures ou portes, dont une clef seroit remise au Seigneur pour entrer dans cet enclos & y chasser.

Ce même particulier avoit un autre enclos contigu à sa maison ; & le Seigneur ne prétendoit rien à l'égard de celui-là. J'ai appris cette circonstance ; dont Boutaric ne fait pas mention, de Mr. le Président de Caussade, qui étant alors conseiller fut le rapporteur du procès.

XVIII.

XVIII.

Le Seigneur a aussi le droit d'interdire la chasse aux petits oiseaux avec des filets,

Même Arrêt cité sur l'art. précédent. le Seigneur de Vitroles avoit demandé que le sieur de Barrigue fût condamné à arracher les arbrisseaux formant une *Thése* destinée à la chasse des petits oiseaux. L'Arrêt lui deffendit seulement d'y mettre des filets.

Un réglement fait par le siége de la table de marbre de Paris rapporté dans la *pratique des terriers*, tom. 4, tit. de *la Chasse*, quest. 33 deffend de chasser & prendre aux filets . à la glu, pipée, ou autrement les menus oiseaux de chant & plaisir sans permission des Seigneurs hauts-justiciers ou féodataires.

Cette disposition paroit rigoureuse. Graverol sur l'art. 3 du ch. 28 du trait. de Mr. de la Roche-flavin rapporte un Arrêt du Parlement de Toulouse , qui laissa à des habitans la liberté de chasser aux Cailles avec la tirasse.

XIX.

Le droit qu'a le Seigneur d'empêcher qu'on ne forme des clotures ou des garennes closes, est sujet à la prescription de 30 ans.

Dans la cause du Seigneur de Vitroles , dont on a parlé ci dessus , on ne disputoit pas que cette exception ne fût légitime. Par Arrêt du 16 de Mars 1665 entre le Seigneur & la Communauté de Puiloubier rapporté par Boniface tom. 1 liv. 3 tit. 3 ch. 3 , il fut ordonné que le Seigneur vérificroit qu'il étoit en droit, possession , & coutume de prohiber aux habitans & possedans biens de faire des garennes closes & basse-cours dans leurs maisons , & par l'Arrêt définitif qui intervint au Parlement de Grenoble le 6 de Septembre 1669 , il fut fait deffenses aux habitans & possedans biens de faire des garennes sans la permission du Seigneur ; sauf à eux de faire joignant leurs maisons & bastides des basse-cours & garennes , ou pour dire mieux des chapiers d'une étendue proportionnée auxdites maisons, sans préjudice du droit de chasse du Seigneur & de celui de pâturage ; & comme il y avoit un habitant, qui possédoit depuis plus de 30 ans un enclos, il lui fut permis de le rétablir.

XX.

Les Seigneurs ne peuvent interdire aux habitans & possédans biens la liberté de construire des pigeonniers, qu'autant qu'ils ont titre ou possession dérivant d'une prohibition, à laquelle on ait acquiescé.

Il y a un Arrêt du 17 de Mars 1686, rapporté par De-cormis tom. 1 col. 923, & qui fit dépendre la décision de l'usage observé dans les fiefs voisins.

Arrêt du 30 d'Octobre 1631 rapporté par Pastour *tract. de feudis lib.* 1 *tit.* 6, & qui fut rendu contre le Seigneur de Rognes, qui n'avoit ni titre ni possession. Autre Arrêt du 16 de Mars 1685 confirmé par un Arrêt du conseil du 30 d'Août même année, rappellés l'un & l'autre dans l'Arrêt du Conseil rendu le 30 de Janvier 1736 entre le Commandeur d'Avignon Seigneur de Lardiers & Me Eymar Lieutenant civil à Forcalquier. Les Procureurs du pays intervinrent dans l'instance.

Voyez l'art. 18 tit. *de la Justice*

XXI.

Le Seigneur est obligé de faire chasser aux bêtes nuisibles, lorsqu'elles font des ravages dans le terroir ; il ne peut même refuser aux habitans la permission de faire des battues ou chasses générales.

Ordonnances de 1600 & 1601.

Il y a des Arrêts qui ont obligé les Seigneurs de faire chasser aux lapins, pour empêcher que le trop grand nombre ne causât des dommages. Le Parlement de Grenoble en rendit un en 1631 contre la Dame de Forbin Comtesse de Boulbon

& il en a été rendu un semblable contre le Seigneur de Châteaurenard, & un autre contre le Seigneur d'Aiguilles.

Quant aux loups & sangliers, il y a l'Arrêt rapporté par Boniface tom. 4 liv 2 tit. 6 ch. 4, qui en maintenant les Consuls & habitans de la Garde-frainet, lesquels avoient une portion de la Seigneurie, dans le droit de s'assembler avec armes à feu & à fer pour aller à la chasse aux loups, sangliers & autres bêtes nuisibles, ajouta qu'il ne pourroient s'assembler qu'en présence des Officiers de Justice, & il leur fut deffendu de tirer le gibier.

Jugement rendu en dernier ressort par des Commissaires delegués le 26 d'Août 1741 entre le Seigneur & la Communauté de Tretz, par lequel il fut ordonné que de trois en trois mois & plus souvent, s'il étoit nécessaire, il seroit fait des chasses & battuës générales dans les bois aux loups, renards, martres, bléraux & autres bêtes nuisibles, & que lors de ces chasses il seroit permis de tirer aux sangliers & bêtes noires en cas de nécessité exposée au Seigneur par les Consuls & par lui reconnue.

Les habitans de Beaujeu & de Mariaud, Villages situés sur les plus hautes Montagnes de Provence, ont un privilege, qui les dispense d'obtenir la permission du Seigneur. Il est conçu en ces termes : aujourd'hui 8 Juillet 1630 le Roi étant au camp de St. Jean de Maurienne, sur ce qui lui a été remontré par Me Pierre Pelissier de Boulogne l'un de ses Conseillers & Aumonier & Chapelain ordinaire de son Oratoire, Prieur des Prieurés de Beaujeu & Mariaud, & les habitans desdits lieux qu'étant leurs Villages situés aux Montagnes de la Provence, ce peu de terroir qu'ils ont semé & peuvent servir pour leur vivre & de leurs pauvres familles, est tellement gâté par les bêtes sauvages, comme sont les ours, lievres, sangliers & autres qui mangent les bleds, qu'ils en sont ruinés, & même en tems d'hiver les loups s'approchent des maisons écartées auxdits lieux & aux Montagnes, s'attaquant aux femmes & enfants qu'ils tuent & les mangent, s'il n'y avoit du secours ; ce qui ne se peut faire sans porter des armes & bâtons à feu ; mais ils n'oseroient l'entreprendre à cause des deffenses générales d'en user, s'il ne plait à Sa dite Majesté de le leur permettre, comme ils les ont très-humblement supplié & requis ; Sa dite Majesté ayant égard à ce que dessus & inclinant à ladite supplication, a permis & permet auxdits Prieurs & habitans de Beaujeu & Mariaud de chasser lesdites bêtes sauvages avec des armes & bâtons à feu dans l'étendue desdits Villages pour la conser-

vation de leurs fruits ; sans qu'au moyen desdites deffenses générales du port des armes & usages desdits bâtons ils y puissent
être troublés ni empêchés par qui ni en quelque maniere que
ce soit, les en ayant Sa dite Majesté relevés & dispensés, à
la charge toute fois de n'en abuser sur les peines portées par
les Ordonnances &c.

Ce Brevet fut enregistré par le Parlement le 21 Juin 1641
avec le consentement de Mr. le Procureur Général du Roi, &
les habitans jouirent paisiblement de ce privilége pendant plus
d'un siécle. Mais en 1736 les fermiers du Seigneur firent informer sous son nom contre 19 habitans sur la contravention
aux Ordonnances du Roi & aux réglemens de la Cour concernant le port des armes & la chasse ; les uns furent decretés de
prise de corps, & les autres d'ajournement personnel. Les deux
Communautés de Beaujeu & de Mariaud intervinrent dans le
procès, & en déclarant qu'elles n'avoient garde de vouloir
favoriser les abus, elles demanderent que les habitans fussent
maintenus dans le droit d'avoir des armes & bâtons à feu pour
chasser les bêtes sauvages, ours, loups, sangliers, lievres,
& autres qui mangent le blé, à la charge néanmoins de n'en
abuser sous les peines portées par les Ordonnances. Ces conclusions leur furent adjugées par Arrêt rendu en la Chambre des
eaux & forêts au rapport de Mr. le Conseiller de Montvalon
dans le mois de Mai 1737.

C'est une question douteuse, si les bêtes tuées dans ces sortes de chasses doivent être rendues au Seigneur, ou si l'on doit
seulement offrir ou la hure ou une épaule. Cette question fut
élevée en exécution d'un jugement rendu entre le Seigneur &
la Communauté de Tretz ; & elle n'a pas été décidée.

XXII.

Nul ne peut établir garenne, s'il n'en a le
droit par les aveux & dénombremens, possession ou autres titres suffisants.

C'est la disposition de l'art. 19 du titre *des chasses* de l'Ordonnance de 1669. Mais il faut observer que cette prohibition,
qui affecte les Seigneurs hauts-justiciers & féodaux comme
les particuliers, ne s'applique qu'aux garennes ouvertes, & non
à celles qui sont fermées de murs ou de larges & profonds

foſſés pleins d'eau , & dont les lapins ne peuvent vaguer. Galon ſur ce même art. 19

XXIII.

La chaſſe dans les garennes eſt reputée vol, ainſi que la chaſſe aux pigeons.

Galon ſur l'art. 10 du même tit. La raiſon eſt que les Garennes s'afferment & les lapins qui s'y trouvent enfermés ſont mis au rang des animaux domeſtiques. L'on punit auſſi rigoureuſement ceux qui y détruiſent les lapins , ſoit en ruinant les halots ou raboulieres, où ils ſe retirent, ou en les prenant avec des poches & des furets.

XXIV.

Il eſt deffendu de chaſſer ſur les Terres enſémencées , depuis que le blé eſt en tuyau juſques après la moiſſon ; & dans les vignes, depuis le 1 d'Avril, juſques après les vendanges, à peine de 300. liv. d'amende & intérêts envers les propriétaires de ces mêmes terres.

Arrêt de réglement du 8 de Mars 1710. Autre Arrêt de réglement du 16 de Mars 1751. L'ordonnance de 1659 tit. 18, impoſe une amende de 500. liv.

XXV.

La Chaſſe aux lievres eſt interdite depuis le 1er. jour de Carême de chaque année , & la chaſſe aux perdrix depuis le même jour juſques au dernier de Juillet, à peine de 100 liv. d'amende , de confiſcation du gibier & des fusils, à l'égard de ceux qui s'en trouveront saisis.

Mêmes Arrêts de Réglement.

XXVI

Il est deffendu de prendre les œufs des cailles & des perdrix, de les éléver, nourrir, vendre ou acheter, & de se servir de lacs, tirasses, filets, trenaux, colliers, fils d'archal, & autres moyens pour prendre les perdrix, & de les chasser à la course.

Mêmes Arrêts de Réglement, qui prononcent la condamnation à une amende & même à une punition corporelle.

XXVII.

On ne peut pas chasser ni prendre aux filets, à la glu, ou autrement, même avec la permission du Seigneur, les oiseaux de chant & plaisir, tels que linottes, chardonnerets, pinsons, serins, rossignols, cailles, fauvettes, alouettes, merles, sansonets & autres de semblables qualité, depuis la mi-Mars jusques à la mi-Août, par rapport aux oiseaux des années précédentes ; mais seulement on peut prendre les jeunes dans les nids pour les nourrir.

Réglement fait par le siége de la table de marbre de Paris & rapporté dans *la pratique des terriers* tom. 4 , tit *de la Chasse* , quest. 33.

XXVIII.

La Chasse aux pigeons en quel tems que ce soit est un délit grave & puni plus feverement que la simple contravention aux Ordonnances & réglemens concernant la Chasse.

L'art. 12 de l'Ordonnance de 1607. Arrêt de Réglement du Parlement de Provence du 10 de Décembre 1685, qui prononce la peine des galeres contre les plébées, & celle d'un amende de 500 liv. contre les perfonnes d'un autre état. Mr. de la Roche-flavin ch. 22 art. 4 rapporte un ancien Arrêt du Parlement de Toulouse, qui fit deffenfes de tirer fur les pigeons, & de les prendre avec filets & lacets.

Par un autre Arrêt de Réglement du Parlement de Provence du 18 d'Août 1713, il a été deffendu d'acheter des pigeons tués au fufil.

Il eft pareillement deffendu d'avoir dans les maifons, cours & héritages à la campagne des fenêtres, coulifles & attrappes pour les retenir, prendre & arrêter. Galon fur l'art. 41 du tit. 30 de l'Ordonnance de 1669.

Quoique les pigeons ne foient pas proprement gibier, c'eft aux Juges des eaux & forêts de connoître des plaintes formées contre ceux qui les tirent, ou prennent avec des engins. Il en eft autrement, lorfqu'il s'agit d'une plainte contre un chaffeur, qui a tiré fur des poules. Il faut fe pourvoir devant les Juges ordinaires. Ainfi jugé par un Arrêt rendu en 1744 & rapporté dans le Journal du Palais de Toulouse.

XXIX.

Le délit de la chaffe n'eft pas public ; ainfi il peut être remis par le Seigneur intéreffé, fans que les Gens du Roi puiffent en faire la pourfuite. L'amende qui eft prononcée n'eft pas infamante ; & l'on ne doit pas per-

mettre de recourir pour la preuve à la voye
des cenfures eccléfiaftiques ; à moins qu'il
n'y ait des circonftances aggravantes.

Galon fur l'art. 1 du même tit. de l'Ordonnance de 1669,
Code des chaffes, tom. I pag. 47.

XXX.

Le Juge gruyer du Seigneur ne devient
pas fufpect , lorfque les pourfuites font faites au nom même du Seigneur , & non
par le miniftere de fon Procureur Jurifdic-
tionnel.

Arrêt du 22 de Mars 1730 en faveur du Seigneur de Cabriés , contre qui l'on demandoit la caffation de la procédure
criminelle fur ce feul fondement : que la plainte avoit été rendue
au Juge gruyer, non par le Procureur Fifcal , mais par le
Seigneur lui-même.

XXXI.

Il n'eft pas permis aux Seigneurs d'enle-
ver les fufils de ceux qui chaffent dans leurs
terres.

Arrêt du Parlement de Touloufe rapporté par Fromental fur
le mot *Chaffe* pag. 57. le Seigneur avoit été griévement mal-
traité par celui à qui il avoit voulu ôter le fufil , & il fe plaignoit que le premier Juge ne l'eut decreté que d'un ajournement perfonnel. Ce decret fut confirmé ; parce qu'on regarda
le Seigneur , comme ayant commis lui-même la premiere
violence.

XXXII.

Les Bergers, gardiens & maitres des troupeaux font obligés de mener en leffe leurs Chiens, ou de leur attacher un collier ou billot ; fauf de les lâcher, lorfque la confervation du Troupeau l'exige, & il eft défendu à toute perfonne de laiffer vaguer d'autres Chiens fans collier ou billot.

Il y a plufieurs Arrêts obtenus par les Seigneurs , qui l'ont ainfi réglé.

Les Arrêts du Parlement de Touloufe, que j'ai cités fouvent fous le tit. *des Droits honorifiques* , enjoignent aux habitans de tenir leurs Chiens attachés depuis le 1er. de Mai jufques au 1er. d'Août fuivant, & le reftant de l'année , de leur attacher au col un bâton de deux pans, & demi de longueur dont un des bouts trainera par terre , & ce pour éviter le dépériffement du Gibier autrement permis au Seigneur de faire tuer les Chiens.

XXXIII.

Les Seigneurs ont la liberté de fe pourvoir au fujet des contraventions, dont ils ont à fe plaindre , ou directement à la Chambre des Eaux & Forets , ou devant le Juge de leur Terre en premiére inftance.

Déclaration du 14 de Juillet 1711 , par laquelle les offices de Juge Gruyer ont été réunis aux Juftices des Seigneurs. En Provence , il n'y a ni table de Marbre ni Siège de Maîtrife des Eaux & Forêts.

XXXIV.

Les Lieutenants de Sénéchal ne peuvent connoître ni en première inftance ni en caufe d'appel des contraventions à la Chaffe.

Arrêt du 17 de Janvier 1713, entre la Demoiselle Baïon de Marseille & Louis Auran. Arrêt de Réglement du 20 Mars 1716.

XXXV.

Le renvoi à L'official Juge naturel des Ecclésiastiques leur est refusé, lorsqu'ils sont dénoncés pour contraventions aux Ordonnances & Réglemens concernant la Chasse, s'il ne s'agit que de peines pécuniaires.

Ordonnance d'Henri IV. du mois de Janvier 1600. Plusieurs Arrêts & Jugemens rapportés par Galon sur l'art. 35. du tit. 30. de l'Ordonnance de 1669, où il dit qu'on n'accorde le renvoi que lorsqu'il y a lieu de juger l'Ecclésiastique à peine afflictive.

XXXVI.

Les Prêtres ne sont pas sujets à la contrainte par corps pour amende en fait de Chasse.

Ainsi jugé par Arrêt du 15 de Juin 1743 rapporté dans le Recueil judiciaire tom. 1er. pag. 538.

XXXVII.

En Provence on condamne chacun des accusés qui ont chassé ensemble, à l'amende. En Languedoc on les condamne tous *Solidairement* à une seule amende & aux dépens.

Jugement souverain du 29 d'Août 1709. rapporté par Vedel sur Catelan, tom. 1, pag. 325.

XXXVIII.

Le Chaſſeur condamné à l'amende ne doit pas l'être aux dommages & intérêts, à moins qu'il n'eût chaſſé dans un tems, où la Chaſſe eſt défendue , & cauſé quelque dommage aux champs.

Pratique des Terriers , tom. 4. tit. *de la Chaſſe* , queſt. 35.

TITRE QUATORZIEME.

Du Droit d'Albergue.

I.

LA Redevance connue ſous le nom d'Albergue , dérive de l'obligation impoſée à des Vaſſaux d'*heberger* ou loger le Seigneur ou ceux qu'il envoye dans ſa terre , pendant le tems qui eſt réglé par le titre conſtitutif ou par ceux qui en tiennent lieu.

Voyez ſur l'origine de ce Droit du Cange *gloſſar. med. & infim. latinit.* ſous le mot *heribergium.* Dolive liv. 2. ch. 5. L'hiſtoire générale du Languedoc par deux Bénédictins, tom. 2. liv. 14. n. 98. pag. 244. Geraud liv. 2. ch. 7. n. 6.

Dans pluſieurs titres ce terme *d'Albergue*, eſt employé pour ſignifier des redevances dûës à un Seigneur Direct. En Dauphiné *alberger* c'eſt donner en Albergue ou cenſive , à l'inſtar de celle qui eſt payée pour le droit de gîte , Gui-pape conſ. 125. Boiſlieu ch. 41.

I I.

Les Seigneurs à qui ce droit est acquis &
avec qui il n'a pas été abonné pour une
rente soit en argent soit en grains, ne peuvent pas exiger que la rédevance soit con-
vertie en argent.

Les Albergues dues au Roi furent converties en argent par
la Déclaration d'Henri II. de 1549. En Provence le pays
les a abonnées conjointement avec d'autres droits, pour lesquels il paye annuellement au Roi la somme de 35000 liv.

Mais les Seigneurs ne peuvent pas se prévaloir de cet
exemple ; & je ne doute pas que si la question se présen-
toit au Parlement d'Aix, elle ne fût jugée comme elle l'a
été par le Parlement de Toulouse.

Il étoit prouvé par un dénombrement du 2e. d'Avril 1640
que les possesseurs du domaine de Canes situé dans le Comté
de Maguis appartenant à l'Evêque de Montpellier, devoient
Albergas quinque militum payables annuellement, lorsqu'ils
en seroient requis.

L'Evêque de Montpellier pretendit que le sieur Darene possesseur de ce domaine en 1688 devoit être soumis à payer
en argent cette rédevance, comme les termes employés dans
le dénombrement, le désignoient assez : *solvam & solvere
promitto*, & il demanda les arrérages depuis l'introduction
de l'instance.

Le sieur Darene répondoit qu'il ne refusoit pas de recevoir & loger chez lui annuellement l'Evêque & cinq hommes de guerre ; que cette prestation ou rédevance étoit honorable pour le Vassal ; au lieu que la prestation en argent est
vile & basse. Que le mot *solvere* s'appliquoit à toute sorte
d'obligation, *sive in pecuniá, sive in faciendo consistat.*

Le 10 de Décembre 1691 Arrêt qui demet l'Evêque de
Montpellier de sa demande en évaluation de l'Albergue, &
ne lui adjuge point d'arrérages. Second Arrêt le 16 de Janvier 1692 pour fixer la forme de la reception du Seigneur,
& *quinque militum.* Il fut décidé que le possesseur du domaine de Canes devoit recevoir, loger, nourrir & entretenir
le Seigneur Evêque annuellement avec cinq Chevaliers,
quand il en seroit réquis.

Semblable Arrêt du même Parlement du 1 Juin 1695. Le Vaſſal étoit tenu *d'heberger un Gendarme, quand le Seigneur l'envoyeroit, pendant un jour tant ſeulement.* Le premier Juge avoit évalué cette preſtation à une redevance annuelle de 2 liv. 5 ſ. & avoit adjugé les arrérages depuis l'inſtance. L'Arrêt réforma & ordonna que le Vaſſal ſeroit retenu de *recevoir un homme à cheval,* on citoit l'Arrêt contre l'Evêque de Montpellier & un autre Arrêt du 10 de Septembre 1649.

Ils ſont tous rapportés dans le Journal du Palais de Toulouſe.

III.

Le droit peut être exigé annuellement, mais une ſeule fois.

L'Arrêt du 16 de Janvier 1692 cité ſur l'art. précédent le jugea ainſi ; & il n'y avoit aucune difficulté à cet égard lors du dernier Arrêt. Je remarque à ce ſujet que Mr. de Catelan liv. 3. ch. 34, auroit pû s'expliquer plus clairement ſur l'Arrêt qu'il rapporte, & qui fut obtenu par Mr. l'Evêque de Cahors. Il fut ordonné, dit-il, que le ſieur d'Eſpanel à raiſon d'une dîme inféodée, recevroit chez lui Mr. l'Evêque de Cahors accompagné de 50 Chevaux, & lui fourniroit & à ſa ſuite deux repas & une couchée. Mais le ſieur d'Eſpanel ſoutenoit que le tems de cette réception n'étant pas exprimé dans le titre, cela ne devoit s'entendre que d'une viſite faite en paſſant, & d'une ſimple colation. L'Arrêt dût donc juger ſi cette Albergue étoit dûe annuellement ; & c'eſt ce que Mr. de Catelan ne dit pas.

IV.

L'Albergue payable annuellement en deniers ou denrées rend en Languedoc les fonds roturiers, de même que l'emphitéoſe ; mais il en eſt autrement, ſi elle n'eſt pas payable en argent ou en denrées, & ſi elle n'eſt pas annuelle.

Quoique les tailles foient réelles en Languedoc comme en Provence on y fuit des maximes différentes par rapport à la nobilité des biens. En Provence, le fonds noble devient roturier, s'il eft aliené fans une portion de la juftice. En Languedoc, il conferve fa première qualité, pourvû que le Seigneur, en l'alienant, n'y ait pas impofé une rédevance en grains, ou en deniers, ou volaille ; cette referve fait dégénerer l'acte en bail emphitéotique, & l'emphitéofe eft un titre de roture. *In emphiteufim, aut cenfualem contractum res tranfit ;* comme dit Mr. le Préfident Philippe. C'eft auffi la remarque de Defpeiffes tom. 3, tit. 2 *des tailles* art. 14 fect. 2. n. 33 où il ajoûte que fi *la redevance annuelle confifte plutôt en quelque reconnoiffance d'honneur, qu'en profit, comme une paire d'éperons, une paire de perdrix, &c. elle ne rend pas la terre roturière.*

Les Albergues dues pour les fiefs, font d'honneur, ou de profit ; celles d'honneur n'aviliffent pas le fief ; celles qui font de profit l'aviliffent, & le rendent roturier. Arrêt de la Cour des Aydes de Montpellier du 26° de Janvier 1627 rendu entre les Confuls de la Valete Diocéfe de Carcaffonne, & François Faure, cinquante feterées de terre fujettes à une Albergue de cinquante fols, furent déclarées roturières. Par un autre Arrêt du 18 de Juillet 1699 rendu entre le fieur de Vilage, & le Sacriftain de l'Eglife de St. Gilles, la terre de la Sacriftane fut declarée roturière, quoiqu'elle eut été inféodée en fief franc & noble ; parce qu'elles avoit été affujettie à une Albergue de vingt-huit fetiers de bled.

Selon Mr. Dolive liv. 2. ch. 5. quoiqu'il y ait une rente en argent, l'Albergue ne fait pas perdre la nobilité du fonds. Mais cela doit s'entendre du cas où le droit de gîte eft converti & abonné à une rente.

Voyez l'art. 9. de la déclaration du 17 de Mai 1741 imprimée à la fin du titre *des biens nobles.*

TITRE QUINZIEME.

Du Droit de Guet & Garde.

I.

L'Obligation imposée à ceux qui sont soumis au droit de Guet & Garde, consiste à faire la garde au Château du Seigneur, ou à lui payer par évaluation ou abonnement une rédevance en argent ou en grains.

II.

Ce Droit est personnel ou réel, il est personnel si la personne est obligée ; & réel, s'il a été stipulé dans la tradition du fonds. Le personnel n'est dû qu'en tems de guerre, & cesse d'être dû, dès que le Château est détruit. Le réel est dû en tout tems comme les autres rentes, & quoique le Château soit démoli.

Ferrières sur la quest. 9. de Gui-pape ; Graverol sur la Roche-Flavin *des droit Seigneurs.* ch. 27. art. 9. Bouvot tom. 2 , v°. *Guet,* quest 5. not. 1. n. 2 ; la Peyrère ler. 9. n. 23 ; Catelan liv. 3. ch. 16. ; D'argentré sur la cout. de Bretagne art. 92.

III.

En cas de nécessité le Seigneur, quoique dépourvû de titres, peut contraindre les Vassaux à faire la garde; mais cela n'a lieu qu'en faveur du Seigneur justicier, & pourvû que les habitans n'aient pas un lieu fermé & fortifié, où ils fassent ordinairement guet & garde.

Arrêt du 23 d'Avril 1585 rapporté par Mr de la Roche-Flavin ch. 27, art. 1 & 3.

IV.

Dans ce même cas de nécessité & de défaut de titre, ceux qui sont trop éloignés, ou qui ne peuvent pas commodément se retirer au Château du Seigneur avec leurs meubles & bestiaux, sont exempts du droit de guet & garde.

Même Arrêt cité encore par Mr. de la Roche-Flavin, ch. 27. art. 10.

V.

Le Droit de garde ne peût-être cedé ni transferé ailleurs qu'au Château auquel il est dû; & il n'y a que les domiciliés dans les limites du Château qui y soient sujets.

D'argentré art. 93 not. 1 n. 3. Mais cela s'entend du droit de guet & garde personnel; & ce même Auteur observe que

que fi le Seigneur vendoit tous fes biens , & retenoit le Château , le droit ne feroit pas vendu. Quant au réel , il paffe à l'acheteur avec le fonds auquel il eft attaché.

VI.

Le droit de guet & garde conftitué perfonnel par le titre , ne peut pas être placé fur un fonds par des réconnoiffances ; ce feroit une furcharge.

Graverol fur la Roche-Flavin ch. 27 , art. 9. Mr. de Catellan , liv. 3. ch. 16. rapporte un Arrêt , qui jugea que le Seigneur n'ayant pas un titre , qui eût reglé ce droit à cinq fols par an pour chaque habitant , il ne pouvoit pas exiger cette rédevance malgré la poffeffion.

VII.

Les Veuves les Mineurs de 18 ans , les Eccléfiaftiques , les Nobles font exempts du droit de guet & garde perfonnel , mais en cas de péril évident l'exemption ceffe.

Ferriere fur la queft. 9. de Gui-pape ; la Peyrere let. G n. 23 ; d'Hericour *Loix écclef.* part. 4. ch. 8 , max. 12 ; Bouvot tom. 2 , v°. *guet* , queft. 1.

VIII.

Les habitans qui fe retirent dans le Château avec leurs èffets , font tenus de fournir ce qui eft néceffaire pour la garde.

Bouvot tom. 2 , v°. *guet & garde* queft. 2 ; la Peyrere let. 9 n. 23. & 24.

N

IX.

Le droit de guet & garde étant dû par feu allumant, ſi pluſieurs enfans d'un même pere ſe ſéparent, il eſt dû par chacun ; ſi au contraire pluſieurs ſe réuniſſent enſemble, le droit de guet & garde n'eſt dû que pour un ſeul.

D'argentré art. 92. not. 1, n. 3 ; la Roche-Flavin ch. 18. art. 2.

TITRE SEIZIEME.

Du Droit de Fouâge où quête.

I.

CEs noms de fouage & de quête déſignent le même droit, qui conſiſte à une rédevance en argent, grains ou volailles, & que le Seigneur leve ſur chaque chef de famille tenant feu.

La Roche-Flavin *des Droits Seigneuriaux* ch. 18 art. 1 ; Geraud liv. 2 ch. 7. n. 7.

II.

Il en eſt de ce droit comme de celui de guet & garde. Impoſé ſur un fonds, il eſt réel ; & perſonnel, ſi c'eſt chaque allumant feu qui le doit.

Boërius Décis. 212 & 213 ; Despeisses des *Droits Seign.*
pag. 306 , Sect. 10 , n. 2.

III.

Si sous le même toit il y a deux, trois
familles ou plus, qui vivent séparément ,
chacune doit le droit de Fouàge. Si au
contraire elles ne tiennent toutes qu'un
même feu & vivent ensemble , elle ne doivent qu'un seul droit de Fouage.

Arrêts rapportés par la Roche-Flavin ch. 18 art. 2 ; Geraud liv. 2 ch. 7 , n. 7. mais cela s'entend du droit de
fouage personnel , & non du réel. Papon liv 13, tit. 5
Arr. 3 ; Boërius quest. 212, n. 4 ; Faber lib. 9°. tit. 30°,
défin. 8.

I V.

Celui qui possède plusieurs Maisons , ne
doit qu'un seul droit de Fouage ; mais
on n'en est pas dispensé, quoiqu'on ait une
maison & un domicile ailleurs , & qu'on
n'habite que pendant un certain tems de
l'année la maison située dans le lieu , où
se leve le droit de Fouage.

La Roche-Flavin , ch. 18. art. 2. Il s'agit encore là du
Fouage personnel. Par un Arrêt rendu en 1605 & cité dans
les Collect. Mss. de Me. Furgole, un Procureur en la Sénéchaussée de Castelnaudari fut condamné à payer au Seigneur
de Tréville le droit de Fouage , quoiqu'il fût domicilié à
Castelnaudari , & qu'il n'habitât à Treville , où il avoit une
maison , que pendant le tems de la récolte.

N 2

V.

Les Arrérages du droit de Fouage sont dûs depuis 29 ans avant l'instance·

Tel est l'état actuel de la Jurisprudence du Parlement de Toulouse. Il y a deux Arrêts ; l'un du 28 d'Août 1721 , l'autre du 27 de Juillet 1730 rendu en faveur de Mr. Douvrier Président aux Requêtes contre les habitans de Veissac ; il est rapporté dans les collections Mss. de Me. Furgole. Autrefois on ne les adjugeoit que depuis cinq ans.

TITRE DIX-SEPTIEME.

Du Ban des Vendanges & du Ban à vin.

I.

LE Ban des Vendanges inconnu en Provence, & qui en Languedoc est une dépendance de la haute-justice, consiste au droit de fixer le jour , où l'on pourra commencer à Vendanger.

Ce Droit à moins pour objet l'avantage du Seigneur que celui des Vassaux ; il est de l'utilité publique , dit Mr. de Boissieu ch. 39 , de ne recueillir pas les blés & les raisins avant leur maturité ; & il ajoute que celui qui recueille ses raisins avant l'ouverture des Vendanges , donne sujet aux larcins & au dommage des bêtes , de là aussi le Ban des Moissons , qui est encore en usage dans quelque Provinces. l'un & l'autre de ces Droits sont en usage en Italie. *In quibusdam locis* , dit Cœpola *de servit. rust. præd. cap.* 20 , *sunt statuta , ne quis possit vindemiare vel messem facere etiam in suo , nisi certo tempore. Hoc ideò à Dominis locorum constitu-*

tum , ne fruges decerpere immaturas & tempore non suo cogerentur.

II.

La charge imposée par le Ban des Vendanges est réelle , affectant les fonds ; ainsi nulle exemption pour les Ecclésiastiques , le Curé , les Gentils-hommes , même malgré une possession immémoriale.

Mr. de Boissieu ch. 39 ; Bouvot tom. I. part. 1 v°. *Ban des Vendanges* , quest. 1 ; Henris & Bretonnier tom. 1 , liv. 3. quest. 36.

III.

Les vignes enfermées dans les enclos ne font pas sujettes au Ban de Vendanges.

Henris & Bretonnier *ibid.* la raison en est que les voisins n'en souffrent aucun préjudice.

I V.

Le Seigneur ne peut pas donner la permission aux particuliers de Vendanger avant le tems indiqué , lorsqu'il en résulte un préjudice pour les voisins.

Mr. de Boissieu ch. 39. Suivant l'Arrêt du Parlement de Paris du 22°. de Juin 1600 rapporté par Mr. Le - Prêtre ès Arrêts célébres , le Seigneur ne peut donner cette permission , si-non pour cause raisonnable & gratuite.

V.

Le Seigneur peut Vendanger un ou deux & même trois jours avant le jour fixé pour l'ouverture des Vendanges de ses justiciables.

Le plus ou le moins dépend de l'usage & possession. Mr. de Boissieu dit qu'en Dauphiné le Seigneur a un ou deux jour, la coutume de Nivernois n'accorde qu'un jour : en Languedoc le Seigneur a trois jours. Voyez la note sur l'art. VII.

V I.

Quiconque enfraint le Ban des Vendanges, encourt la peine d'une amende, & est responsable du dommage que les voisins peuvent avoir souffert.

Mr. de Boissieu ch. 39 ; Henris & Bretonnier tom. I. liv. 3. quest. 36.

V I I.

Avant que de fixer le jour de l'ouverture des Vendanges, il faut assembler les habitans pour avoir leur avis, & commettre des experts ou prud'hommes, qui vérifiéront si les raisins sont mûrs, & feront leur rapport sur la commodité ou incommodité du rétardement ou avancement des Vendanges.

Si cette formalité n'est pas remplie, le Ban des Vendanges ne lie pas les particuliers.

Ainſi Jugé par l'Arrêt du Parlement de Touloufe rapporté par Mr. Mainard liv. 8. ch. 14.

Les Arrêts de ce même Parlement cités ſi ſouvent dans les notes ſur les Droits Honorifiques contiennent cette diſpoſition, « ordonne que le tems des Vendanges arrivé , » la Communauté ſera tenue de s'aſſembler & de nommer » des prud'hommes pour aller viſiter la Vendange : leſquels en » feront enſuite leur rapport à l'aſſemblée de la Communauté , » qui fixera le jour des Vendanges , lequel ſera communique » de ſuite au Seigneur & en ſon abſence à ſes Officiers ; que » le Ban des Vendanges ſera publié au nom du Seigneur » un jour de Dimanche ou de Fête à l'iſſuë de la Meſſe ou » da Vêpres ; que le jour deſdites Vendanges étant indiqué , » le Seigneur aura trois jours pour faire Vendanger ſes Vi- » gnes ; faiſants défenſe aux habitant & bien tenants de Ven- » danger avant la publication du Ban des Vendanges ni » pendant les trois jours que le Seigneur fera Vendanger » ſes vignes à peine de 15 liv. d'amende & de la confiſ- » cation de la Vendange.

VIII.

Si la juriſdiction à plus d'étendue que le territoire ou taillable , le Ban des Vendanges ne s'étend pas au-delà du territoire.

Arrêt rapporté mais ſans datte dans les collections Mſſ. de Me. Furgole , il fut ordonné avant dire droit ſur la demande en déclaration des peines pour infraction du Ban de Vendanges , qu'on prouveroit que les vignes Vendangées avant le tems étoient en tout ou en partie dans le territoire où taillable de Peiras. Les Conſuls de Peiras prétendoient qu'il ſuffi- ſoit que les Vignes fuſſent dans l'étendue de la juridiction ; & il n'étoit pas conteſté qu'elles n'y fuſſent, ils diſoient que l'indiction du Ban de Vendanges étoit un attribut & une dépendance de la juſtice, & que par conſéquent elle devoit lier tous les juſticiables dans l'étendue de cette même juriſ- diction.

IX.

Le Ban à vin confiste au droit que le Seigneur a de vendre fon vin en détail certain mois de l'année & au plus pendant deux mois, & de défendre aux autres de vendre leur vin dans ce même tems.

La Roche *des Droits Seigneuriaux* & Graverol ch. 14. art. 1. Mornac fur la loi unique *cod. de monop.* Henris liv. 3. ch. 3. queft. 51. Boiflieu de *l'ufage des fiefs*, ch. 65. L'hommeau *Jurifprud. Franc.* art. 186. Brodeau fur la cout. de Paris art. 71. n. 36.

X.

Si le tems n'eft fixé ni par le titre ni par la poffeffion, le Seigneur peut choifir tel mois de l'année qu'il juge à propos.

Graverol *ibid.* Tronçon fur la cout. de Paris art. 71.

XI.

Ce droit ne peut être établi que par titre ou poffeffion immémoriale ; il eft réel, affectant tout le vin du terroir ; ainfi les Eccléfiaftiques & les Gentils-hommes n'en font pas exempts.

Graverol. *ibid* L'hommeau *ibid.* Livonieres des fiefs liv. 6. ch. 6. § 4. l'Arrêt du Parlement de Touloufe rapporté par la Roche.

Ce Droit n'eft pas comme le Ban des Vendanges une dépendance de la haute juftice, mais un Droit Seigneurial ordinaire.

XII.

Les Cabaretiers & les Taverniers peuvent même pendant la durée du Ban vendre leur vin dans leurs hôtelleries aux paſſans & voyageurs.

Boucheul ſur la Cout. de Poitou , art. 61. n. 4.

XIII.

Le Seigneur doit tenir du vin vendable & de commune bonté & au prix commun taxé par les Conſuls.

Arrêt du Parlement de Toulouſe rapporté par la Roche-Flavin ch. 14. n. 1. « La Cour a maintenu & gardé ledit
» d'Eſpagne en la poſſeſſion & ſaiſine de pouvoir vendre
» ſon vin à pot & pinte , chacune année durant le mois
» d'Août à prix commun & raiſonnable , tel qu'il ſera taxé
» par les Baile & Conſuls , à la charge qu'icelui Seigneur
» de Scyſſes ſera tenu d'y tenir en vente vin vendable
» & de commune bonté ; de manière que les dits habitans
» & autres paſſans puiſſent en être commodément pourvûs.

XIV.

Le Seigneur ne peut vendre pendant la durée du Ban que le vin de ſon crû de la Paroiſſe , où eſt ſituée la maiſon Seigneuriale , d'où dépend le droit de Ban-vin.

Mr. de Boiſſieu ch. 65 ; Livoniere trait. *des fiefs* liv. 6. ch. 6 § 4. Arrêts rapportés par les commentateurs de la Cout. de

Paris art. 71. mais s'il n'y avoit point de vigne dans l'étendue de la paroisse, le Seigneur pourroit vendre du vin qu'il auroit recueilli ailleurs. Boissieu *ibid.*

XV.

Le droit de Ban-vin est personnel au Seigneur, qui ne peut ni le céder ni l'affermer ; & il doit être exercé dans la maison Seigneuriale.

Livonieres *ibid.* Boucheul sur la Cout. de Poitou art. 61. n. 13. Chopin sur la Cout. d'Anjou liv. 2. tit. 3. n. 7. En Dauphiné il peut être affermé ; mais le Fermier ne peut vendre que le vin du Seigneur. Mr. de Boissieu *ibid.*

XVI.

Pendant la durée du ban il n'est pas deffendu aux habitans de vendre ou acheter du vin en gros.

L'Arrêt rapporté par Mr de la Roche-flavin & cité ci-dessus. » » sans que pour raison de ce lesdits habitans puissent être empêchés par ledit Seigneur de vendre ou acheter leur vin en » gros, étant en tonneaux gros ou petits.

XVII.

Après que le Seigneur a vendu le vin de son crû, les habitans ont la liberté de vendre le leur ; quoique le tems du ban ne soit pas expiré.

Livonieres *des fiefs*, liv. 6, ch. 6, §. 4.

TITRE DIX-HUITIEME.

Des Biens Nobles.

I.

NUl autre que le Seigneur justicier ne peut posséder des Biens Nobles en Provence. Alienés sans une portion de la Jurisdiction, ils tombent en roture.

Une Jurisprudence contraire aux vrais principes des fiefs a introduit cette régle qui a été long-tems chancelante.

Mr. de Clapiers *cauf.* 86 queft. uniq. rapporte deux Arrêts, qui avoient jugé que les Biens nobles défemparés par le Seigneur fans Jurifdiction avoient confervé leur nobilité *quoniam erant antiqui feudi & focagiis nufquam erant fcripta.* Il y a un 3ᵉ. Arrêt rendu en 1625, & dont Boniface fait mention tom. 4. liv. 3. tit. 11. ch. 1 ; & cette jurifprudence fut adoptée par des Commiffaires délégués par le Confeil pour juger les procès entre le Seigneur & la Communauté de la Verdiere. Par leur jugement auquel préfida Mr. Lebret Intendant, & qui fut rendu en 1704, ils déclarerent Noble un Domaine tranfporté par le Seigneur fans aucune portion de jurifdiction à fon frere puiné en payement de fa légitime.

Il eft certain que la caufe primitive de la nobilité des fonds & de l'exemption des tailles a été le fervice militaire, auquel tout Seigneur féodataire étoit foumis, non pas par rapport à la juftice, qui en Provence comme partout ailleurs n'a rien de commun avec le fief, mais pour le fief même.

Le premier Arrêt que l'on peut regarder comme le principe de la nouvelle jurifprudence, eft celui qui fut rendu en 1628 en faveur de la Communauté d'Aurons. Boniface tom. 4. liv. 3. tit. 2. ch. 2. en rapporte plufieurs autres. Enfin la queftion n'eft plus depuis long-tems fufceptible de doute.

En Languedoc on a auffi regardé la juftice comme la caufe productive de la nobilité des Biens, mais cette nobilité n'en subsiste pas moins quoique les Biens soient alienés, sans aucune portion de la jurisdiction. Je ne m'étendrai pas beaucoup sur les usages du Languedoc. On les trouvera tous résumés dans les Déclarations imprimées à la fin de ce titre.

II.

La plus petite portion de la jurisdiction, même de la basse, suffit pour conserver la nobilité.

Il y a plusieurs exemples d'arriere-fiefs composés de biens nobles, qui ne furent transportés originairement qu'avec moyenne & basse justice, ou même seulement avec la basse, & qui jouissent de la franchise des tailles.

Arrêt rendu en 1704 en faveur du sieur Berne possesseur d'un arriere-fief situé dans le terroir d'Orgon.

Par un Acte passé en 1660 entre le sieur d'Hugues & le sieur d'Ornesan, celui-ci en vendant la terre de Vaumeil se reserva une censive & une once de la basse-justice pour conserver la nobilité de quelque fonds, qui ne furent pas compris dans la vente. On ne la lui a pas disputée.

Par Arrêt du 10. de Juin 1686 en faveur du sieur de Pontevés contre la Communauté de Thorame, il fut jugé que la réserve d'un denier de toute la jurisdiction haute, moyenne & basse suffisoit; quoique l'on eut stipulé précisément que le possesseur ne pourroit pas nommer des Officiers de justice.

Le denier ne signifie pas une portion, qui ne vaut réellement qu'un denier, mais la douzieme partie d'un sol suivant le livre terrier des fiefs de Provence; la division étant faite en florins & en sols. Même usage en Languedoc. Voyez l'art. 6. de la Déclaration du 9e. d'Octobre 1684.

III.

Il n'est pas nécessaire que la reserve porte sur l'universalité de la jurisdiction par forme de cottité, comme pour la moitié, pour un quart, ou pour l'exercer pendant un certain tems, comme un mois, un jour, plus ou moins. Il suffit qu'il y ait une jurisdiction circonscrite & assignée sur les fonds, dont on veut conserver la nobilité.

Mourgues pag. 362 rapporte un Arrêt du 10 d'Août 1636 qui jugea le contraire. Des fonds cedés par le Seigneur de Briançon à ses sœurs en payement de leurs légitimes avec haute, moyenne & basse justice furent declarés roturiers par cette seule raison ; que le transport de la justice avoit été fait en termes vagues *in abstracto*, sans désignation d'une cottité ou d'un exercice pendant un certain tems. Mais ce même Auteur rapporte tout de suite plusieurs autres Arrêts contraires ; & il paroit très-difficile de justifier la décision du premier.

IV.

Les fonds Nobles transportés par un Cosseigneur à un autre Cosseigneur conservent leur nobilité ; quoiqu'ils ayent été aliénés sans jurisdiction.

Ainsi jugé par Arrêt rapporté par Boniface tom. 4. liv. 3 tit. 11. ch. 2.

La raison de décider est que ces fonds n'ont jamais été possedés sans jurisdiction, à laquelle le vendeur & l'acheteur participoient également.

S'il s'agissoit, non pas d'une vente, mais d'un bail emphitéotique, la nobilité seroit perduë, s'il n'y avoit aucun transport d'une portion de la jurisdiction ; parce que l'emphitéose est par lui-même un titre de roture.

V.

Les Biens Nobles sont exemts de tailles, mais tous les biens exemts de tailles ne sont pas Nobles.

Les Biens que l'Eglise possédoit avant l'affouagement de 1471, & qui depuis cette même époque n'ont pas perdu leur privilége par des aliénations, sont affranchis du payement des tailles sans être nobles.

Il en est de même à l'égard des Biens aliénés par les Communautés pour cause de département avec franchise de taille. Aujourd'hui on ne permet plus aux Communautés de stipuler cette exemtion; & on leur a même donné la faculté de reprendre par la voye du rachât ces Biens aliénés; à moins que les Possesseurs ne consentent à l'encadastrement & à payer les tailles. Arrêt du Conseil du 15 de Juin 1668, art. 5.

VI.

Tous les Biens possedés par les Seigneurs sont présumés nobles. C'est aux Communautés de détruire cette présomption par la preuve de la roture.

Même usage en Languedoc. Voyez les art. 6. & 7. de la Déclaration de 1684.

VII.

Les cadastres des Communautés ne peuvent pas être opposés aux Seigneurs, comme renfermant la preuve de la roture.

Mourgues pag. 356, où il rapporte les Arrêts rendus contre les Communautés de Mimet & de Mondragon.

Depuis il a été rendu plusieurs Arrêts, qui ne permettent plus de former des doutes sur cette maxime.

Celui du 12 de Mai 1717 en faveur du sieur d'Agoult Seigneur de Roque-feuil est surtout remarquable. La Communauté justifioit que les Biens dont il étoit question, avoient été allivrés dans deux anciens cadastres faits, l'un avant le 15 de Décembre 1556, & l'autre après avec l'aveu & consentement du Seigneur. En les rapprochant l'un de l'autre, on voyoit que les Biens possedés par le Seigneur, avoient appartenu originairement à des particuliers, & qu'ils devoient avoir été acquis par le Seigneur après l'époque du 15 de Décembre 1556.

Il fut jugé que cette preuve ne suffisoit pas, & qu'il n'y en a pas d'autre à admettre que celle que fourniffent les actes d'acquisition.

Les tenets ou notes que l'on met dans les cadaftres à coté des articles ou allivremens font par la même raifon incapables de former une preuve. Ainfi jugé contre la Communauté de Valerne par un Arrêt rendu en 1722 au Parlement de Grenoble, où la caufe avoit été évoquée.

Jugement rendu en dernier reffort par des Commiffaires délégués le 29 de Novembre 1725 contre la Communauté de Corbieres.

Autre Arrêt du 30 de Juin 1751 en faveur du Seigneur de Vallavoire.

VIII.

La nobilité eft effacée par le payement des tailles pendant 30 ans.

Gui-pape décif. 387. Defpeiffes tom. 3 ; Philippi refp. 31, & dans fes Arrêts de conféquence art. 33. Voyez l'art. 16 de la Déclaration de 1684 pour le Languedoc.

Decormis tom. 2, col. 1780 dit que l'efpace de 10 ans fuffit, mais il fe trompe. Il eft vrai que l'Arrêt du Confeil du 6 de Juin 1643 rendu entre la Communauté & le Seigneur d'Ollioules préfente une difpofition, qui peut donner lieu de croire qu'il a dérogé en ce point au droit commun. Tous les Biens que les Seigneurs avoient acquis avant le 15 de Décembre 1556, font declarés francs, quittes & immunes de toutes tailles & autres impofitions. & il eft ajouté : *fi n'étoit que lefdits acquereurs propriétaires defdits fiefs fuffent obligés au payement defdites tailles par tranfactions, Arrets, fentences ou jugemens, dont il n'y ait eu appel interjetté, ou que pour raifon defdites rotures ainfi acquifes avant ledit jour 15 de Décembre 1556 ils euffent volontairement payé les tailles pendant le tems & efpace de 10 années dernieres ou immédiatement précédentes le jour de la demande qui leur en auroit été ou pourroit être faite, lefquels cas ils feront tenus continuer le payement defdites tailles à l'avenir pour raifon defdits Biens, comme ils ont fait par le paffé.*

Cette difpofition concernant la prefcription de dix ans n'a trait qu'aux rotures acquifes avant le 15 de Décembre 1556, c'eft-à-dire, aux Biens qui ne devinrent nobles que par fiction

& en vertu de ce même Arrêt ; mais à l'égard de ceux que les Seigneurs justifieroient avoir été originairement nobles, il ne paroît pas que l'on pût faire usage de cet Arrêt du 6 de Juin 1643, comme renfermant une dérogation au droit commun, qui n'admet que la prescription de 30 ans.

I X.

Les Seigneurs ne peuvent être soumis au payement des tailles que pour les biens roturiers acquis depuis le 15 de Décembre 1556 à tout autre titre que par commis, délaissement, ou confiscation.

Dans les affouagemens généraux faits en 1390, 1400, 1418, & 1442, on n'eut aucun égard aux biens possédés par les Seigneurs & par l'Eglise pour la fixation ou cottité des feux, & dans l'intervalle il avoit été rendu par le Conseil Royal de Louis II. Comte de Provence un Jugement portant que tous les nobles possédans fiefs avec juridiction étoient exemts de tailles & de toutes contributions non seulement pour les Biens qu'ils possédoient alors, mais encore pour ceux qu'ils acquerroient à l'avenir dans l'étendue de leurs fiefs & Jurisdictions à la charge du service militaire, lorsque l'on convoqueroit les cavalcades.

Les Commissaires nommés pour procéder à l'affouagement général de 1471 ne comprirent pas non plus dans leur rapport les Biens possédés par l'Eglise & les Seigneurs, n'ayant pris pour régle de leurs opérations que les cadastres des Communautés, où ces mêmes Biens n'avoient pas été allivrés. Cependant ils se crurent autorisés à rendre une Ordonnance portant qu'à l'avenir les gens d'Eglise & les nobles possédants fiefs contribueroient au payement des Tailles pour les biens qu'ils avoient acquis, & pour ceux qu'ils acquerroient ; à moins qu'ils ne les eussent réünis par droit de rétrait, de Commis, ou de déguerpissement.

Sur les contestations multipliées ausquelles cette Ordonnance donna lieu, intervint le fameux Arrêt du Conseil du 15 de Décembre 1556 conçu en ces termes. *Le Roi a ordonné & ordonne que pour le regard des Biens revenus & échus ès mains*

des

*des Nobles par le droit de leur fief & jurifdiction à préfent par
eux tenus & poffédés feront francs, quittes & immunes de toutes tailles, charges & impofitions ; & quant aux Biens, qui re-
viendront parci-après ès mains defdits nobles par le droit de prélation, achat, donation ou échange, que lefdits Biens orès qu'ils
foient échus par leurs dits Droits de fiefs ès mains defdits Nobles,
feront néanmoins contribuables à la taille, ainfi qu'ils étoient
auparavant qu'ils foient avenus & échus en leurs dites mains ;
fi ce n'eft au cas que pour lefdits Biens pris par échange ils
baillaffent autres biens par eux auparavant tenus francs & quittes
defdites tailles, lefquels feroient fuffifants & tenus porter pareilles
charges que ceux que lefdits Nobles auroient rétiré & recouverts
par échange, & où aucuns biens reviendroient ès mains defdits
Nobles par commis, délaiffement ou confifcation, en ce cas lefdits Biens feront tenus par lefdits Nobles francs & quittes de
toutes charges & impofitions.*

Ainfi cet Arrêt réduifit le privilége de la nobilité par rapport
aux biens réünis aux fiefs, à ceux qui le feroient par commis,
délaiffement ou confifcation ; au lieu que fuivant l'Ordonnance
des Commiffaires qui avoient procédé à l'affouagement général
de 1471, ce même privilége devoit s'étendre aux Biens réünis par retrait.

Il y eut de nouvelles conteftations fur l'interprétation de
cet Arrêt du 15 de Décembre 1556. Mourgues pag. 323 en
rappelle le détail. Enfin le 6 de Juin 1643 il fut rendu un
autre Arrêt du Confeil entre le Seigneur & la Communauté
d'Ollioules, les Sindics du tiers-état & le corps de la Nobleffe, pour diffiper tous les doutes que l'obfcurité du premier
avoit fait naître. » Le Roi à ordonné & ordonne fuivant &
» conformément à l'Arrêt du 15 de Décembre 1556, & icelui
» en tant que befoin feroit, interprétant, que tous & chacuns
» les biens roturiers acquis par les Seigneurs & propriétaires
» des fiefs dudit pays de Provence par prélation, achat, do-
» nation, échange ou autrement en l'étenduë de leurs dits
» fiefs & de leurs mouvances & directes feulement avant ledit
» jour 15 de Décembre 1556, demeureront francs, quittes
» & immunes de toutes tailles & autres impofitions, fi ce n'étoit
» que lefdits acquéreurs propriétaires defdits fiefs fuffent obli-
» gés au payement defdites tailles par tranfactions, Arrêts,
» fentences ou jugemens, dont il n'y ait eu appel interjetté, ou
» que pour raifon defdités rotures ainfi acquifes avant ledit jour
» 15 de Décembre 1556 ils euffent volontairement payé les
» tailles pendant le tems & efpace de 10 années dernieres ou

» immédiatement précédentes le jour de la demande qui leur en
» auroit été ou pourroit être faite, ésquels cas ils feront tenus
» continuer le payement desdites tailles à l'avenir pour raison
» desdits Biens, comme ils ont fait par le passé ; ainsi qu'ils
» y font condamnés par lesdits Arrêts, jugemens & transactions,
» auxquels Sa Majesté n'entend déroger, & fans que lesdits
» Biens nobles exemts desdits Seigneurs par eux ou leurs Au-
» teurs vendus avant ledit jour 15 de Décembre 1556 puissent
» entrer en compensation desdits biens par eux ou leurs Au-
» teurs acquis en l'étenduë de leurs fiefs depuis ledit jour 15
» de Décembre 1556.

X.

L'exemtion des tailles ne peut être ac-quise par preſcription.

Droit commun puiſé dans la loi, *immunitates, cod. de agris*
& *cenſit. leg.* 1 *cod. de immunit. nemini conced ; leg. ſi in frau-*
dem, cod. ann. & tribut ; leg. fin. cod. ſine cens. vel reliq. com-
parari poſſe.

D'argentré ſur la cout. de Bretagne tit. des droits du Prince
art. 56 n. 26.

Voyez l'art. 17 de la Déclaration de 1684 pour le Languedoc.

Arrêt du Conſeil du 7. de Février 1702, pour la Provence.

XI.

Les tranſactions par leſquelles des fonds roturiers ont été déclarés nobles ou affran-chis du payement des tailles, ſont abſolument nulles malgré tout laps de tems.

L'Arrêt du Conſeil du 7 de Février 1702 déclare nuls tous
affranchiſſemens de tailles faits à prix d'argent ou ſous prétexte de quittus de Droits Seigneuriaux ou arrérages d'iceux,
& en qu'elle maniere que ce puiſſe être, autrement, que par
compenſation, enſemble tous actes par leſquels la cotte des biens
roturiers poſſedés par les Seigneurs aura été fixée ; & ce no-
nobſtant tout laps de tems.

Cet Arrêt n'a pas introduit, mais ſeulement confirmé une

maxime établie par la jurisprudence constante de la Cour des Aides.

Arrêt du mois de Juin 1624 entre le Seigneur & la Communauté de la garde.

Malgré les Arrêts plusieurs Communautés ne réclamerent pas de semblables transactions; mais après l'Arrêt du Conseil du 7 de Février 1702 l'on vit naitre un grand nombre de procès; des circonstances particulieres ayant paru pouvoir former des exceptions à la régle générale. Mais loin de s'en écarter, on lui donna une extension. qui paroit contraire au motif même de la disposition de cet Arrêt du Conseil. On décida que les jugemens acquiescés, dont l'appel ne pouvoit plus être reçû, & les Arrêts même contradictoires étoient compris dans cette disposition.

L'on a même été plus loin ; & dans la cause de la Dame de Claris l'on compara à un acte par lequel on eut affranchi les fonds roturiers du payement des tailles, plusieurs Arrêts qui avoient jugé que le Cosseigneur d'Ubraye avoit la qualité nécessaire pour posséder des Biens noblement. Tous ces Arrêts furent anéantis par celui du mois de Juin 1753.

Arrêt du 12 de Mai 1707 en faveur de la Communauté de Greoulx. La transaction qui fut cassée, & dont la datte étoit du 8 de Janvier 1620, avoit été précédée d'une sentence arbitrale du 20 de Juin 1619.

Arrêts du 11 de Mars 1716 en faveur de la Communauté de Seillans; il y avoit un Arrêt du 4 d'Août 1613.

De-Cormis tom. 1. col. 833, fait mention d'un avis de Mr. l'Intendant portant que l'affranchissement d'un quint de feu, dont joüissoit le sieur de Puylobier, seroit revoqué nonobstant tout le laps de tems & tous les jugemens qu'il avoit obtenus.

Voyez l'article 18, de la Déclaration de 1684, pour le Languedoc.

XII.

Le Seigneur peut exciper lui-même de la nullité des transactions ou autres actes concernant l'affranchissement des tailles, & en demander la récision.

Ainsi jugé par Arrêt du 5 de Juin 1715 en faveur du Marquis de Mirabeau contre la Communauté de Beaumont.

Malgré cet Arrêt la question ayant été amenée dans un Procès entre le Seigneur & la Communauté de Claret, elle parut douteuse, & ne fut pas jugée précisément par l'Arrêt qui intervint. Il semble cependant qu'il ne devroit y avoir aucun doute à se former à cet égard.

Les transactions sont absolument nulles, *funditus nullæ*, & par conséquent incapables d'obliger aucune des parties suivant le principe retracé par Gancerius dans ses resol. ch. 21 , n. 237.

L'Arrêt du Conseil du 7 de Février 1702 n'a pas distingué, en prononçant la nullité absolue de ces actes, l'intérêt des Communautés & celui des Seigneurs féodataires ; il a établi une régle générale en faveur des uns & des autres. D'ailleurs toute restitution doit être réciproque ; & les Communautés pouvant toujours réclamer de la nullité absolue malgré tout laps de tems , il est juste que les Seigneurs aient ce même droit ; autrement ils ne seroient jamais en sûreté. La même question a été aussi jugée en 1704 en faveur de Mr. d'Oppede contre la Communauté de la Verdiere par des Commissaires délégués.

XIII.

L'abonnement de la taille à une cottité fixe & déterminée est nul malgré tout laps de tems.

Exemple d'un pareil abonnement. Il est convenu que la taille pour tel fonds sera fixée annuellement à 20 liv. par an. Cet accord est contraire à la nature des tailles qui varie ; & par conséquent il est absolument nul.

Ainsi jugé par Arrêt du 6 de Mars 1706 en faveur de la Communauté de Seillans contre la Dame de Flotte. Une transaction de 1560 rélative à une autre de 1503 , qui avoit fixé la taille à 8. florins , fut cassée.

Même décision donnée en faveur de Mr. d'Oppede contre la Communauté de la Verdiere en 1704. par des Commissaires délégués.

XIV.

Les Biens réunis au fief par déguerpissement ne recouvrent pas leur nobilité , si cette réunion a été faite sans formalités.

L'on n'obſervoit autrefois aucunes formalités, mais la Cour
des Aydes ayant rendu le 28 de Janvier 1636 un Arrêt, qui
déclara roturiers les biens déguerpis & réunis ſans formalités,
par le Seigneur de Briançon, & la queſtion s'étant préſentée
de nouveau au Conſeil de Sa Majeſté entre le ſieur d'Eſcalis
Seigneur de St. Julien d'Aſſe, les gens des trois-états & le Sindic de la Nobleſſe, il intervint le 20 d'Août 1637 Arrêt,
qui en confirmant la nobilité des biens déguerpis & réunis au
fief, ordonna qu'aux délaiſſemens qui feroient faits à l'avenir
les Seigneurs feroient tenus de faire appeller les Communautés,
& de faire publier leſdits délaiſſemens tant en la juſtice qu'aux
prônes des Paroiſſes, où leſdits héritages ſont ſitués & aſſis
autrement & à faute d'obſerver leſdites formalités, a déclaré
& déclare leſdits Biens roturiers & taillables. Les Communautés ont la liberté de retenir ces mêmes Biens délaiſſés,
en fourniſſant un homme vivant, mourant & confiſcant, qui
acquitte au Seigneur les cens ou autres rédevances.

Les publications ne peuvent plus être faites au prône ſuivant l'art. 32 de l'Edit de 1695 ; on les fait à l'iſſuë de la
Meſſe Paroiſſiale les jours de Dimanche ; on les fait auſſi
dans l'auditoire de juſtice.

L'Arrêt de Réglement de la Cour des Aydes du 23 de Janvier 1725 que j'ai rapporté ; ſous le titre des Biens vacans., a
enjoint aux Communautés d'expoſer en vente les Biens abandonnés, qui forment dans les Cadaſtres des cottes infructueuſes.

Les formalités conſiſtent au rapport d'eſtimation aux Enchères, publication de la vente qui doit être faite pendant trois
Dimanches conſécutifs à l'iſſuë de la Meſſe de Paroiſſe ; &
cela doit être notifié aux Seigneurs féodataires des lieux en
leur perſonne ou celle du Greffier de leur juriſdiction, aux
fins qu'ils ayent à former dans le délai de trois mois, à peine de décheance, pour leurs droits Seigneuriaux, telle demande
qu'ils aviſeront en préférence aux arrérages de taille.

Ce Réglement ne détruit pas & n'a pas pû détruire par
rapport aux Seigneurs celui qui avoit été fait par l'Arrêt du
20 d'Août 1637. il n'a eu pour l'objet que d'obliger les Communautés à ne pas laiſſer les cottes des biens abandonnés infructueuſes. Il ſuppoſe que les Seigneurs n'ont pas voulu réunir les Biens à leurs fiefs. Mais lorſqu'ils veulent uſer de leurs
droits, ils n'ont pas d'autres formalités à remplir que celles
qui ſont preſcrites par ce même Arrêt du Conſeil du 20
d'Août 1637.

Deux Déclarations du Roi, l'une du 28e. de Mars 1693,
art II. & l'autre du 10e. d'Août 1728 pour les Biens abandonnés en Languedoc fourniffent la preuve de cette propofition.
Le Roi déclare n'entendre déroger au droit de déguerpiffement
& autres droits achuis aux Seigneurs directs. Au refte, le Réglement de 1725 fournit une preuve que dans le cas où le
Seigneur ne veut pas réunir, il doit être payé des arrérages
des droits Seigneuriaux fur le prix de ces Biens vendus par la
Communauté.

La Déclaration de 1684 faite pour le Languedoc a auffi
prefcrit des formalités, art. 15 & fuiv. & par l'art. 34. il eft
établi que le défaut de formalités ne peut plus être oppofé,
fi après la réunion le Seigneur a poffédé les Biens déguerpis
fans trouble & fans payer la taille pendant trente années con-
fécutives.

X V.

Les Biens réunis par rétrait donnés enfuite par le Seigneur à nouveau bail , &
réünis de nouveau par déguerpiffement font
toujours roturiers.

Ainfi décidé par une confultation de deux célébres Avocats,
MM. Saurin pere & de-Cormis. La raifon de décider fut que
le fonds retournoit avec la même qualité qu'il avoit avant le
nouveau bail. Or le Seigneur le poffédant en vertu du rétrait
& par confequent comme roturier, il ne peut pas le reprendre avec la nobilité.

X V I.

Lorfque les Biens font réünis au fief par
confifcation, le Seigneur les poffède tous en
nobilité , fans excepter la partie qui auroit
fervi au payement des créanciers du Vaffal
ou Emphitéote, fi ce même Seigneur n'eut
préféré de réünir la totalité en payant les
Créanciers.

Le contraire fut jugé en faveur de la Communauté de la Verdiere en 1704 par les Commissaires délégués sur le fondement de la régle : *bona non dicuntur , nisi deducto ære alieno.*

Cette décision ne me paroit pas juste. Il semble que le Seigneur en payant les Créanciers ne devient pas acheteur des Biens affectés au payement ; il se maintient seulement en la possession de ces mêmes Biens réünis ainsi que les autres à son fief, & les affranchit des hypotéques.

XVII.

Les Biens réünis au fief par confiscation pour crime de félonie recouvrent la nobilité ; quoique le Seigneur n'ait pas la Seigneurie directe dans ce même fief.

Ainsi jugé par Arrêt du 27 de Juin 172? entre le sieur de Gratian & la Communauté de Seillans. La raison de douter étoit fondée sur ces termes de l'Arrêt du 7 de Février 1702 : *Dans l'étendue de leur fief & jurisdiction.*

XVIII.

Dans ce même cas de la réünion au fief par confiscation, la Communauté n'est pas recevable à exciper de l'intérêt qu'elle a à ne pas laisser diminuer son cadastre, à l'effet d'offrir au Seigneur le prix des Biens confisqués.

Ainsi jugé le 30 de Mars 1672 par la Cour des Aydes en faveur du Seigneur de Broves. C'est la différence qu'il y a entre le droit acquis au Seigneur par le déguerpissement, & célui que lui donne la confiscation.

XIX.

Le Seigneur poſſède en franchiſe de tailles
les Biens qu'il a acquis immédiatement de
l'Egliſe, & qui furent alienés pour cauſe de
ſubvention.

Ainſi jugé par Arrêt du 28 de Juin 1715 contre la Communauté de la Palud.

La franchiſe des tailles pour ces ſortes de Biens eſt acquiſe
non ſeulement aux Seigneurs, mais encore à tout autre Poſſeſſeur qui ne participeroit point à la juriſdiction. Arrêt rendu
en 1701 en faveur du ſieur de Biacas contre la Communauté
d'Aups, qui ſe pourvut en caſſation au Conſeil & fut déboutée.

Il y a pluſieurs autres Arrêts ſemblables, & entre autres
celui qui fut rendu le 15 d'Avril 1711 entre Mr. le Préſident
de Valbelle Seigneur de Rougiés & la Communauté du même
lieu. Mais la franchiſe ne paſſe pas à un ſecond acquéreur.
Il y a pluſieurs Arrêts qui l'ont jugé ainſi. Le plus récent
eſt celui du 15 de Juin 1750 entre la Communauté des Mées
& Jean-Baptiſte Roux, qui avoit acquis du nommé Latil,
un pré vendu à ſes Auteurs en 1590 pour cauſe de ſubvention
par le Chapitre de Siſteron.

Le Jugement rendu en 1704 entre le Seigneur & la Communauté de la Verdiere déclara francs & immunes de tailles les
Biens qu'il avoit acquis directement du Prieur pour ce qu'il
en poſſédoit ſans l'avoir jamais aliené, & roturier & taillable
tout ce qu'il avoit repris depuis ces aliénations.

X X.

Le fonds Noble donné en antichreſe doit
conſerver ſa qualité & franchiſe de tailles.

La raiſon de décider eſt que s'il avoit contracté une fois la
tache de roture, le Seigneur ne pourroit plus le reprendre
qu'avec cette même tàche.

Mr. de Clapiers cauſ. 98 queſt. 1: fait mention du jugement obtenu par Adam de crapone, qui avoit en antichreſe

le moulin qu'il avoit fait conftruire pour la Communauté de Lançon. Il fut déchargé du payement de la taille ; parce que la Communauté qui en étoit propriétaire, ne fe la payoit pas à elle-même.

XXI.

Le rachat accordé aux Communautés par l'Arrêt du Conseil du 15 de Juin 1668 avec l'alternative de l'encadaftrement, dans le cas où les Poffeffeurs ne veulent pas confentir à ce rachat, n'a pas lieu à l'égard des Biens démembrés originairement du fief & tranfportés par les Communautés aux Seigneurs à titre de vente ou en payement.

Ainfi jugé par Arrêt du 17 de Juin 1704 en faveur du Seigneur de Peyruis, & par l'Arrêt rendu le 15 d'Avril 1711 , entre le Seigneur & la Communaute de Rougiés par les Commiffaires délégués.

Autre Arrêt rendu en 1717 en faveur du Seigneur de Montauroux & confirmé par Arrêt du Confeil en 1722.

Ce privilége a eté étendu par la Déclaration du 14 de Septembre 1728 à tous les détenteurs des biens alienés par les Communautés avec franchife de taille en payement de leurs dettes, en prouvant par eux qne les Biens ont été démembrés du fief en tout ou en partie avant le 15 de Décembre 1556.

Cette Déclaration qui fut rendue à l'occafion d'un procès entre Mr. le Comte Du Muy & la Communauté d'Aubagne, femble donner atteinte aux maximes fondamentales. Dans le préambule il n'eft fait mention que des Seigneurs Poffeffeurs de tels Biens; & dans le difpofitif font compris indéfiniment tous les détenteurs.

Les raifons que la Province auroit à faire valoir pour obtenir la révocation de cette déclaration furent mifes dans un grand jour par Mrs. De-cormis & Saurin dans une confultation du 4 de Décembre 1728.

XXII.

Les Communautés qui imposent une taille sur le bétail, ne peuvent pas y assujettir les bestiaux destinés à la culture & engrais des fonds Nobles possédés par les Seigneurs.

Le bétail fait partie du fonds où il dépait, *est instrumentum fundi*, comme il est dit dans la loi *fundo ff. de verb. signif.*

Mr. Philippi *in summ.* n. 74 s'énonce en ces termes : *animalia naturam prædiorum subeunt ; agri tributarii grex est tributarius ; si ager immunis, immunis grex erit.*

Arrêt du 14 de Juin 1720, en faveur du sieur Athenoux Cosseigneur de Roque brune. Autre Arrêt en 1717 contre la Communauté de Montauroux.

Par un Arrêt rendu en 1671 contre la Communauté de Thorame il fut jugé qu'elle ne pouvoit point imposer la taille sur le bétail dépaissant dans un fonds qu'elle avoit donné en payement à un Créancier en franchise des tailles.

XXIII.

Le Fermier du Seigneur jouit de la franchise de la taille imposée sur le bétail à concurrence des Biens Nobles.

Ainsi jugé par Arrêt du 27 de Novembre 1665 rapporté par Boniface tom. 1. art. 3. liv. 1, tit. 2, ch. 14.

XXIV.

La quantité de bétail que le Seigneur a droit d'avoir, en vertu de la jurisdiction dans le cas ou il a été procédé à la division ou réglement des pâturages *pro modo jugerum,* est exemte du payement de la taille.

On convenoit de cette exemtion dans la caufe, dont Boniface rapporte l'efpèce tom. 4, liv. 3. tit. 9, ch. 1, & qui ne fut pas jugée; & il ne paroit pas qu'il puiffe y avoir le moindre doute fur ce point; le privilége dont il s'agit, & qui fera expliqué dans le titre concernant les terres gaftes ou incultes, étant une dépendance de la jurifdiction & acquis aux Biens Nobles, il doit l'être à plus forte raifon à la jurifdiction elle-même.

XXV.

L'Encadaftrement des Biens prétendus roturiers & poffédés par le Seigneur, ne fuffit pas pour autorifer la Communauté, qui a fait cet encadaftrement de fa propre autorité, à agir par la voye des exécutions pour le payement des tailles; il faut ou que le Seigneur y ait confenti, ou que ce même encadaftrement ait été ordonné par Arrêt.

Mourgues pag. 355 rapporte deux Arrêts qui l'ont jugé ainfi. Boniface tom. 4 liv. 3. tit. 10. ch. 1, en rapporte un autre. De-Cormis tom. 2 col. 1773.

XXVI.

Les arrérages de taille depuis 29 ans ne font pas dûs, lorfque les Biens déclarés roturiers n'ont jamais été compris dans les cadaftres; ils ne le font que depuis la demande en encadaftrement.

La raifon de décider eft que les Biens n'ayant pas contribué à augmenter le nombre des feux ou allivrement général de la Communauté, elle n'a fouffert aucune perte, & profiteroit au contraire de ces mêmes arrérages: *certaret non de damno vitando, fed de lucro captando.* Il y a plufieurs Arrêts qui l'ont

jugé ainſi ; l'un du 27 de Mai 1717 en faveur du ſieur Dé-
ſcragnolle ; un autre du 24 de Mai 1624 contre la Communauté
de Soliers ; un autre du mois de Juin 1746 en faveur du ſieur
Du-Bar. Enfin par l'Arrêt rendu en Juin 1753 contre la Dame
d'Ubraye elle ne fut condamnée au payement des arrérages que
depuis l'introduction de l'inſtance.

Voyez la Déclaration de 1634 pour le Languedoc art. 19.

XXVII.

Les Communautés doivent faire comprendre dans les états ou Caſarnets qui ſont dreſſés
annuellement pour la levée des tailles les
Seigneurs féodataires pour tous les Biens roturiers qu'ils poſſédent ; ſans qu'ils puiſſent
s'en diſpenſer ſous prétexte des compenſations
par eux prétendues pour les Biens nobles aliénés depuis le 15 de Décembre 1556.

Arrêt de Réglement de la Cour des Aydes du 23 Janvier
1725 art. 1.

XXVIII.

Les Auditeurs des comptes ne peuvent
allouer ni paſſer en repriſe dans les comptes
des Tréſoriers ou exacteurs les tailles dûës
par les Seigneurs, s'il ne paroît pas que les
compenſations ou exemtions ont été admiſes
definitivement aux formes de droit.

Même Arrêt art. 3.

XXIX.

Les Seigneurs peuvent affranchir du payement des tailles les Biens roturiers acquis par

eux depuis le 15 de Décembre 1556 par la voye de la compenſation des Biens Nobles alienés ou devenus taillables depuis cette même époque.

C'eſt ici ce fameux droit de compenſation qui a donné lieu à tant de Procès. Il feroit à ſouhaitter qu'il fut inconnu en Provence, comme il l'eſt dans les autres Provinces où les tailles font réelles, & où les Biens Nobles conſervent toujours cette qualité, quoiqu'alienés par le Seigneur ſans Juriſdiction. La régle contraire introduite par la juriſprudence de la Cour des Aydes autoriſa les Seigneurs à demander cette eſpèce de dédommagement. Le premier titre qui le leur ait accordé eſt l'Arrêt du Parlement de Paris du 6 de Mars 1549 rapporté par Papon liv. 5. tit. 11. Il fut ordonné que proviſoirement les Seigneurs féodataires payeroient la taille des fonds roturiers ; à moins qu'il ne prouvaſſent avoir délaiſſé entre les mains des roturiers des Biens d'une égale valeur à ceux qu'ils avoient acquis. Voilà qu'elle a été l'origine du Droit de compenſation.

Cet Arrêt de 1549 n'étoit que proviſoire. Mais celui du 15 de décembre 1556 confirma définitivement le droit de compenſation. Il fut ſupprimé par un Arrêt du Conſeil du 23 de Juin 1666, rétabli par un autre Arrêt du Conſeil du 15 de Juin 1668 ; enfin il a été expreſſément confirmé par un troiſieme Arrêt du Conſeil du 3 de Février 1702, qui contient un réglement ſur cette matiere. » Maintient Sa Majeſté, y » eſt-il dit, leſdits Seigneurs féodataires au droit de com- » penſer les Biens roturiers par eux acquis par achat, donation » prélation ou échange depuis le 15 de Décembre 1556, & » qu'ils acquerront ci-après, avec les Biens Nobles par eux » alienés depuis ledit tems où qu'ils alieneront à l'avenir ; le » tout dans l'étendue de leurs fiefs & juriſdictions.

X X X.

La compenſation des Biens Nobles alienés ne ſe fait pas *ipſo jure*, mais en vertu d'une demande faite par exploit, contenant les ſituations, confronts & allivremens tant des

Biens roturiers acquis, que des Biens Nobles alienés, le nom des Possesseurs & le tems de l'aliénation.

Arrêt du 7 de Février 1702. En prescrivant ces formalités il décide que la compensation en cas qu'elle ait lieu, sera faite du jour des demandes libellées.

XXXI.

La demande en compensation doit être signifiée aux Procureurs du Païs dans quinzaine au plûtard, à compter du jour des significations qui en auront été faites aux Communautés, à peine de la nullité de la demande.

Même Arrêt du 7 de Février 1702. Il exige la signification au Sindic des Communautés de la Province ; mais depuis que cet emploi de Sindic a été supprimé, c'est aux Procureurs du Pais que la demande doit être signifiée.

XXXII.

Les compensations faites avant cette époque du 7 de Février 1702 sont valables & légitimes ; quoiqu'on n'y eut pas observé les formalités que l'Arrêt du Conseil prescrit comme indispensables.

Il a été jugé par plusieurs Arrêts, & entre autres par un du 10 de Mai 1631 rendu en faveur du sieur d'Auribeau ; un autre du 10 de Juin 1711 en faveur du Seigneur de Gaubert ; celui qui fut obtenu le 18 de Juin 1731 par le Seigneur de Tourris contre les Communautés de la Valette & du revest ; un autre en Juin 1746 entre le Seigneur & la Communauté du Bar, que la difposition de l'Arrêt du Confeil du 7 de Février 1702 concernant les formalités n'avoit pas un effet rétroactif.

XXXIII.

Les Seigneurs ne peuvent donner en compenfation l'extiction ou diminution des droits Seigneuriaux, non plus que les ufages concedés aux habitans par eux ou leurs Auteurs dans les bois, terres gaftes, montagnes & autres lieux dépendants de leurs fiefs.

Même Arrêt du 7 de Février 1702. Il eft de l'effence de la compenfation qu'elle foit faite de fonds à fonds.

XXXIV.

Les Seigneues peuvent donner en compenfation les terres gaftes, bois ou domaines par eux ou leurs Auteurs délaiffés aux Communautés, & les ufurpations qui y ont été faites, fi ces terres, bois & domaines fe trouvent entre les mains des particuliers & encadaftrés.

Même Arrêt du 7. de Fevrier 1702, la prefcription qui affure la poffeffion du terrein ufurpé, équivaut à un titre par lequel le Seigneur l'eut aliené, fuivant la décifion de la loi *alienationis*, ff. *de verb. fignif.* Il fuffit que le cadaftre de la Communauté ait été groffi d'un bien noble originairement.

Comme la difposition de l'Arrêt du Confeil du 7 de Février 1702 au fujet des ufurpations faites dans les terres gaftes, eft ambigue, & que je l'ai vû plus d'une fois donner lieu à des conteftations, j'ai cru qu'il étoit néceffaire d'entrer à ce fujet dans un certain détail. L'on y trouvera l'explication de la claufe dont il s'agit, donnée par un fameux Arrêt de la Cour des Aydes & adoptée par un Arrêt du Confeil.

La difpofition de l'Arrêt du Confeil eft ainfi conçûë : *les Seigneurs féodataires ne pourront donner en compenfation les terres gaftes, bois ou domaines par eux ou leurs Auteurs délaiffés aux Communautés ; à moins que lefdites terres, bois & domaines ne fe trouvent entre les mains des particuliers & encadaftrés, ni les ufurpations faites dans lefdits bois & domaines, à moins que la réunion à leur profit n'en ait été ordonnée par juftice.*

Ce font ces dernieres expreffions qui ont donné lieu à des doutes. La réunion au fief ordonnée par juftice femble fuppofer que la prefcription n'a pas encore été confommée en faveur de l'emphitéote ; & dans ce cas il ne peut en aucun fens être queftion de compenfation : parce que le Seigneur ayant repris le terrein ufurpé, il doit fans contrédit le poffeder, comme n'ayant jamais ceffé de lui appartenir, & il ne peut par conféquent fournir matiere de compenfation. Si au contraire la prefcription eft confommée, il n'eft pas poffible que le Seigneur puiffe faire ordonner la réunion.

Dans un procès entre Mr. le Marquis de Montauroux Confeiller au Parlement d'Aix & la Communauté du même lieu, la queftion fut agitée & jugée en faveur du Seigneur par Arrêt du 17 de Juin 1717 ; c'eft-à-dire qu'on décida qu'il n'étoit pas néceffaire que la réunion au fief eut été ordonnée : *faifant droit*, eft-il dit dans l'Arrêt, *à la Réquête dudit Lombard & à l'état par lui communiqué, a déclaré & déclare que les 54 nouveaux baux mentionnées audit Etat & les Biens ufurpés en la terre gafte depuis le 15 de Décembre 1556 feront compenfés avec les Biens roturiers avoués par ledit de Lombard dans la tranfaction du 6 de Février 1674, & autres que la Communauté juftifiera par actes, fuivant la vérification & liquidation qui en fera faite par experts qui feront convenus por les parties, ou pris d'Office par le Commiffaire rapporteur du préfent Arrêt, lefquels Experts procéderont à l'évaluation des Biens Nobles aliénés & des Biens roturiers acquis par ledit de Lombard & en feront proportionnelle compenfation, pour le rapport vû, être ordonné fur la demande des tailles, s'il y échoit, ce qu'il appartiendra . . . . . . a ordonné & ordonne que les ufurpations faites dans les terres incultes & gaftes de la colle de Narbonne, depuis le 15 de Décembre 1556 feront compenfées avec les Biens roturiers dudit de Lombard fuivant la vérification & liquidation qui en fera faite par Experts ; à cet effet enjoint aux Confuls & communauté de remettre à leur Greffier les cadaftres faits depuis le 15 de Décembre 1556, pour être vifités par les Experts, & pris par iceux les* instructions.

instructions nécessaires au sujet des usurpations, & qu'ils feront
exhiber pareillement par ledit Greffier audit de Lombard, pour en
prendre si besoin est, des Extraits, sous dû salaire.

La Communauté de Montauroux demanda la cassation de cet
Arrêt, qui contient plusieurs autres dispositions, & denonça
celle-ci comme renfermant une contravention à l'Arrêt du
Conseil du 7 de Février 1702. Voici comme elle fut justifiée par les motifs donnés par Mr. le Procureur Général.

» Il n'y a qu'à expliquer ce qui a été décidé par l'Arrêt
» du Conseil de 1702 sur cette matière, pour-être persuadé
» que l'Arrêt dont il s'agit s'y, est parfaitement conformé,
» 1°. C'est une erreur de croire que la propriété des terres
» gâtes n'appartienne pas aux Seigneurs qui sont fondés
» en Directe universelle, & sur tout lorsque les Commu-
» nautés ne justifient pas d'avoir acquis cette propriété. 2°.
» L'Arrêt des Aydes n'a pas ordonné la compensation des
» usages & des Communaux, mais seulement des portions
» de la terre gâte qui ont cessé d'être des Communaux par
» les usurpations qui en ont été faites de la part des parti-
» culiers, & qui ayant grossi les cadastres des Communautés,
» & privé pour toujours les Seigneurs de la propriété, sont
» devenus par-là un sujet de compensation. 3°. L'Arrêt a
» jugé avec grande connoissance de cause qu'il suffiroit qu'il
» fut vérifié par experts de la contenance usurpée dans les
» terres gâtes par les particuliers du lieu, & que la Com-
» munauté en eut augmenté son cadastre, pour que la com-
» pensation fut ordonnée au profit du Seigneur ; car l'usur-
» pateur ne doit pas être traité plus favorablement que celui
» qui à juste titre a acquis de la main du Seigneur un Bien
» Noble après l'époque de 1556. 4°. Si le Seigneur vouloit
» faire réunir à son domaine les biens usurpés dans la terre
» gâte, ce seroit là le cas qu'il faudroit en demander la réu-
» nion en Justice contre les usurpateurs suivant l'Arrêt du
» Conseil ; mais dès qu'il les laisse jouir paisiblement de leurs
» usurpations, comme s'il en avoient un titre légitime, &
» que la Communauté en profite par l'encadastrement, il
» faut bien de l'autre part que le Seigneur en soit indemni-
» sé en lui affranchissant pareille valeur de ses biens roturiers.
» On a cru que c'étoit le vrais sens qu'il falloit donner à
» l'Arrêt du Conseil, vû qu'il seroit en effet extraordinaire
» de prétendre que les Seigneurs féodataires de la Province
» fussent obligés d'avoir des procès avec leurs Vassaux usurpa-

P

» teurs de partie de leur terre gaſte, pour faire déclarer
» avec eux la réunion à leur fief; tandis que la ſeule poſſeſ-
» ſion de 30 ans les mettroit à couvert de les pouvoir inquié-
» ter. Mais cela ne peut pas de même les rendre non rece-
» vables à compenſer les biens uſurpés depuis l'Arrêt du 15
» de Décembre 1556; puiſque l'Arrêt du Conſeil du 7 de
» Février 1702 déclare dans le premier article que tous les
» biens nobles aliénés par les féodataires de la Province de-
» puis 1556 devoient être matière de compenſation avec les
» biens ruraux qu'ils ont acquis depuis le même tems; en-
» quoi il n'y a aucune contravention à l'Arrêt du Conſeil. »

Par un Arrêt du 20 Juillet 1629 rendu entre le Seigneur
& la Communauté d'Orgles; il fut ordonné que les nouveaux
baux donnés par le Seigneur de la terre gaſte depuis le 15
de Décembre 1556 feroient compenſés avec les biens roturiers acquis depuis le même tems, enſemble les uſurpations
qu'il juſtifieroit avoir été faites dans ladite terre gaſte qui lui
appartenoit, leſquelles auroient été encadaſtrées & poſſédées
par les particuliers depuis 30 ans, à l'exception de celles qui
étoient en des lieux ſtériles qui feroient remiſes en terres gaſtes.

Par un autre Arrêt du 8 de Mai 1752 il fut permis au
Seigneur de Meoules de donner en compenſation les uſurpations faites dans la terre gaſte.

XXXV.

Les biens aliénés avant le 15 de Décembre 1556 ne peuvent pas être donnés en
compenſation, ſous prétexte qu'ils n'ont été
encadaſtrés qu'après cette même époque.

Ainſi jugé par Arrêt du 6 d'Avril 1748 entre le Seigneur
& la Communauté de Treiz.

Les Procureurs du Pays & les Syndics de la Nobleſſe étoient
intervenus dans le procès; de ſorte que cet Arrêt forme un
Réglement.

Le contraire avoit été jugé par un Arrêt de 1744 en faveur du Seigneur de Trigance; Mrs De-cormis, Saurin fils
& Pazeri de Thorame conſultant pour la Communauté de
Peynier avoient décidé auſſi que cette compenſation devoit
être admiſe.

XXXVI.

La preſcription n'a pas lieu à l'égard de la compenſation ; le Seigneur eſt toujours à tems de la faire admettre.

L'Arrêt du Conſeil du 15 de Juin 1668 n'accordoit aux Seigneurs que le délai de 5 ans pour demander la compenſation, à compter du jour qu'il y avoit eu le concours des acquiſitions & aliénations néceſſaires pour la former ; mais cela n'eſt plus obſervé, l'Arrêt du 7 de Février 1702 ne parlant point de délai.

XXXVII.

Le Seigneur, qui après avoir aliéné un fonds Noble, l'a enſuite repris par achat, donation, échange ou tout autre titre qui laiſſe ſubſiſter la roture, peut effacer la taillabilité par la compenſation de la choſe avec la choſe elle-même.

Ainſi jugé par Arrêt du 15 de May 1702 en faveur du Sr. Athenoux Coſſeigneur de Roquebrune.
Autre Arrêt du mois de Juin 1746 en faveur du Seigneur de Bar.

XXXVIII.

Les fonds roturiers que le Seigneur affranchit du payement des tailles par la compenſation, ne peuvent pas ſervir euxme de matière à la compenſation après l'aliénation qui en a été faite.

Mourges , pag. 359. Il n'y a que les biens nobles qui puissent être donnés en compensation ; l'affranchissement des biens roturiers par la compensation ne les rend pas nobles.

XXXIX.

L'estimation des biens donnés ou pris par les Seigneurs en compensation , doit-être faite sur le pied de leur valeur au tems de la compensation.

Arrêt du Conseil du 7 de Février 1702. L'ancienne Jurisprudence étoit conforme. Arrêt du 27 de Juin 1633 entre les Cosseigneurs de Vence & la Communauté.

Autre Arrêt du 10 d'Octobre 1670 entre le Seigneur & la Communauté de Lagarde rapporté par Boniface tom. 4. liv, 3. tit. 13. ch. 4.

Ce n'est pas à la valeur des fonds au tems où la compensation a été ordonnée que l'on s'arrête ; mais à celle qu'ils ont lorsque les experts procédent à la compensation ; ainsi Jugé le 30 d'Août 1711 par des Commissaires délegués entre le Seigneur & la Communauté de Corbières.

XL.

Les fonds nobles aliénés que le Seigneur donne en compensation doivent être Stables , permanents & non sujets à être emportés par une rivière.

Arrêt du 10 de Juin 1711 entre le Seigneur & la Communauté de Gaubert. Il fut ordonné qu'avant dire droit à l'encadastrement & compensation demandée par le Seigneur des fonds par lui donnés à nouveau bail dans les *iscles* près de la rivière de Bleoune , il seroit fait rapport de vérification si lesdits fonds étoient stables.

XLI.

Les fonds donnés en compensation font tenus porter mêmes charges qu'auroient dû porter les biens roturiers acquis par le Seigneur, dont il demeure garant pendant 10 ans, à compter du jour que la compenfation eft ordonnée ; les cas fortuits ou de force majeure exceptés.

Arrêt du Confeil du 7 de Février 1702. L'Arrêt du 15 de Décembre 1556 avoit feulement exigé que l'orfqu'on procedoit à la compenfation, les fonds donnés par le Seigneur fuffent tenus fuffifants pour porter mêmes tailles que les roturiers, & il n'étoit pas queftion de garantie pour l'avenir. En effet cet affujettiffement paroît rigoureux, il y a *æquilibrium periculi* ; le fonds roturier affranchi par la compenfation étant ainfi que le fonds noble aliéné fujet à des détériorations.

L'Arrêt du 15 de Juin 1668 en rétabliffant le droit de compenfation avoit exigé que le fonds noble donné en compenfation eut refté fur le cadaftre pendant cinq ans, ou qu'il eut pû porter la taille pendant ce même efpace de tems.

XLII.

Si le Seigneur reprend dans les trente ans, à compter du jour de la compenfation, par déguerpiffement ou compenfation les fonds qu'il avoit donnés en compenfation, il ne peut pas les poffeder en Nobilité.

Arrêt du 7 de Février 1702 cette difpofition eut pour objet de faire ceffer les abus, dont les Procureurs du pays fe plaignoient. Les Seigneurs, difoient-ils dans leur mémoire présenté au Confeil, donnent à nouveau bail de leur plus mauvais biens à quelques perfonnes à eux affidées , pour qui tous mans ils payent la taille cinq ans durant; & après qu'ils ont affranchi du meilleur bien roturier avec ce nouveau bail fimulé , le bien noble leur eft déguerpi.

XLIII.

Les biens acquis immédiatement de l'Eglife & ceux qui l'ont été des Communauté pour caufe de département en franchife des tailles , aliénés enfuite par le Seigneur , ne peuvent pas être donnés en compenfation.

L'Arrêt rendu par la Cour des Aydes de Montpellier entre le Seigneur & la Communauté de Lagarde , & rapporté par Boniface tom 4. liv. 3. tit. 13 ch. 4 , Jugea que les biens acquis de l'Eglife en franchife de tailles pouvoient être donnés en compenfation.

Il y a un autre Arrêt rendu en Janvier 1516 en faveur des Celeftins d'Avignon contre la Communauté de Noxe. Mais le Jugement rendu par des Commiffaires défignés le 14 d'Août 1704 entre le Seigneur & la Communauté de la Verdière rejetta une pareille compenfation ; il fut décidé que les biens acquis immédiatement du Prieur feroient francs de tailles par rapport en ce que le Seigneur en poffedoit encore & roturiers & taillables pour tout ce qu'il en avoit repris après fes aliénations ; *fans que ni les uns ni les autres puffent jamais fervir de matière de compenfation.*

Ces biens ne font pas nobles , non plus que ceux que les Communautés rranfportent avec franchife des tailles. Or le droit de compenfation n'a été accordé que pour les biens nobles.

XLIV.

Le Coffeigneur peut affranchir par la

compensation les biens roturiers possedés par lui sous la mouvance & directe d'un autre Cosseigneur.

Mourgues pag. 360 rapporte deux anciens Arrêts, qui avoient rejetté une pareille compensation ; & pour justifier cette décision l'on pourroit, ce semble, citer même l'Arrêt du Conseil du 7 de Février 1702, qui n'accorde aux Seigneurs la compensation que pour les biens roturiers acquis & les biens nobles aliénés *dans l'étendue de leur fief & Jurisdiction.* Mais quoiqu'il s'agisse de biens mouvants de la directe d'un autre Cosseigneur, ils n'en sont pas moins dans le fief & jurisdiction, dont l'unité subsiste malgré la division qui a été faite entre plusieurs propriétaires ; il n'y a qu'un fief & une Jurisdiction. On ne doute plus aujourd'hui que cette espèce de compensation ne doive être admise. Un Arrêt du 30 Juin 1658 entre le Sr. Marquesi Cosseigneur de Ramatuelle & la Communauté du même lieu, a été suivi de deux autres qui ont dû fixer la maxime ; l'un du 26 de Juin 1729, & l'autre du mois de Juin 1741.

X L V.

Le Seigneur d'un fief enclavé dans un district, qui après avoir formé un seul & même terroir, a été divisé entre deux Communautés, peut donner en compensation à l'une de ces deux communautés les biens nobles aliénés dans le terroir assigné à l'autre.

Ainsi Jugé par Arrêt du 18 de Juin 1731 entre le Seigneur de Tourris & les Communautés de la Valette & du Revest.

X L V I.

Le Droit de compensation peut-être cédé par un Cosseigneur à l'autre.

De-Cornis tom. 2. col. 1763. Du Perier & Mourgues
l'avoient décidé de même contre la Communauté de Greoulx,
qui difputoit au Poffeffeur de l'arriere fief de Lineau le droit
de compenfer jufqu'à la concurrence de 2300 liv. en vertu
d'une tranfaction.

XLVII.

Le Sol des Maifons ne peut-être donné
en compenfation qu'avec un bien de même
qualité, & dans les Lieux où le Sol des
Maifons eft encadaftré. Si les Maifons ou
bâtimens font encadaftrés, la même régle eft
obfervée.

Arrêt du Confeil du 7 de Février 1702.

XLVIII.

Le Seigneur peut donner en compenfation les Terrein ufurpé dans les chemins &
autres Lieux deftinés à l'ufage du public,
fi ce même Terrein fe trouve encadaftré.

Arrêt du 18 de Juin 1726 en faveur du Seigneur de St.
Cefaire.

XLIX.

Le fonds Noble où a été conftruit un
chemin public, peut-être donné en compenfation.

Ainfi Jugé en faveur du Seigneur d'Ampus par Arrêt du
28e. de Juin 1753.

Cette décifion fondée fur cette confidération, que fi le
chemin eut été pris fur un fonds roturier, le cadaftre au-

roit été diminué d'autant ; a donné lieu à une délibération de l'Affemblée des Communautés dont je crois devoir rapporter la teneur. On y verra la difpofition de cet Arrêt combattue par des raifons propres à faire douter de fa juftice.

Extrait du Caïer des Délibérations de l'Affemblée générale des Communautés du païs de Provence en 1764.

Le Sr. Affeffeur à dit que par Arrêt de la Cour des Comptes, Aydes & Finances du 18e. de Juin 1763 , il a été Jugé *multis contradicentibus* entre le Sr. Perrache, Seigneur d'Ampus & la Communauté du même lieu, qu'il étoit fondé à demander le remplacement, ou la compenfation fur un fonds roturier de la franchife d'un fonds noble pris pour le fol d'un chemin public.

Le motif de cet Arrêt a été que quoique le fonds noble n'eût pas groffi le cadaftre de la Communauté , il avoit évité la diminution que ce cadaftre auroit foufferte, fi la même partie de chemin eut été prife fur un fonds roturier.

Mais rien ne paroit plus oppofé à la nature & aux régles de la compenfation dans laquelle on ne peut admettre aucune fiction ni extention & qui doit effentiellement faire entrer dans le cadaftre la même taille effective qui en fort. Ce n'eft qu'à ce prix qu'à été permife la compenfation qui eft déja une introduction particuliére à cette Province , & repugnante au droit commun qui ne permet pas de transferer les qualités réelles d'un fonds fur un autre.

Les Arrêts du Confeil du 15e. de Décembre 1756 , 15e. de Juin 1668 & 7e. de Février 1702 , fe font expliqué fur cela dans les plus forts termes. Il faut fuivant le premier que les fonds donnés en compenfation foient fuffifants , & tenus porter pareilles tailles ; de-là vient que fuivant le fecond , les maifons & bâtimens ne peuvent entrer en compenfation qu'autant qu'ils font encadaftrés & qu'avec d'autres édifices de même valeur & qualités ; & tant l'Arrêt de 1668 que celui de 1702 exigeant que les fonds nobles aliénés reftent fur le cadaftre après la compenfation faite & portent la taille pendant un certain nombre d'années , pour en affurer la fuffifance & la ftabilité. Il faut que le Seigneur indique l'allinrement & le Poffeffeur actuel qui en paye la taille, & il ne peut même donner en compenfation les fonds aliénés aux Communautés , quoiqu'ils produifent un revenu, s'il ne font par elles diftribués aux particuliers & réellement encadaftrés.

Il fuit de-là que la compenfation ne pouvant être faite que

de corps à corps, c'est-à-dire avec un fonds qui porte réellement & actuellement la taille ; le sol du chemin public ne peut servir en aucun sens de matière à la compensation, non plus que les rues & les places publiques. Ce sol ne donne aucun produit, il n'est susceptible d'aucun alluvérent, ni en cadastrement, & il n'appartient même à personne, étant au rang des choses publiques, *que sunt nullius.*

Si le cadastre n'est point diminué lorsque le chemin est pris sur un sol noble, outre que la fiction de ce prétexte ne sçauroit équivaloir à la réalité du fonds qui doit entrer dans le cadastre, pour remplacer celui qui en sort, le prétexte en soit n'est pas même fondé ni concluant dans son principe, parce que ce seroit présupposer que les chemins ne peuvent jamais être pris que sur les fonds roturiers; au lieu que la régle générale est que les chemins étant pour l'usage de l'avantage de tous, ils doivent passer *sans aucune distinction à travers des terres des particuliers, & pour leur dédommagement sera délaissé le terrain des anciens chemins qui seront abandonnés.* C'est ainsi que la chose est réglée par l'Arrêt du Conseil du 26 May 1705, inseré dans le traité des Ponts, pag. 212 & c'est la loi que l'on doit suivre pour les biens nobles, le reglement de la Province qui dispose autrement pour les fonds roturiers n'étant qu'une loi domestique, & particulière au corps des biens taillables ; de sorte que le Seigneur propriétaire du bien noble au travers duquel passe le nouveau chemin, ne peut prétendre en indemnité & remplacement que le sol qu'on abandonne de l'ancien chemin tel qu'il se trouve ; tout de même que le fonds noble auroit été perdu sans autre remplacement, si les choses en fussent restées aux termes de la déclaration du Roi de 1666.

Comme l'Arrêt en question de 1753, qui a été inseré dans la *Jurisprudence féodale* imprimée en 1756 pag. 147, paroît intéressant pour les droits de la Province, & peut avoir des conséquences, c'est à la présente assemblée à y délibérer : toutes les voyes de droit à cet égard sont entières, d'autant mieux que la demande sur laquelle intervint cet Arrêt n'avoit pas même été notifiée aux Procureurs du pays.

L'Assemblée a déliberé de se pourvoir par tierce opposition au nom de la Province, envers ledit Arrêt & de s'opposer a toute compensation qui seroit demandée des biens nobles pris pour l'emplacement des chemins publics.

Mrs. les Procureurs du païs joints pour la noblesse, ont pro-

testé au nom du corps qu'ils représentent contre la délibération ci-dessus, sur ce que, 1°. la tierce opposition du chef
de la Province ne doit point être reçûe, ainsi que le corps
de la Noblesse le soutient dans une instance pendante à ce
Conseil du Roi. 2°. Sur ce que la compensation d'un fonds sujet
au noble, pris pour le sol d'un chemin est légitime & fondée.

Et l'Assemblée a protesté au contraire.

L.

Les Seigneur des Terres inhabitées qui
n'ont été affouagées qu'après 1556, possé-
dent en Nobilité les Biens qu'ils avoient
lors de l'affouagement ; mais il ne peuvent
donner en compensation que les Biens Nobles aliénés depuis ce même affouagement.

Ainsi jugé par une Sentence arbitrale du 19 de Décembre
1733. rendue par Mrs. Saurin & De Colla entre le Seigneur
& la Communauté du Tholonet.

Arrêt du mois de Février 1742 en faveur des Coseigneurs
d'Esclapon.

L I.

Les transactions par lesquelles on a accordé aux Seigneurs des compensations en
bloc à concurrence d'une certaine somme,
font nulles.

Arrêt du 8 de May 1751 en faveur de la Communauté de
Neoules. Une transaction passée en 1665, & par laquelle on
avoit affranchi par compensation des biens roturiers à concurrence d'un allivrement de 100 florins, fut cassée. Il y avoit
eu en 1705 un Arrêt, par lequel on avoit fait dépendre la cassation de cet acte de la vérification de l'état des compensations
que le Seigneur auroit pû demander.

Mais s'il est justifié par la transaction même qu'on avoit procedé tractativement à la liquidation des compensations, &

qu'il fut queſtion d'un acte paſſé avant l'Arrêt du Conſeil du 7 de Février 1702, qui a preſcrit des formalité pour l'avenir la demande en caſſation doit être rejettée. Ainſi Jugé par Arrêt du 10 de Juin 1711 en faveur du Seigneur de Gaubert, & par un autre Arrêt du 10 de Mai 1731 contre la Communauté d'Auribeau.

L I I.

Le réfus d'accepter la compenſation autoriſoit autrefois le Seigneur à demander que la compenſation fut cenſée admiſe du jour de l'offre : aujourd'hui il n'y a que la demande libellée, qui puiſſe conſtituer la Communauté en demeure.

C'eſt la différence qu'il y a à cet égard entre l'Arrêt du Conſeil du 15 de Juin 1668 & l'Arrêt du 7 de Février 1702.

L I I I.

Les Communautés ſont obligées de répréſenter leurs cadaſtres, lorſqu'il s'agit de procéder à la vérification ou application des compenſations.

Arrêt du 23 d'Avril 1706 contre la Communauté de ſaint Ceſaire.

Autre Arrêt du 8 de Juillet 1724 rendu par la Cour des Aydes de Montpellier en faveur du Seigneur de Collobrières. Autre Arrêt du 18 de Juin 1717 en faveur du Seigneur de Montauroux.

Même Arrêt du 26 de Juin 1724 contre la communauté du Puget de Rouſtan.

L'Arrêt du 18 de Juin 1731 obtenu par le ſieur de Tourris renferme une ſemblable diſpoſition.

LIV.

Les Lieutenans de Sénéchaux ne peuvent pas connoître des demandes en compenfation.

Les Arrêts du Confeil du 26 d'Avril 1687 & 18 de Janvier 1690 attribuent la connoiffance des tailles en première inftance aux Lieutenans de Sénéchaux ; mais cette competence n'a lieu que pour ce qui a trait à l'exécution des Etats & Cafernets. Car lorfqu'il s'agit de caffation d'encadaftrement, compenfations, recours du cadaftre, affranchiffement de tailles, il n'y a que la Cour des Aydes qui puiffe en connoître.

Par le dernier Arrêt cité fur l'art. précedent ; une fentence du Lieutenant de Sénéchal de Toulon, qui avoit débouté le fieur de Tourris d'une oppofition au commandement de payer la taille fur le fondement des compenfations , fut caffée par nullité & incompétence.

LV.

Le Seigneur peut affranchir fes biens roturiers du payement des tailles négotiales impofées pour la feule commodité des habitans , mais non pas de celles qui concernent l'utilité des fonds.

C'eft ici une efpèce de tailles différentes de celles qui font deftinées au Payement des impofitions pour les deniers du Roi & du Pays. L'exemption des tailles Négociales concernant la feule commodité des habitans , formoit originairement un privilège commun aux Seigneurs & aux forains, ou poffédant biens domiciliés ailleurs ; & c'eft cette même qualité de forains qui a donné la dénomination au droit Seigneurial dont il eft queftion. Ces poffédans biens étant obligés de payer dans le lieu de leur domicile femblables impofitions , qui avoient pour objet la feule commodité des habitans , il avoit paru jufte de les en affranchir dans le lieu de la situation des biens, mais ce privilège qui avoit donné lieu à un nombre infini de procès fut absolument supprimé par un Arrêt du Conseil du 23 de Juin 1666 ; il fut rétabli seulement en faveur des Seigneurs par l'Arrêt du 25 de Juin 1668 & confirmé par celui du 7 de Février 1702. En Languedoc les forains, qui y font appellés biens-tenans ne contribuent pas à ce qui se rapporte uniquement à la commodité des habitans. Mr. Cambolas liv. 4. ch. 33. rapporte un Arrêt du 15e. de Février 1621. qui jugea que les biens-tenans n'étoient pas contribuables à la solde des soldats, mis par Délibération à la porte de la Ville pour la garde ; ils sont cependant contribuables aux réparations des portes, des murailles & des fossés, parce que si on ne les réparoit pas, on abandonneroit la Ville & les Champs.

LVI.

Cette exemption n'est acquise au Seigneur qu'autant qu'il la reclame, & n'a lieu que du jour qu'il déclare à la Communauté qu'il prétend en jouir.

L'ancienne Jurisprudence n'exigeoit pas cette déclaration, mais aujourd'hui elle est absolument nécessaire ; un des premiers arrêts qui l'aient exigée, est celui du 19 de Décembre 1633 entre le Seigneur & la Communauté de Barreme.

LVII.

Le Seigneur ou Cosseigneur, qui n'a pas au moins la moitié de la Jurisdiction, ne peut pas avoir la qualité de forain à l'effet de jouir des avantages qui y font attachés.

L'Arrêt du Conseil du 7 de Février 1702 à prescrit cette condition de la moitié de la Jurisdiction, pour faire cesser les abus dont le Tiers-Etats se plaignoit,

LVIII.

En optant pour la qualité de forain, le Seigneur rénonce à la participation du produit des domaines appartenant à la Communauté, qui employant ces révenus à acquiter les charges concernant la commodité des habitans, y supplée, lorsqu'ils ne suffisent pas, par des impositions particulières.

Le Seigneur ne peut pas après qu'il a fait sa Déclaration, se formaliser de la destination des revenus communaux, ni prétendre qu'ils doivent être employés au payement des impositions faites pour le deniers du Roi & du Pays, où acquitter les charges qui concernent l'utilité des fonds. Ainsi Jugé entre le Seigneur & la Communauté de Peyroles en 1716 par un avis arbitral de M⁴ˢ. Berge & Pazeri de Thorame.

LIX.

Les charges concernant la seule commodité des habitans font les gages de Maître d Ecole, Chirurgien, Accoucheuses, Gardes en tems de peste, entretien des Horloges publiques, Cloches, réparation des Eglises, rétributions payées aux Prédicateurs, frais des gardes des portes ; excepté en tems de guerre, réparations des fontaines, Ponts & chemins, frais des Procès concernant les libertés, facultés & Privilèges personnels des Habitans, & les fastigages des gens de guerre confiftant aux meubles, bois, huile & chandelles qui leur font fournies.

Ce font-là les charges énoncées dans une déclaration faite par l'affemblée des États le 20 de Décembre 1617, en exécution d'un Arrêt du Confeil. Mais cette énumération n'eft pas exclufive de toute autre Charge. Ainfi les différents Arrêts rendus en cette matière ont ajouté & expliqué, comme on le verra dans les articles fuivants.

LX.

Les fraix municipaux, comme gages des Confuls, Greffiers, Valets de Ville, du Sonneur des Cloches, les dépenfes que la Communauté eft obligée de faire pour le logement des gens de guerre, les contributions faites par la Communauté à d'autres Communautés pour la fubfiftance & payement des Troupes, le frais des feux de joie, des préfens qui peuvent être faits par la Communauté, des voyages pour rendre vifite au Seigneur, des baux à ferme paffés par la Communauté, des enchères, les réparations de la maifon Curiale, de la maifon commune ou Hôtel de Ville, des remparts, les dettes de la Communauté contractées pour toute autre caufe que pour l'utilité des fonds, les fommes qui font payées annuellement & par forme d'abonnement pour les Droits d'Albergue & de cavalcade, les frais des procès contre le Seigneur.

On

On trouve ce détail dans plufieurs Arrêts, & entre autres
dans celui qui fut rendu par la Cour des Aydes de Montpellier
le 12 de Janvier 1675 entre le Seigneur & la Communauté
de Gemenos rapporté par Boniface tom. 5. liv. 6 , tit. 4 , ch.
2. Il faut y joindre celui qui eft rapporté par De-cormis tom.
1 , col. 361 , & qui intervint entre le Seigneur & la Communauté de Tourtour , un autre du 12 de Juin 1716 entre le
même Seigneur & la même Communauté.

LXI.

L'exemption de la Contribution aux ponts
& chemins ne doit être entendue que des
ponts & chemins particuliers à la Communauté , & non pas de ceux; dont la Viguerie ou la Province doivent faire les fraix,

Ainfi décidé en arbitrage par M^es. Saurin & Pazeri de Thorame le 30 de Novembre 1739 entre le Seigneur & la Communauté de Château-Arnoux.

LXII.

L'abreuvoir pour le Bétail & fon entretien ne font pas mis au rang des charges ,
concernant la feule commodité des habitans ;
mais l'entretien du baffin de la fontaine publique n'en eft pas moins une de ces charges , quoique l'on y abreuve de Bétail.

La raifon eft que la fontaine & le Baffin ont été faits
principaliter pour l'ufage & commodité des habitans ; cela fut
ainfi décidé dans le même arbitrage entre le Seigneur & la
Communauté de Château-Arnoux , & par un Jugement rendu

en dernier reſſort par des Commiſſaires délégués dans le mois de Juillet 1732 entre le Seigneur & la Communauté de Volonne.

LXIII.

Les charges auſquelles le Seigneur eſt contribuable ; ſont tout ce qui eſt impoſé par la Province pour les derniers du Roi & du Pays ; Taille Royale , Taillon , Traités , abonnemens faits en corps de Province , Fouage , Subſide , frais des lettres génerale de contrainte , gages du Tréſorier , frais de l'Audition & clôture du compte , le denier pour livre de la comptabilité attribué à la chambre des Comptes , droit de *viſa* attribué au Greffe de la Subdélégation de l'Intendance , frais de cadaſtre & recours , gages du Garde-terre ; dépenſes faites par la Communauté pour la vérification de ſes dettes ; frais des Procès concernant l'utilité des fonds , gages du Maréchal à forge , le prix des offices réunis à la Communauté concernant auſſi l'utilité des fonds ; les dettes paſſives contraĉtées pour cette même utilité.

Ce détail eſt copié d'après pluſieurs Arrêts

LXIV.

Le Seigneur jouiſſant du droit de forain , doit auſſi contribuer au payement de la penfion féodale à laquelle la Communauté eft foumife envers lui.

Ainfi jugé par les Commiffaires délegués entre le Seigneur & la Communauté de Volonne en 1732 , & par l'Arrêt du 13 de Juin 1716 entre le Seigneur & la Communauté de Tourtour. Les penfions féodales font répréfentatives des droits Seigneuriaux abonnés ou éteints qui étoient des droits réels impofés fur les fonds. Ainfi l'abonnement concernent l'utilité des fonds & non la fimple commodité des habitans.

L X V.

Le Seigneur doit auffi contribuer à toutes les Dépenfes faites à l'occafion de la guerre , en quelque manière & en quelque efpèce qu'elles ayent été faites , foit en blé, farine , avoine , paille , Chevaux pour la Pofte , frais de paquets , chevaux & Mulets pour porter les équipages des Troupes , & tout ce qui peut avoir été fourni, tant aux ennemis de l'état , lorfqu'ils ont pénétré dans la Province que pour les troupes de France. Mais il participe au produit des refcriptions & indemnités que la Communauté reçoit à l'occafion de ces mêmes dépenfes.

Ainfi jugé par Arrêt du 6 de Juin 1753 entre le fieur de Chailan de Moriés & la Communauté du même lieu de Moriés. Il y a trois Arrêts contraires en faveur des Seigneurs de Tourtour , de Ramatuelle & d'Oraifon qui avoient jugé que le Seigneur n'étoit pas foumis à contribuer à ces dépenfes dont la Communauté recevoit le remboursement de la part du Roi ou du Pays. Mais ces Arrêts ne furent d'aucun fecours au Seigneur de Moriés ; & la Cour des Aydes s'étant proposé de faire un Réglement , avoit ordonné par un premier Arrêt que les Procureurs du pays seroient appellés dans l'instance. La question ayant été amplément discutée , l'on crut que la circonstance du remboursement étoit indifférente , & que pour ces dépenses concernant l'utilité des fonds , le Seigneur devoit être soumis à y contribuer en participant au produit de ce même remboursement.

Il faut convenir que ce sortes de variations dans une Jurisprudence , qui a pour objet une matière aussi importante , devroient servir d'excuse à ceux qui regardent la plûpart de ces questions comme problématiques.

LXVI.

Le Seigneur à qui la Communauté a fait payer les Tailles Négotiales qu'il ne devoit pas , répétant ce payement *condictione indebiti* , peut prétendre les intérêts au delà du double.

Il y a plusieurs Arrêts qui ont soumis les Communautés à cette restitution. Quant aux intérêts au-dela du double , il fut décidé par l'avis arbitral de M^es. Saurin & Pazeri , de Thorame cité ci-dessus art. LXI. qu'ils étoient dûs.

LXVII.

Il est defendu d'accorder des surséances au payement des tailles dûes par les Seigneurs sous prétexte de compensation ou d'exemption des tailles Négotiales jusqu'au Jugement définitif des prétentions.

Arrêt du Conseil du 7 de Février 1702 , mais la régle à une exception.

Motif du Procureur général de la Cour des Comptes de l'Arrêt du 18 Juin 1717 rendu entre le Seigneur & la Communauté de Montauroux.

La Communauté attaque le 5e. chef de l'Arrêt qu'elle prétend être contraire à celui du Conseil du 7 de Février 1725 qui defend à la Cour des Aydes de Provence d'accorder aucune surséance de la taille courante fous prétexte de compenfation.

Sur quoi le Conseil obfervera s'il lui plaît, que, fi un Seigneur de fief forme lui-même une inftance en compenfation contre fa Communauté pour jouir par la franchife des tailles pendant la durée même des procès, c'eft là le cas où l'Arrêt du Confeil ne veut point qu'on accorde aucune surféance. Mais lorfqu'un Seigneur eft en poffeffion de la compenfation des biens nobles alienés avec les roturiers acquis, que cette compenfation lui a été accordée pour une certaine quantité de livres cadaftrales, la récifion qu'impetre la Communauté contre une pareille tranfaction, n'en empêche pas l'exécution, & fur tout lorfque le Seigneur juftifie, comme en ce fait, que fa compenfation eft jufte, & que par le rapport elle fera même délarée plus forte que celle qui lui auroit été accordée par la Communauté. Auffi celle-ci ayant formé devant la Cour des Aydes un incident à l'audience pour obliger le fieur de Montauroux à payer la taille des biens affranchis par la même tranfaction, l'incident fut joint au principal ; enforte que par l'evenement la compenfation demandée par le Seigneur ayant été trouvée jufte & conforme à la maxime qui s'obferve en Provence, par quelle raifon & fur quel fondement auroit on pû l'obliger à payer la taille courante, tandis que ce même Arrêt l'en exempte de même que de toutes celles à venir ; & cette plainte eft d'autant plus injufte, que le même Arrêt porte que fi après la compenfation faite & confommée par un rapport, le fieur de Montauroux fe trouve débiteur de quelques Arrérages, il y eft condamné avec intérêt ; ce qui ne fçauroit être ni plus réguliers ni plus jufte.

LXVIII.

Les Seigneurs ne payent la dîme pour leurs Biens Nobles qu'à raifon d'un 20e. à moins qu'il n'y ait titre ou poffeffion contraire en faveur du décimateur ; & les fermiers de ces mêmes biens jouiffent de ce Privilège.

Les Seigneurs avoient pretendu devoir la payer au même taux pour leurs biens roturiers. Par Arrêt du Parlement de Touloufe du 26 d'Août 1616 il fut ordonné qu'il feroit enquis d'office particuliers s'ils la payoient pour les biens roturiers à raifon du 13ᵉ. ou d'un 20ᵉ. & que cependant ils la payeroient au 13ᵉ. Cette provifion paffa en definitive après 30 ans ; de forte que les Seigneurs n'ont continué de jouer du Privilège du payer la dîme à raifon d'un 20ᵉ. que pour leurs biens nobles ; & à l'égard des biens roturiers, il la payent comme tous les autres poffedans biens.

Bomi dans fon recueil de coutumes ch. 18; Boniface tom. 4 liv. 3, tit. 5 ch. 1, De-Cormis tom. 1. col 517 où il rapporte les Arrêts qui avoient auffi ordonné par provifion le payement de la dîme pour les biens nobles à raifon du 20ᵉ. ; & il ajoute que le payement fait pendant 30 ans à un taux plus confidérable ne permet pas au Seigneur de reclamer le Privilège.

Bomi & Boniface *loc. cit.* rapportent deux Arrêts en faveur des Fermiers des Biens nobles.

LXIX.

Les biens fur lefquels le Seigneur a appliqué la compenfation des fes biens nobles aliénés jouiffent du Privilège concernant le payement de la dîme.

Arrêt du 22 de May 1726, Mr. de Joufques Rapporteur. De-Cormis tom. 1. col. 518. Le profit que le Décimateur reçoit de l'aliénation des biens nobles qui deviennent fujets au payement à un taux plus confidérable, compenfe le préjudice de la diminution fur les biens roturiers acquis par le Seigneur.

LXX.

Les Biens Nobles font affranchis de la compafcuité établies parmi les habitans & poffedans biens.

Arrêt du 3 de Juin 1684 entre le Seigneur & la Communauté de Calian rapporté par Boniface tom. 4 liv. 3. tit. 1, ch. 4.

Autre Arrêt du 9. de Juin 1730 en faveur du Seigneur de Fos-Amphoux.

LXXI.

Les biens roturiers acquis par le Seigneur, & qui par la compenſation lni tiennent lieu des biens nobles aliénés, jouiſſent auſſi de ce Privilège de l'exemption de la compaſcuité.

Même Arrêt du 30 de Juin 1684 cité ci-deſſus.

DECLARATION
DU ROI

Du 9 Octobre 1684.

PORTANT Réglement sur la Nobilité des Fonds & Héritages en la Province de Languedoc

LOUIS, &c. Les Députez de Gens des Trois-États de notre Province de Languedoc nous ayant, dès l'année mille-six cens soixante-sept, supplié très-humblement de leur pourvoir d'un Réglement convenable sur la qualité des Fonds qui devroient être présumez Nobles dans ladite Province, & en conséquence exempts & immuns de l'Imposition des Tailles, nous aurions, par Arrêt de notre Conseil du douzième Novembre audit an, renvoyé à l'Assemblée des gens des Trois-États de notredite Province de Languedoc pour examiner les moyens qu'ils jugeroient les plus propres & les plus avantageux à ladite Province au sujet de ladite Nobilité des Fonds, & en faire un Reglement pour l'avenir, pour, icelui vû & rapporté en notre Conseil, ensemble l'avis

de ladite Assemblée, être par nous ordonné
ce que raison ; en conséquence duquel Arrêt les Gens desdits États ayant déliberé,
dans leur Assemblée tenue à Montpellier,
& examiné les moyens qu'ils jugoient les plus
propres & les plus avantageux à notredite
Province au sujet de ladite Nobilité des Fonds
auroient projeté quelques Articles, & nous
auroient donné leur avis sur iceux par leur
Déliberation du 22 Novembre dernier, lesquels nous ayant été rapportés & iceux vûs
& examinez en notre Conseil, voulant pourvoir à toutes les Contestations qui pourroient
naître à l'avenir au sujet de la Nobilité des
Fonds, & établir une Jurisprudence à laquelle
les Juges soient tenus de se conformer à l'avenir ; A CES CAUSES, &c. Nous avons
par ces Présentes signées de notre main,
ordonné ce qui s'ensuit.

I. Premièrement, que les Biens Nobles ne
seront sujets à aucune des impositions qui
se feront ; tant pour nos Deniers que ceux
des Communautez, sans distinction de la
Qualité des Possesseurs desdits Biens.

II. Contribueront néanmoins les Biens Nobles aux Impositions qui seront faites pour
la conservation du Terroir, & autres cas
semblable où il s'agira de leur utilité particulière.

III. Les Biens dépendans de principales Eglises, comme Cathédrales, Abbatiales & Commanderies, ou autres de Fondation Royale, feront cenfez & préfumez Nobles s'il n'eft juftifié par le Contrat d'acquifition ou autres Actes de la Roture defdits Biens.

IV. Seront pareillement préfumez Nobles les Biens dépendant des Eglifes Paroiffiales dans l'étendue de leur Paroiffe feulement ; & à l'égard des Biens dépendans des autres Eglifes Chapelles, Fondations Obituaires, Confreries & autres femblables, ils feront cenfez Roturiers, & contribueront aux impofitions, quand même les Curez en jouiroient, fi les Poffeurs ne juftifient par titre la nobilité.

V. Seront néanmoins les Fonds où font conftruites les Eglifes, les Seminaires, Maifons Presbyterales, Maifons Religieufes & Hôpitaux, avec leur Jardin feulement, pourvû qu'il foit contigu aufdites Maifons, immuns & déchargez de la contributions aux Tailles, tant & fi longuement que lefdits Lieux ferviront à cet ufage.

VI. Les Fonds, Héritages & Droits poffedez par les Seigneurs Jufticiers dans l'étendue de leur Jurifdiction, même par ceux qui n'auront que la moindre partie de la Baffe-Juftice, feront cenfez & préfumez Nod bles , s'il n'eſt juſtifié du contraire par Actes.

VII. Ne jouiront néanmoins de ladite préſomption de Nobilité les Seigneurs Juſticiers
Hauts , Moyens & Bas au cas qu'il ſoit juſtifié que ladite Juſtice a été acquiſe & poſſedée en quelque tems que ce ſoit ſeparù-
ment du Bien dont ils prétendront la Nobilité.

VIII. Les Biens qn'on juſtifiera par les
Titres primordiaux avoient été donnez en
Inféodation, & notablement par nous , par
les Egliſes & par les Seigneurs Juſticiers ,
ou dont on remettra les Hommages anciens , ne ſeront tenus de contribuer aux
Impoſitions, quand même les Poſſeſſeurs deſdits Biens n'auroient aucune portion de Juſtice.

IX. La Nobilité des Biens qui ne ſont
pas fondez en Préſomption ne pourra être
prouvée que par un Hommage au moins ,
lequel ſoit ancien de cent ans ou au-deſſus
& ſuivi d'un Dénombrement reçu dans les
formes , ou d'autres Titres ſuffiſans.

X. Les Directes & Cenſives appartenans
à autres qu'à ceux qui ſont fondez en Préſomption ſeront cenſées Roturieres , ainſi
que les Rentes Foncieres , ſi la Nobilité
n'en eſt juſtifiée par Titres.

XI. Si les Titres ſervans à la preuve de

la Nobilité se trouvent différens entre eux pour la contenance & qualité du Terroir ladite contenance sera reglée sur le Titre primordial ; & s'il n'est pas rapporté, sur l'Hommage ou Dénombrement qui contiendra la moindre qualité, quand même il ne seroit pas le plus ancien ; ce qui sera observé, tant à l'égard de ceux qui sont fondez en Présomption, que de ceux qui ne le sont pas.

XII. Les Biens acquis par l'Eglise ou par les Seigneurs Justiciers seront cenlez & déclarez Roturiers s'il n'appert par Titres de leur Nobilité.

XIII. Les Biens possedez par les Eglises fondées en présomption, ou par les Seigneurs Justiciers qui se trouveront compesiez sous les nom d'un ou de plusieurs autres Particuliers avant quarante ans ; seront censez Roturiers si le contraire n'est prouvé par titres ce qui aura lieu pour les Biens de pareille nature qui se trouveront compesiez depuis sous d'autres noms & dont la cottisation sera justifiée par quelques Rolles & payemens.

XIV. Les Fonds & Héritages baillez à Cens, Rentes Foncières, Champarts ou Agriers seront Roturiers & sujet au payement de la Taille, nonobstant qu'ils fussent

Nobles avant la tradition defdits Fonds , ou qu'ils foient revenus au Seigneur par Droit de Confifcation , Deshérence , Prélation ou autrement.

XV. Si néanmoins les Héritages , après avoir été délaiffez , ont été réunis au Fief par Droit de Déguerpiffement ils feront déclarez Nobles , pourvû que le Déguerpiffement ait été fait fuivant les formalitez prefcrites dans les Articles qui font ci-après.

XVI. Les Fonds Nobles pourront être affujettis à la Taille par tranfaction , Conventions & autres Actes paffez entre Perfonnes libres & majeures ; comme auffi par le payement des Tailles de trente années confecutives & non interrompues fait par les Poffeurs.

XVII. Nulle prefcription ou poffeffion immémoriale d'immunité du payement des Tailles ne pourra être alleguée ni oppofée pour la preuve de la Nobilité des Héritages , quand même ils n'auroient jamais été compefiez ni allivrez dans les Cadaftres.

XVIII. Tous Contrats & Tranfactions d'annobliffement , d'Abonnement & de compofitions des Tailles paffez entre les Confuls ou Sindics des Communautez & les Poffeffeurs des heritages Roturiers feront déclarez nuls , fans que pour raifon de ce aucune prefcription puiffe être oppofée , fauf aux Parties d'entrer dans les mêmes Droits qu'elles avoient auparavant lefdits Contrats & Tranfactions ; avec défenfes à tous Confuls, Sindics & autres d'en paffer de femblables à l'avenir , & de charger la qualité des Fonds Roturiers , foit par Tranfaction , foit par compenfation avec un Fonds Noble ou autrement , pour quelque caufe & prétexte que ce foit.

XIX. Les Poffeffeurs des declarezfonds Roturiers par les Arrêts rendus par les Cours des Aides feront condamnez au payement des arrérages des Tailles depuis vingt-neuf années avant l'introduction de l'Inftance , en cas que lefdits Biens fuffent compefiez avant ledit tems , fi non depuis le compefiement.

Nª. Les autres articles font rapportés fous le titre du Deguerpiffement au tom. II.

DECLARATION
DU ROI

QUI permet aux Communautez du Languedoc de se pourvoir par Requête civile envers les Arrêts donnez en matiére de nobilité , nonobstant tout laps de tems , & sans consignation d'amende.

Du 30 Août 1707

LOUIS par la grace de Dieu, Roi de France & de Navarre : A tous ceux qui ces présentes Lettres verront, SALUT. Nous avons par notre Ordonnance du mois d'Avril mil six cens soixante-sept défendu à nos Sujets de se pourvoir contre des Arrêts contradictoires de nos Cours, autrement que par lettres en forme de Requête civile & ordonné que celles qui seront obtenues par les Communautez seroient signifiées dans l'an & jour de la signification desdits Arrêts , & que les impétrans desdites Requêtes civiles seroient tenus de consigner l'amende

de quatre cens cinquante livres, en laquelle
nous avons condamné ceux qui succombe-
roient ; mais nous avons été informez qu'il
arrive souvent que les Communautez de notre Province de Languedoc recouvrent des
Actes qui prouvent la roture des biens qui
ont été declarez nobles par des Arrêts contradictoires de notre Cour des Aides de
Montpellier & que cette découverte ne se
faisant que plusieurs années après que lesdits Arrêts ont été rendus , lesdites Communautez ne peuvent plus se pourvoir par
Requête civile , attendu le laps de tems ,
& elles ne sont pas même en état de justifier que lesdites pièces recouvrées ayent été
retenues par le fait de la Partie : Et comme
tous les Biens , Fonds & Héritages sont
censez roturiers de leur nature , & qu'il est
de notre intérêt & de celui du Public, que
ceux qui peuvent avoir été declarez nobles
par surprise ou autrement , reprennent leur
première qualité , & soient assujettis à la
Taille qui est réelle en notredite Province
de Languedoc & imprescriptible , ainsi qu'il
est porté par la Déclaration du vingt-sixié-
me Mars mil cinq cens quarante-trois , &
par la notre du neuvième Octobre mil sept
cens quatre ; & que ce qui n'est pas sujet
à la prescription peut être jugé de nouveau

en

en tout tems fur de nouvelles pièces ; comme auffi que par l'ufage de notre Cour des Aides de Montpellier fondé fur ces maximes confirmées par lefdites Déclarations, tous les Arrêts qui font rendus en ces matières ne peuvent être oppofez fous aucun prétexte : Et comme par l'Article trente-quatre de notre Ordonnance de mil fix cens foixante-fept, au Titre des Requêtes civiles, nous n'avons reglé les ouvertures defdites Requêtes qu'entre majeurs ; & par l'article trente-cinquième , nous avons reçu les Communautez à fe pourvoir par Requête civile , fi elles n'ont été défendues, ou fi elles ne l'ont été valablement , nous avons jugé à propos d'expliquer notre intention fur l'execution defdites Déclarations des vingt-fixième Mars mil cinq cens quarante-trois , & neuvième Octobre mil fix cens quatre-vingt-quatre, & de notre Ordonnance du mois d'Avril mil fix cens foixante-fept , afin de régler la manière de fe pourvoir contre les Arrêts contradictoires qui ont declaré les biens nobles. A CES CAUSES , & autres à ce Nous mouvans , & de notre certaine fcience , pleine puiffance & autorité Royale , nous avons par ces Préfentes , fignées de notre main, dit & ordonné, difons & ordonnons, voulons & nous plaît , que ladite Déclaration du Roi Fran-

R

çois Premier du vingt-fixième Mars mil cinq cens quarante-trois , & la nôtre du neuvième Octobre mil fix cens quatre-vingt-quatre , fervant de Reglement pour la nobilité des biens de notre Province de Languedoc , foient executées felon leur forme & teneur : Et en conféquence permettons aux Communautez de ladite Province qui auront recouvré les Pièces juftificatives de la roture des biens declarez nobles par des Arrêts contradictoires , de fe pourvoir par forme de Requête civile contre lefd. Arrêts , nonobftant tout laps de tems , dont nous les avons relevez par ces Préfentes en conformité defdites Déclarations , fans que lefdites Communautez foient tenues de juftifier que les Pièces nouvellement recouvrées ont été retenues par le fait de la Partie ni de configner l'amende de quatre cens cinquante livres portée par notredite Ordonnance , à laquelle nous avons expreffément dérogé & dérogeons en faveur defdites Communautez , & à cet égard feulement. Voulon néanmoins qu'en cas que lefd. Communautez fuccombent ; elles foient condamnées en ladite amende. Si DONNONS EN MANDEMENT à nos amés & féaux Confeillers les Gens tenant notre Cour des Comptes , Aydes & Finances de Montpellier, que ces

Préſentes ils ayent à faire lire , publier &
regiſtrer , & le contenu en icelles garder &
obſerver ſelon leur forme & teneur , nonob-
ſtant tous Edits , Déclarations , Arrêts &
autres choſes à ce contraires , auſquelles nous
avons dérogé & dérogeons par ces Préſentes ,
aux copies deſquelles , collationnées par l'un
de nos amez féaux Conſeillers-Secretaires ,
voulons que foi ſoit ajoutée comme à l'o-
riginal ; car tel eſt notre plaiſir , en témoin
dequoi nous avons fait mettre notre Scel à
ceſdites Préſentes. Donné à Verſailles le tren-
tième jour d'Août , l'an de grace mil ſept
cens ſept : Et de notre Regne le ſoixante-
cinquième. *Signé* , LOUIS. *Et plus bas :* Par
le Roi , PHELIPEAUX. Et à côté , vu au
Conſeil ; CHAMILLART , ſcellé en cire jaune.

*Enregiſtré és Regiſtres de la Cour des
Comptes , Aides & Finances de Montpellier
le 17. Septembre 1709. & publié à l'Audience de ladite Cour le vingt-troiſième dudit
mois de Septembre ; oüi & ce requerant le
Procureur Général du Roi , ſuivant l'Arrêt
de ladite Cour. Signé ,* FLORIS.

DECLARATION
DU ROI

Du 28 Février 1708.

PORTANT Reglement fur la ma-
niére de procéder à l'Allivrement
des biens fujets à la Taille , & fur
la préfomption de Nobilité.

Regiftrée en la Cour des Comptes , Aydes &
Finances de Montpellier le 24 Mars 1708.
& publiée à l'Audience le 26 dudit mois.

L OUIS par la grace de Dieu, Roi de
France & de Navarre : A tous ceux
qui ces préfentes Lettres verront , SALUT.
Pour terminer les procès qui arrivent au fujet du payement de la Taille, & de la nobilité des biens de notre Province de Languedoc , au préjudice de nos Déclarations
des 7 Septembre 1666. & 9 Octobre 1684.
nous avons par Arrêt de notre Confeil du
29 Novembre dernier ordonné que les biens
qui feront ajoutez aux Compoix des Communautez de lad. Province pour être cotti-

fez à la Taille, feront eftimez par les Experts qui feront nommez par lefdites Communautez, & que les particuliers qui les poffédent, ne pourront être reçus à débattre lefdites eftimations, ni à demander qu'il en foit fait une contradictoire avec eux, qu'après avoir payé par provifion les fommes aufquelles ils auront été taxés, avec défenfes aux Officiers de notre Cour des Aydes de Montpellier de caffer aucun allivrement jufqu'à ce qu'il en eût été fait un nouveau & que cependant la Taille feroit payée par provifion, nonobftant toutes Evocations & Reglemens de Juges : Comme auffi que les Communautez qui produiront des Contrats d'acquifition d'héritages faits par ceux qui font fondez en préfomption de nobilité, ne feront tenus à autre chofe, fauf aux Particuliers fondez en préfomption à faire voir la fituation & contenance des biens qu'ils auroient acquis, ou qu'ils ne font plus en leurs mains : & voulant que ledit Arrêt ait fon entière execution. A CES CAUSES, & autres à ce Nous mouvans, & de notre certaine fcience, pleine puiffance & autorité Royale, nous avons par ces Préfentes fignées de notre main, dit, declaré & ordonné, difons, declarons & ordonnons, voulons & nous plaît, que conformément audit Arrêt de notre Conseil du 29 Novembre dernier les biens qui seront ajoutez aux Compoix des Communautez de notre Province de Languedoc pour être cottisez à la Taille, seront estimez par les Experts qui seront nommez par lesdites Communautez, & que les Particuliers qui les Possèdent, ne seront reçus à débattre lesdites estimations, ni a demander qu'il en soit fait une contradictoirement avec eux, qu'après qu'ils auront payé par provision les sommes ausquelles ils auront été cottisez sur l'Allivrement contesté. Faisons défenses à notre Cour des Comptes, Aydes & Finances de Montpellier, de casser aucun Allivrement sous prétexte que ce soit, jusqu'à ce qu'il en ait été fait un nouveau; & cependant nous ordonnons que la Taille sera payée par provision, nonobstant toutes Evocations, Reglemens des Juges & autres empêchemens quelconques. Voulons que les Communautez qui produiront des acquisitions d'héritages faits par ceux qui sont fondez en présomption de nobilité, ne soient tenus de faire d'autre preuve pour détruire cette présomption de nobilité sauf aux particuliers fondés en présomption de nobilité à faire voir la situation & la contenance des biens qu'ils ont acquis, ou qu'ils ne sont plus dans leurs mains. SI DONNONS

EN MANDEMENT à nos amez & féaux les Gens tenans notre Cour des Comptes, Aydes & Finances de Montpellier, que ces Présentes ils ayent à faire lire, publier & regiftrer, & le contenu en icelles garder & obferver felon leur forme & teneur, nonobftant tous Edits, Déclarations, Arrêts & autres chofes à ce contraires, aufquelles nous avons dérogé & dérogeons par ces Préfentes, aux copies defquelles collationnées par l'un de nos amez & féaux Confeillers – Secretaires, voulons que foi foit ajoutée comme à l'original ; car tel eft notre plaifir, en temoin dequoi nous avons fait mettre notre Scel à cefdites Préfentes. Donné à Verfailles le vingt – huitième jour de Février, l'an de grace mil fept cens huit : Et de notre Regne le foixante-fixième. *Signé*, LOUIS *Et plus bas* Par le Roi, PHELIPEAUX. Vu au Confeil, DESMARETS, *figné*.

La préfente Déclaration a été enregiftrées ès Regiftres de la Cour des Comptes, Aydes & Finances de Montpellier le 24 Mars 1708. lue & publiée à l'Audience de ladite Cour le

26. dudit mois ; ouï & ce requerant le Procureur Général du Roi, & ordonné qu'à sa diligence copies duement collationnées, seront envoyées à ses Substituts dans les Sénéchaussées, Bailliages & autres Jurisdictions Royales ressortant en ladite Cour, pour y être procedé à pareil enregistrement & publication avec injonction ausdits Substituts d'en certifier la Cour dans le mois, à peine de radiation de leurs gages. Signé, FLORIS.

DECLARATION
DU ROI
Du 13ᵉ. Septembre 1713.

CONCERNANT *la forme , & l'effet des aveux & denombremens par rapport à la nobilité des biens.*

LOUIS par la grace de Dieu &c. par nos Lettres Patentes du 16 de Février 1667 Nous aurions nommé les Commissaires en notre Province de Languedoc ; pour connoître du fait de nos Domaines & recevoir les aveux & dénombremens des terres, Seigneuries , & fiefs nobles , qui relevent de nous ; & lesdits Commissaire auroient , par leur Ordonnance du 20 de Janvier 1672 reglé la forme en laquelle lesdits aveux & denombremens devoient être fournis , & ils les auroient reçus jusqu'en l'année 1690 que par Edit du mois de Novembre de ladite année nous avons attribué la connoissance des affaires de nos domaines , & la reception des aveux & denombremens à notre Cour des Comptes , & Aydes & Finances de Montpellier qui en a reçu encore plusieurs depuis ledit tems. Mais comme nous avons été informés que ceux qui les ont fournis y ont compris comme nobles ; un grand nombre de terres roturieres, sous prétexte ; que jusqu'à présent, les aveux & denombremens n'ont pas été blâmés pour raison de la nobilité ; ce qui pourroit dans la suite leur servir de titre pour les faire declarer nobles ; à quoi n'ayant pas été pourvu par notre Déclaration du 9 Octobre 1684, portant reglement pour la nobilité des fonds en ladite Province, nous avons résolu d'y rémedier en conservant aux Seigneur les avantages qui leur sont accordés par cette Déclaration la forme qui a été donnée ausdits aveux & denombremens par les Commissaires de nos Domaines, & sans assujettir nos Vassaux à fournir lesdits aveux & denombremens que dans les cas ordinaires & accoutumés. A CES CAUSES, &c. voulons & nous plaît.

Article Premier.

Que les aveux & denombremens qui seront fournis en notre Cour des Comptes, Aydes & finances de Montpellier. dans les cas ordinaires & accoutumés par les Vassaux qui relevent immédiatement de nous contienent en un seul article la Déclaration & confiſtance de la maiſon Seigneuriale, enclos, jardins, terres, près, bois, vignes & autres terres cultes ou incultes qui ſont contigues & poſſedées noblement par forme de corps dans le même tenement avec la contenance, limites & confronts du corps deſdites terres ; & à l'égard des terres qui ſont ſéparées, qu'elles ſoient declarées pièce à pièce même les Iſles & cremens, ſoit qu'elles ayent été encadaſtrées ou non, avec leur ſituation, contenance & confronts particuliers.

II. Les terres ſujettes à cenſive qui ont été conſolidées aux fiefs des Seigneurs ſeront pareillement énoncées, avec leur contenance & confronts, & declarées, comme roturieres ſi elles n'ont été jugées nobles par les Arrêts de notredite Cour des Aydes de Montpellier.

III. Les terres ouvertes & les garrigues & pâturages communs ſeront declarées avec leur contenance & leurs confronts & dans les lieux où nous aurons la haute juſtice ; ceux qui auront fait leſdites ouvertures ſeront tenus d'en juſtifier la nobilité.

IV. Les Seigneurs Juſticiers & autres, tant Eccléſiaſtiqnes que Laïques qui jouiſſent des biens nobles, remettront leurs aveux & dénombremens, les hommages & les anciens denombremens rendus par leurs Auteurs ; & au cas qu'ils denombrent autre chofe que ce qui eft contenu aux precédens denombremens , il fera rejetté comme roturier s'ils n'en juftifient la nobilité par titre , fuivant l'art. XI. de notre Déclaration de 1684.

V. Ceux qui ont des arrière - fiefs , feront tenus d'en declarer la qualité & le revenu en Général , & de remettre une copie en forme des aveux & denombremens qui leur auront été rendus.

VI. Enjoignons à notre Procureur Général de blâmer les aveux & denombremens qui feront fournis à l'avenir , non-feulement pour la propriété de ce qui peut nous appartenir & pour les droits qui ont été établis au préjudice de nos fujets , mais encore pour la nobilité des droits , terres & autres fonds qui feront énoncés dans lefdites déclarations.

VII. Et d'autant que les aveux & denombremens qui ont été fournis depuis 1692 jufqu'à préfent n'ont pas été blâmés par rapport à la nobilité , ce qui pourroit dans la fuite faire declarer nobles des fonds & des droits qui font roturiers , nous permettons à notre procureur Général de fe pourvoir par oppofition contre lefdits aveux & denombremens

pour le fait de la nobilité ou roture feulement, & d'en pourfuivre le jugement en notre Cour des Aydes.

VIII. Voulons que notre Procureur Général foit reçu à fe pourvoir en ladite Cour
contre tous aveux & denombremens , Arrêts
& Tranfactions qui pourroient être oppofés à
fes blâmes lorfqu'il prouvera la roture des
biens & droits par des actes qui n'auront
pas été vûs lors defdits denombremens , Arrêts & Tranfactions conformément à notre
Déclaration du 30 Août 1707.

IX. Lorfqu'il fera procedé au Jugement
des aveux & denombremens qui auront été
blâmés , tant pour la confervation de nos
Droits Féodaux & Domaniaux , que pour
la nobilité ou roture des biens & droits qui
y feront compris , les Juges qui feront de
femeftre , tant au bureau du Domaine qu'au
bureau des Aydes feront tenus de s'aflem-
bler pour juger conjointement au bureau du
domaine lefdits aveux & denombremens &
les blâmes fournis par notre Procureur Général , & il fera prononcé par un feul &
même Arrêt fur la reception defdits aveux
& denombremens & fur la nobilité ou roture
des fonds des terres & des droits qui y feront énoncés comme auffi fur les arrérages
des Tailles qui feront adjugés aux Commu-

nautés fuivant la difpofition de l'art. XIX. de la Déclaration du 9 Octobre 1684 , à la liquidation defquels il y fera procedé dans la fuite à la diligence de notre Procureur Général.

X. Les biens & droits qui auront été declarés roturiers feront allivrés & cottifés à la taille à la diligence des Maires & Confuls , dont ils feront tenus de certifier notre Procureur Général dans trois mois, a compter du jour que les Arrêts leur auront été fignifiés ; & ils feront pareillement tenus de pourfuivre le payement des Arrérages des Tailles après que la liquidation en aura été faite en ladite Cour des Aydes à la diligence de notre Procureur Général à peine d'en repondre en leur propres & privés noms pour lefdits Arrérages être employés à payer les dettes verifiées de la Communauté , ou à diminuer d'autant les impofitions SI DON-NONS EN MANDEMENT , &c. Donné à Fontainebleau, le 13 Septembre, l'an de grace 1713 , & de notre régne le 71 *Signé* LOUIS : *& plus bas :* Par le Roi , PHE-LYPEAUX. Vû au Confeil , DESMARETS. *Regiftrée à la Cour des Comptes , Aydes & Finances de Montpellier , le* 15 *Novembre* 1713.

N^a. Il y a un Arrêt de la Cour des Aydes de Montpellier du 15 Juin 1708 , qui
ordonne qu'on ne fera reçu à rendre hommage pour les cenfives & rentes foncières
& autres biens fi on n'eft fondé en préfomption de nobilité , ou fi on ne juftifie
de l'inféodation par des anciens hommages & denombremens.

DECLARATION
DU ROI

Du 23 Janvier 1721.

CONCERNANT la Cottisation à la Taille des Biens présumez Nobles.

Regiſtrée en la Cour des Comptes, Aydes & Finances de Montpellier.

LOUIS, par la grace de Dieu, Roi de France & de Navarre : A tous ceux qui ces préſentes Lettres verront, SALUT. Le feu Roi, notre très-honoré Seigneur & Biſayeul, par ſa Déclaration du 28 Février 1708. dans la vûe de terminer les Procès qui arrivent au ſujet du payement de la Taille, & de la Nobilité des Biens de notre Province de Languedoc, auroit ordonné que les Biens qui ſeront ajoutez aux Compoix des Communautez de ladite Province, pour être cottiſez à la Taille, ſeront eſtimez par les Experts qui ſeront nommez par leſdites Communautez, & que les Particuliers qui les poſſedent, ne ſeront reçus à débattre leſdites Eſtimations, ni à demander qu'il en

ſoit

soit fait une contradictoirement avec eux , qu'après qu'ils auront payé par provision les sommes ausquelles ils auront été cottisez sur l'Allivrement contesté , avec défenses à notre Cour des Comptes , Aydes & Finances de Montpellier , de casser aucun Allivrement , sous quelque prétexte que ce soit , jusqu'à ce qu'il en ait été fait un nouveau ; & cependant que la Taille sera payée par provision , nonobstant toutes Evocations , Reglemens de Juges , & autres empêchemens quelconques ; voulant que les Communautez qui produiront des acquisitions d'Héritages faites par ceux qui sont fondez en présomption de Nobilité , ne soient tenus de faire d'autre preuve pour détruire cette présomption , sauf aux Particuliers fondez en présomption de Nobilité , à faire voir la situation & la contenance des biens qu'ils ont acquis , ou qu'ils ne sont plus dans leurs mains. Mais nos très-chers & bien-amez les Gens des Trois-Etats de notre Province de Languedoc , ayant reconnu que plusieurs Communautez abusant des termes de cette Déclaration ; & sous prétexte de la permission qui leur est accordée de nommer des Experts, entreprenoient d'ajoûter à leur Compoix les biens fondez en présomption de Nobilité , sans observer aucune formalité ,

& sans en avoir préalablement obtenu la permission de la Cour des Comptes, Aydes & Finances de Montpellier, comme il s'étoit toujours pratiqué avant ladite Déclaration ; auroient déliberé le 8 Février 1719 de Nous supplier de remédier à cet abus , également préjudiciable aux Possesseurs fondez en présomption de Nobilité , & aux Communautez. A CES CAUSES , & autres à ce Nous mouvans, de l'avis de notre très-cher & très - amé Oncle le Duc d'Orléans, Petit-Fils de France, Regent , de notre très-cher & très-amé Oncle le Duc de Chartres, premier Prince de notre Sang , de notre très-cher & très-amé Cousin le Duc de Bourbon, de notre très-cher & très-amé Cousin le Comte de Charollois , de notre très-cher & très-amé Cousin le Prince de Conti , Princes de notre Sang , de notre très-cher & très amé Oncle le Comte de Toulouse , Prince legitimé , & autres Pairs de France, grands & notables Personnages de notre Royaume, & de notre certaine science , pleine puissance & autorité Royale , Nous avons par ces Présentes , signées de notre main , dit, déclaré & ordonné, disons , déclarons & ordonnons, voulons & Nous plaît , que les Communautez de notre Province de Languedoc ne pourront à l'avenir cottiser à

la Taille les biens fondez en préfomption
de Nobilité, qu'après avoir rapporté en notre Cour des Comptes, Aydes & Finances
de Montpellier, des Titres de roture en
bonne forme ; comme anciens Compoix ,
Contrats d'Acquifitions, Baux à Cens, Rentes Foncieres, Champarts ou Agriers, Tranfactions ; & autres équivalens, fuivant la Déclaration du 9 Octobre 1684 fur lefquels
notredite Cour accordera la permiffion de
cottifer & allivrer lefdits Biens, fi elle trouve que les Titres foient fuffifans pour détruire la préfomption de Nobilité, après
qu'ils auront été communiquez à notre Procureur Général, & fans que les Seigneurs
& autres Poffeffeurs defdits Biens y foient
appellez ; laquelle permiffion étant obtenue,
les Biens qui feront ajoûtez aux Compoix
des Communautez, pour être cottifez à la
Taille, feront eftimez par les Experts qui
feront nommez par lefdites Communautez,
fans que les Particuliers qui les poffédent,
puiffent être reçus à débattre lefdites eftimations, ni à demander qu'il en foit fait
une contradictoirement avec eux, qu'après
qu'ils auront payé par provifion, entre les
mains des Collecteurs, conformément à la
Déclaration du 7 Septembre 1666 nonobftant toutes oppofitions faites ou à faire, les

fommes aufquelles ils auront été cottifez fur l'Allivrement contefté ; lefquelles fommes feront remifes par lefd. Collecteurs , entre les mains du Receveur des Tailles en exercice , qui fera tenu de les Configner en celles du Tréforier de la Bourfe , pour y demeurer jufqu'à fin de Caufe , & être délivrez à qui il fera ordonné par le Jugement du Procès. Et pour prévenir la furcharge , & même la ruine des Communautez, qui pourroient arriver par la perte de ces Procès , fi lefdites Communautez diminuoient fur leurs Impofitions , le montant des fommes confignées , voulons qu'indépendamment de ladite confignation , elles continuent d'impofer à l'ordinaire & en entier , le montant de leur Taille , & autres Impofitions , tant pour la première année , que pour les fuivantes , jufqu'à ce que la Roture, ou la Nobilité des Biens , qui feront la matière de la conteflation , ayent été définitivement jugées. Et fera au furplus ladite Déclaration du 28 Février 1708 exécutée felon fa forme & teneur. Si DONNONS EN MANDEMENT à nos amez & feaux les Gens tenans notre Cour des Comptes , Aydes & Finances de Montpellier, que ces Préfentes ils ayent à faire lire , publier & regiftrer , & le contenu en icelles garder &

obſerver ſelon leur forme & teneur, nonobſ-
tant tous Edits, Déclarations, Arrêts, &
autres choſes à ce contraires, auſquelles Nous
avons dérogé & dérogeons par ces Préſentes ;
aux Copies deſquelles collationnées par l'un
de nos amez & feaux Conſeillers-Secretaires,
voulons que foi ſoit ajoutée comme à l'Original : CAR tel eſt notre plaiſir. En témoins
de quoi Nous avons fait mettre notre ſcel
à ceſdites Préſentes. DONNÉ à Paris le vingt-
troiſième jour de Janvier, l'an de grace mil
ſept cens vingt-un, & de notre Regne le
ſixième. *Signé*, LOUIS : *Et plus bas ;*
Par le Roi, LE DUC D'ORLEANS
Regent, préſent. *Sig,é*, PHELYPEAUX.
Et au-deſſous, VU au Conſeil. *Signé*,
LE PELLETIER DE LA HOUSSAYE.
Et ſcellé.

*Enregiſtré par la Cour des Comptes,
Aydes & Finances de Montpellier. le 20ᵉ de
Mars 1721.*

DECLARATION
DU ROI,

Du 17 Octobre 1741.

EN Interpretation de celle du 28. Février 1708. concernant la Nobilité & Roture des Fonds de Terre dans la Province de Languedoc.

Regiſtrée en la Cour des Comptes , Aydes & Finances de Montpellier.

LOUIS par la grace de Dieu, Roi de France & de Navarre : A tous ceux qui ces préſentes Lettres verront, SALUT. Les Eccléſiaſtiques & Bénéficiers de notre Province de Languedoc nous ayant préſenté pluſieurs fois leurs très-humbles & reſpectueuſes Remontrances ſur l'abus que faiſoient les Communautez de notredite Province de pluſieurs Diſpoſitions des Déclarations données par le Roi notre très-honoré Seigneur & Biſayeul ſur le Fait de la Nobilité ou Roture des Fonds de Terre qui ſont ſituez dans notredite Province , ils ont demandé qu'il fut fait défenſes aux Conſuls

& Communautez d'allivrer & cottiser les Biens & Héritages appartenant aux Eglises, & dont elles étoient en possession avant l'année 1516 : Que les Biens & Héritages acquis par lesdites Eglises depuis cette époque ne puissent être ajoutez au Compoix sans que l'estimation en eût été préalablement faite avec lesdits Bénéficiers Ecclésiastiques : Qu'au cas que la montrée de la contenance, situation, ou la non-jouissance des Biens acquis depuis l'année 1516. ne pourroit être faite ni établie, lesdits Biens fussent cottisez à la Taille eu égard & suivant l'évaluation du prix de l'acquisition ; & enfin que les Biens Ecclésiastiques non-payant Tailles avant ladite année 1516. qui auroient été ajoutez aux Compoix desdites Communautez, & pour lesquels il pouvoit y avoir contestation actuellement subsistante, fussent rayez & biffez desdits Compoix , & toutes les sommes payées par provision pour le montant de ces nouvelles Impositions rendues & restituées aux Bénéficiers à qui elles peuvent appartenir. Nous ordonnâmes sur toutes ces demandes, par Arrêt de notre Conseil du 14 Octobre 1727 qu'elles seroient communiquées au Syndic Général de notredite Province de Languedoc, pour , sur sa Réponse, être ordonné par nous ce qu'il appartiendra.

Elles ont encore été fuivies de celles que le Clergé Général de notre Royaume à formé en l'année 1735 en faveur des Eccléfiaftiques & Bénéficiers de notredite Province , pour obtenir qu'il fut déterminé une époque certaine pour la datte des Titres dont les Communautez & les Eccléfiaftiques doivent fe fervir au fujet de la Nobilité ou Roture des Biens fondez en Préfomption , laquelle époque demeureroit fixée à l'année 1471 à l'égard des Eglifes qui ne juftificroient point que leurs Titres ayent été brulez , & à l'année 1561 pour celles qui feroient cette preuve : Que la Regle établie par l'Article XI. de la Déclaration de 1684 pour fixer la contenance des Biens Nobles fur les Dénombremens qui énoncent la moindre quantité , n'auroit pas un effet retroactif à ladite Déclaration. Enfin que les Biens inféodez à Titre d'Albergue Noble , quoiqu'en Grains ou en Argent , fuffent reputez Nobles , ou, en cas de difficulté , que la Regle qui les déclareroit Roturiers n'eût pas un effet retroactif à ladite Déclaration de 1684. Il nous a été aifé de reconnoître que l'objet des Repréfentations du Clergé eft un des plus importans pour notredite Province de Languedoc, puifqu'il s'agit des Regles qui doivent y être obfervées fur la manière de faire contribuer les Possesseurs des Fonds aux Impositions & aux Charges de l'Etat Nous avons aussi remarqué que ces Demandes , quoique formées seulement en faveur des Ecclésiastiques & Bénéficiers de notredite Province , intéressent également tous les Seigneurs Justiciers dont les Biens jouissent de la même Présomption de Nobilité ; & après les avoir fait examiner dans notre Conseil avec toute l'attention que la qualité des Parties & la nature de leurs Demandes peuvent exiger , il nous a paru que la Déclaration du feu Roi notre très-honoré Seigneur & Bisayeul, du 28 Février 1708 avoit principalement donné lieu ausdites Représentations , par la trop grande facilité qu'elle donnoit aux Communautez de priver les Seigneurs & les Ecclésiastiques de l'effet de la Présomption de Nobilité qui leur a été justement accordée Nous avons dèslors été convaincus qu'en apportant de sages modifications à une Loi dont l'abus a été sensible , nous remplirons. à proprement parler , l'objet de toutes les Demandes du Clergé. Il l'a reconnu lui-même en les réunissant sous ce point de vûe dans les dernieres Représentations de l'Assemblée Générale du Clergé de notre Royaume pendant l'année 1740. Nous sommes enfin informez que les Etats de notredite

Province & notre Cour des Comptes , Aydes & Finances concourent à defirer fur ce point un Réglement dont l'unanimité de leurs vœux nous a fait reconnoître la néceffité & la juftice , en même tems qu'elle nous en marque l'efprit. Nous aurions également fouhaité d'expliquer nos intentions fur ce qui a rapport à la Nobilité ou Roture des Fonds fujets à des Albergues en Deniers ou en Denrées ; mais outre que cette matière eft indépendante de celle qui fait le fujet de la préfente Déclaration , elle n'a pas encore été difcutée avec la maturité néceffaire dans les différens cas qu'elle préfente. Nous croyons cependant ne devoir pas différer de pourvoir d'une part à la fureté des Seigneurs Jufticiers & des Eccléfiaftiques fondez en Préfomption par rapport aux Demandes en garantie ; & de l'autre à l'intérêt des Poffeffeurs defdits Fonds par rapport à la manière de les allivrer dans le cas où ils feront déclarez Roturiers ; & la Difpofition que nous établiffons fur ce double objet étant conforme à la Jurifprudence de notredite Cour des Comptes , Aydes & Finances, ne fait qu'y ajouter l'Autorité d'une Loi qui la rendra encore plus certaine & invariable. C'eft ainfi qu'en procurant fucceffivement à notre Province de Langue-

doc les différens Reglemens dont elle a befoin pour foutenir une fage adminiftration,
nous la mettrons en état de recueillir les
fruits de notre attention pour le foulagement
& le bonheur des différens Ordres qui la
compofent. A CES CAUSES, de
notre certaine fcience, pleine puiffance &
autorité Royale, nous avons déclaré & ordonné, & par ces Préfentes fignées de notre main, déclarons & ordonnons, voulons
& nous plaît ce qui fuit.

ARTICLE PREMIER.

LES Communautez de la Province de
Languedoc ne pourront cottifer à la Taille
les Biens en Préfomption de Nobilité qu'a-
près avoir rapporté en notre Cour des Comptes, Aydes & Finances de Montpellier des
Contrats d'Acquifition ou des Titres de Roture en bonne forme, conformément à notre Déclaration du 23 Janvier 1721 à raifon
des Biens fituez dans leurs Taillables, fur
lefquels Titres notredite Cour accordera la
Permiffion d'allivrer & Cottifer lefdits Biens;
le tout en la forme & manière prefcrite par
notredite Déclaration.

II.

Lorfque les Actes d'acquifition défigne-
ront la fituation des Biens acquis par des
Confronts permanens & immuables, ou qu'ils

énonceront une contenance certaine, ou les tenemens dans lefquels les Biens acquis font fituez, notredite Cour ne permettra d'a livrer que les Biens renfermez dans les confronts défignez, ou la contenance marquée, ou les Biens fituez dans les tenemens énoncez dans lefdits Actes.

III.

Les Experts qui procederont à l'eftimation & Allivrement de la contenance marquée dans les Actes d'acquifition, fans défignation de confronts permanens & immuables, ou fans défignation des tenemens, prendront cette contenance de proche en proche dans les Fonds poffedez par les Seigneurs & les Eccléfiaftiques, au choix & indication de la Communauté ; & fur l'Appel de l'Allivrement ou Demande en Déclaration de Roture, fera ladite contenance, s'il y a lieu, déclarée Roturiere, fauf aufdits Seigneurs & Eccléfiaftiques à faire voir la véritable fituation des Biens acquis, ou qu'ils ne font plus dans leurs mains ; au moyen de quoi le furplus des Fonds appartenans aufdits Seigneurs & Eccléfiaftiques confervera la Préfomption de Nobilité.

IV.

Voulons que les Communautez ne puiffent faire aucun ufage, même pour obtenir

la Permiffion d'allivrer & cottifer les Biens
fondez en Préfomption de Nobilité, des Donations entre vifs ou à caufe de mort, ou
autres difpofitions faites en faveur des Seigneurs & des Eglifes, fous ces expreffions
vagues, *je donne*, ou *je légue tout ce que
j'ai dans un tel lieu*, ou autres femblables,
lorfque par la fuite de l'Acte même ou par
d'autres Titres on ne pourra pas connoître
la nature de ce qui a été donné, & s'il
confiftoit en Fonds ou en Droits réels, ou
lorfque les Communautez ne juftifieront pas
que dans le tems des Donations ou autres difpofitions ci-deffus énoncées ceux qui les ont
faites au profit des Seigneurs ou des Eccléfiaftiques poffedoient des Biens Fonds ou
Droits réels dans le Taillable defdites Communautez.

V.

Lorfque les Actes d'acquifition rapportez
par les Communautez ne marqueront, ni la
contenance des Biens, ni leur fituation par
des confronts permanens & immuables, &
qu'ils énonceront le prix des acquifitions,
notredite Cour ne permettra d'allivrer que
la contenance des Fonds de Terre, ou la
quantité des Cenfives, Champarts ou autres
Droits, qui fera fixée par les Experts qu'elle

aura nommé eu égard au prix , conformément à ce qui sera expliqué dans l'Article
suivant.

V I.

La fixation de la contenance desdits Fonds
ou de la quantité desdits Droits sera faite
par les Experts nommez par notredite Cour ,
en se reglant sur le prix énoncé dans les
Titres d'acquisition eu égard à la proportion des anciennes Monoyes avec les nouvelles , & à celles des Fonds ou Droits avec
l'Argent comptant lors & au tems des Acquisitions ; & la contenance qui aura été
ainsi fixée sera placée de proche en proche
à l'indication de la Communauté , par des
Experts qu'elle nommera à cet effet , autres
toutefois que les Habitans du Lieu ; & sur
l'Appel de l'Allivrement ou Demande en
déclaration de Roture , sera ladite contenance déclarée Roturiere , s'il y a lieu ; sauf
aux Seigneurs & Ecclésiastiques à faire voir
la véritable situation des Biens acquis , ou
qu'ils ne sont plus dans leurs mains ; au
moyen de quoi le surplus des Fonds & Droits
appartenans ausdits Seigneurs & Ecclésiastiques conservera la Présomption de Nobilité.

V I I.

Voulons que dans le cas où les Actes
d'acquisition rapportez par les Communau-

tez ne contiendroient , ni contenance , ni confronts , ni défignation des tenemens , ni prix d'Argent , les Seigneurs & les Eccléfiaftiques puiffent juftifier par Actes autentiques que lors & indépendamment des Actes d'acquifition rapportez par lefdites Communautez , ils poffedoient des Biens dans les Taillables ; auquel cas ils feront admis à faire voir la fituation & contenance defdits Biens, & qu'ils font encore en leurs mains ; au moyen de quoi, ils conferveront la Préfomption de Nobilité pour raifon feulement defdits Biens par eux poffédez lors defdites acquifitions , à moins que les Communautez ne rapportent d'autres Titres pour la détruire.

VIII.

Les Seigneurs & les Eccléfiaftiques dont les Biens auront été déclarez Roturiers en tout ou en partie par les Arrêts de notre-dite Cour des Comptes , Aydes & Finances rendus depuis la Déclaration du 28 Février 1708 ou qui feront rendus à l'avenir, avec refervation de la faculté de faire voir la fituation & contenance des Biens par eux acquis ou qu'ils ne font plus en leurs mains, pourront exercer ladite faculté nonobftant tout laps de tems , fans néanmoins que les Tailles & les Dépens qu'ils auront payez en

exécution desdits Arrêts puissent être repe-
tez dans aucun cas & sous quelque prétexte
que ce soit.

I X.

Declarons nulles & de nul effet toutes
Clauses de garantie ou Promesses de faire
jouir noblement stipulées dans les Inféodations faites par les Seigneurs & Ecclésiastiques fondez en Présomption de Nobilité ,
sous des Albergues en grains ou en deniers,
ou autres rédévances , dans les cas où elles
rendent les Biens Roturiers ; sauf aux Experts qui procederont audit cas à l'Allivrement desdits Biens à en faire l'estimation
eu égard au Revenu qu'ils produisent , distraction faite desdites Albergues ou autres
Redevances.

X.

Voulons au surplus que la Déclaration
du 9 Octobre 1684 concernant la Nobilité
des Biens situez dans notre Province de Languedoc , soit exactement gardée & observée
dans tout ce qu'elle contient , & que les
Déclarations des 28 Février 1708 23 Janvier 1721 & autres données sur la même
matière soient pareillement gardées & ob-
servées dans tout ce en quoi elles ne se
trouveront point contraires aux Dispositions
des Présentes.

SI DONNONS EN MANDEMENT à nos amez & féaux les Gens tenant notre Cour des Comptes , Aydes & Finances de Montpellier que notre préfente Déclaration ils ayent à faire lire , publier & regiftrer , & le contenu en icelle garder, obferver & exécuter felon fa forme & teneur , nonobf-tant toutes chofes à ce contraires ; CAR tel eft notre plaifir : en témoin de quoi nous avons fait mettre notre Scel à cefdi-tes Préfentes. DONNÉ à Verfailles , le dix-feptième jour d'Octobre , l'an de grace mil fept cens quarante-un , & de notre Régne le vingt-feptième. Signé, LOUIS : Et plus bas , Par le Roi , PHELYPEAUX. Vû au Confeil , ORRY.

Regiftrée ès Regiftres de la Cour des Comp-tes , Aydes & Finances : oüi , & ce requé-rant le Procureur Général du Roi , pour être le contenu exécuté fuivant fa forme & teneur ; & Copies , duëment collationnées , feront en-voyées , à la diligence du Procureur Général du Roi , dans tous les Bailliages , Sénéchauf-fées & autres Juges du Reffort de la Cour , pour y être lûe , publiée & regiſtrée , même en Vacations. Enjoint aux Subſtituts du Procureur Général d'y tenir la main , & d'en certifier la Cour au mois , à peine de radiation de leurs Gages , ſuivant l'Arrêt de ladite Cour rendu , les Chambres & Semeſtres aſſemblez , le dix-huitième Novembre mil ſept cens quarante - un.

Collationné. ſigné , *ALBISSON.*

J'ai crû devoir joindre ici le Jugement rendu le 5ᵉ. d'Août 1704 par Mr. Lebret premier Préfident & Intendant en Provence, & Mrs. De-Cormis & Peiſſonel célébres Avocats, Commiſſaires délegués pour juger en dernier reſſort, les procès entre le Seigneur & la Communauté de la Verdiere. Je l'ai cité ſur pluſieurs articles du tit. des Biens Nobles ; & il renferme bien d'autres diſpoſitions remarquables.

NOUS Commiſſaires délegués par Arrêt du Conſeil du 15 Janvier 1696 pour juger en dernier reſſort les différends, entre le Seigneur de la Verdiere & la Communauté dudit lieu, avons reçu le rapport des experts convenus par les Parties du 7ᵉ. Juin 1704, & par elles acquieſcé le premier du préſent mois d'Août, & ordonné qu'il ſera exécuté ſelon ſa forme & teneur & jugeant les articles interloqués dans ledit rapport & à nous renvoyés, ordonnons que dans le mois ledit Seigneur de la Verdiere, juſtifiera que le bien du nouveau Bail paſſé aux Gilloux par Contrat du 25 Juillet 1581 fut revenu à ſes Auteurs par droit de Commis ſur le nommé de Capin & la fouſſoirée de

Vigne d'Honnorat de Pourrieres par droit de deshérence, autrement ledit tems paſſé dès maintenant comme pour lors avons déclaré leſd. fonds roturiers & taillables ; & en ce qui eſt des biens de Jean Aymes adjugés au Seigneur par confiſcation, les avons déclarés Nobles fors & excepté ce que la Communauté juſtifiera en avoir été acquis ou conſervé par le Seigneur à prix d'argent ou moyenant deniers ; ſi mieux n'aiment les parties pour éviter toute diſcuſſion, conſentir que ce qui reſte deſdits biens de Jean Aymes entre les mains du Seigneur lui demeure franc & immune de taille, & que ce qui en a été aliéné ne ſoit pas compenſable : déclarant les biens ſituez au quartier de Comin tranſportés par Jean de Caſtellanne au ſieur d'Ampus ſon frere ne pouvoir ſervir de matière de compenſation comme vendus francs de taille, ni les droits Seigneuriaux aliénés pour des penſions féodales ou autrement en quelle manière que ce ſoit ſuivant l'Arrêt du Conſeil du 7e. Février 1702 ; & quant aux biens acquis du Prieuré immédiatement par le Seigneur, nous les déclarons francs & immunes de taille pour ce ſeulement qu'il en peut poſſéder ſans l'avoir jamais aliéné, & roturiers & taillables pour tout ce qu'il en a repris depuis ſes aliénations, sans que ni l'un ni l'autre puissent jamais servir de matière de compensations. Et pourvoyant aux autres fins & conclusions des parties, avons maintenu & maintenons les habitants & possédans biens dudit la Verdiere aux droits & facultés de clorre leur héritages & le Seigneur le sien, selon l'usage de la Communauté à l'exception des nouveaux baux où il y auroit deffense de clorre, ou reserve des herbages & pâturage en faveur du Seigneur & à pouvoir faire du plâtre & de la chaux, tuilles & charbonnières sans abus, leur défendant néanmoins de faire des défrichemens d'une nature & qualité à causer de la deterioration au fonds, & sera permis & reservé au Seigneur d'agir pour son indemnité contre les Particuliers qui peuvent en avoir fait en deterioration de leurs fonds & à iceux leur défenses, au contraire; & du consentement du feu Seigneur Président d'Oppede & ses héritiers du 27 Octobre 1696 avons maintenu & maintenons lesdits habitans en la faculté & liberté de faire des moulins à huile non bannaux & de detriter leurs olives où bon leur semblera sans payer aucun droit de mouture audit Seigneur ni à ses fermiers lorsqu'ils iront moudre leurs grains ailleurs qu'aux moulins de Varages appartenant au même Seigneur, auquel cas il y payeront les droits accoutumés en y faifant moudre & fauf audit Seigneur Marquis d'Oppéde d'agir contre les particuliers poffédans biens le long des foffés & prifes des eaux defdits moulins s'il préfuppofe qu'ils leur ont caufé du dommage & à eux leurs défenfes, & néanmoins faifant droit à la demande de ladite Communauté l'avons reçue à reprendre lefdits moulins en rembourfant le prix de l'aliénation qu'elle en fit & loyaux couts compenfables proportionnellement avec les détériorations à connoiffance d'experts, fi mieux le Seigneur n'aime les pofféder comme fujets à l'avenir à la taille, le tout en conformité de l'Arrêt du Confeil du 15 Juin 1668, deboutant lefdits Confuls & Communauté de leurs demande du droit de Fournage des fermiers du Seigneur cuifant aux fours des metairies du Seigneur, pour le menage d'icelles fans préjudice du droit de Fournage par rapport aux biens roturiers que lefdits fermiers poffédent en leur propre, & auffi quand il cuiront au four de la Communauté fuivant la tranfaction du 8e. May 1584, & pour ce qui eft des nouveaux baux donnés par le Seigneur de fon domaine noble qui fubfiftent encore, ils feront & demeureront entretenus, & à lui permis & à fes fucceffeurs de paffer auffi de

nouveaux baux de son domaine noble & a
telle cause qu'ils trouveront à propos, le
tout néanmoins sans abus ; & à l'égard des
terres roturieres données à plus grande cense
ou qui le pourroient être à l'avenir contre la teneur de ladite transaction du 8e.
May 1584 les contrats demeureront résolus
si mieux le Seigneur n'aime consentir à la
reduction de ladite cense sur le pied de la
cotte portée de ladite transaction ; ordonnons pareillement que tant le Seigneur que
les particuliers seront tenus de reparer chacun en droit soi, si fait n'a été, le viol ou
chemin des eaux, fontaines d'hermes & gour-
gouletes, & de retablir & laisser en état l'espace suffisant pour l'espace du bétail & autres usages de la fontaine. Et touchant la
vente du gland du défens appellée Malle-
sauque, défenses sont faites à la Communauté d'en passer vente sans l'aveu & le consentement du Seigneur comme de chose à
lui commune. Déboutant la Communauté
de la demande des arrérages de cense pour
les biens acquis par le Seigneur depuis la
dite transaction du 8 May 1584 attendu
le plus grand allivrement des biens ensuite
de l'extinction desdites censes faites généralement par la Communauté, & sur la demande
du feu sieur Président d'Oppéde du 11e. Oc-

tobre 1696 pour la reſtitution du ſur-exigé par lui prétendu de ſes tailles depuis la tranſaction de 1584 enſuite de l'Arrêt de Caſſation de l'abonnement & de la fixation de ladite taille portée par icelle & ſur la contraire demande de la Communauté pour lui faire payer ſa cotte part des départemens des années 1608 & 1642 , avons compenſé l'un pour l'autre & mis reſpectivement les parties à cet égard hors de cour & de procès ; & ſur la demande de la reparation du Château de la Verdiere ou ré-édification de la muraille de la terraſſe dudit Château avons ordonné que les tranſactions & Arrêts intervenus ſur ce ſujet ſeront exécutés & pour connoître ſi ladite muraille de la terraſſe eſt du vieux Château ou mur mentionné auſdites tranſactions , Arrêts & rapport de 1651 , avons renvoyé les parties à experts convenus ou pris d'Office , auſquels à ces fins leſdites tranſactions , Arrêts & rapport & acte de prix fait depuis intervenus ſeront remis & pouvoir à lui de prendre toutes autres inſtructions à ce néceſſaires ; & en ce qui eſt de la chute du four ordonnons que dans 15ne. le ſieur Marquis d'Oppéde fera tirer de la rue & de la place , les débris de la chute de ſa terraſſe & muraille & rendra la ditte rue & place libres , & faute de ce faire ledit tems paffé, il fera permis à la Communauté de le faire aux frais & dépens dudit fieur d'Oppéde, & fur le furplus de la demande de la Communauté, à cet égard avons mis ledit fieur Marquis hors de cour & de pro- cès ; deboutant le Seigneur des inhibitions & défenfes qu'il demandoit être faites à la Communauté de ne faire point d'impofitions fur les denrées que les habitans portent à vendre hors du lieu fans fon confentement, fauf & fans préjudice de fon intervention ou d'un deputé de fa part , lors de la dé- libération defdites impofitions ; & ayant égard au comparant de la Communauté du 12 Mars 1696 , avons déclaré nulles & caffé les deux clameurs expofées par ledit feu fieur Préfident d'Oppéde fans dommages ni inté- rêts, & en conféquence avons déclaré les penfions féodales competantes au Seigneur de la Verdiere confiftant d'une part en 49 charges & demi bled annone mefure courante de la Verdiere de dix panaux la charge au lieu de 60 charges bled annone mefure an- cienne de la Verdiere de 8 panaux la char- ge promife par la tranfaction de 1584 fui- vant les acquits de reduction & payement qui en ont été depuis faits durant plus d'un fiécle , & d'autre part en deux penfions féo- dales en deniers , l'une de 24 écus de 3 liv.

pièce portée par ladite tranfaction de 1584
& l'autre de 16 écus auffi de 3 liv. pièce
procédant de 62 florins, de la tranfaction
de l'année 1513, faifant lefdites deux penfions
en deniers jointes enfemble la fomme de
120 liv. annuellement payées & compenfées
fur la taille due par ledit Seigneur de la
Verdiere fuivant les mêmes acquits ; deboutant au moyen de ce led. Seigneur de la
Verdiere de 18 florins du furplus de la penfion de 80 florins de la tranfaction du 14
Mars 1528 comme non exécutée à cet égard ;
& difant droit fur le comparant du feu
fieur Préfident d'Oppéde du 5e. Avril 1696
avons condamné la Communauté à lui payer
lefdits droits d'indemnité ou de demi lods à
lui dûs pour les biens poffedez en main morte
par ladite Communauté, autres que ceux
qu'elle aura acquis immédiatement de la
main du Seigneur, pour 29 ans avant la demande & avec intérêts depuis icelle, le tout
à la liquidation des mêmes experts ; & fur
la demandé de la Communauté en rembourfement de ce qu'elle a payé pour le
droit d'Albergue au traitant ou fermier de
Sa Majefté ou reconvention ou demande
reciproque du Seigneur pour les quiftes ou
cavalcades avons mis refpectivement les par-

ties hors de cour & de procès ; deboutant
en outre ſuivant les Ordonnances du Royaume, les habitans & poſſedant biens audit la Verdiere de leur demande de pouvoir chaſſer ſans néanmoins que pour le paſſé , le Seigneur puiſſe pourſuivre les contrevenans : tous dépens entre les parties compenſés. Fait à Aix le 5e. Août 1704 , *ſi-*
gnés , à l'Original, Lebret , De-Cormis , &
Peiſſonel.

ADDITIONS.

Titre 1er. art. 3.

LE Parlement de Toulouse n'a pas crû devoir reprouvrer l'amende, dont il est question sur cet art. Arrêt du 30 de Juillet 1751. « La Cour a maintenu & main-
„ tient ledit de Bouloc, (Seigneur de Dieu-
„ pentales au droit de prendre 5 liv. pour
„ le droit de sang, de ceux qui se battent
„ avec effusion de sang.)

Il fut aussi maintenu au droit d'exiger 10 liv. pour chaque mutation consulaire, & nouvelle élection des Consuls.

Par la coutume d'Avensac, le Seigneur étoit fondé à exiger de ceux qui vouloient plaider 4 d. pour chaque introduction d'instance ; & ceux qui succomboient devoient lui payer 2 f. par liv. Mr. d'Olive liv. 2. ch. 1er. rapporte un Arrêt du 12e. de May 1628. qui supprima ces droits.

Titre II. art. 16.

Il y a un Arrêt du Conseil qui défendit à Mr. de Simiane, Président à Mortier au Parlement d'Aix, de se qualifier *Seigneur de Ville-neuve-lez-Aix*, qualité qu'il prenoit, parce que les maifons d'un nouvel agrandiffement de la Ville d'Aix ont été conftruites fur un terrain mouvant de fa directe. J'ai vû cet Arrêt cité fans date, mais comme rendu depuis peu dans une confultation faite en 1711.

Titre III. art. 14.

Par le premier des deux Arrêts du Parlement de Touloufe; cités fur cet art. il fut ordonné, qu'en defaut des Officiers des Sièges, tant Royaux, *que Bannerets*, l'ordre du tableau y feroit obfervé & que le plus ancien des curiaux y exerceroit la juftice. *Idem*, à l'égard des Procureurs du Roi, & des Procureurs Jurifdictionels.

Par le fecond, il fut defendu aux Juges Bannerets, de commettre en leur abfence des gradués au préjudice du plus ancien Avocat du Siège.

Par le troifième, il fut defendu aux Seigneur jufticiers de nommer verbalement à la fuggeftion des parties d'autres Officiers, fous prétexte d'abfence *ou recufation*, que la recufation n'ait été jugée & admife; & dans ce cas, ils doivent en nommer un par écrit.

En Provence, lorfque le Juge Banneret eft recufé, il faut s'addreffer au Seigneur qui commet un autre Juge, pour remplacer le Juge recufé, ou pour juger la recufation. Ainfi jugé par Arrêt du 18e. de Septembre

1728 en la caufe du Juge des baux, dont Mr. le Prince de Monaco eft Seigneur.

Les Officiers de juftice du lieu de Bargemon font obligés de prêter annuellement le ferment entre les mains du Seigneur en préfence des Confuls ; & il en eft dreffé un acte inféré dans les Régiftres de l'Hôtel de Ville. Par un Arrêt du 14e. de May 1689 il fut jugé que ce ferment ne les difpenfoit pas de la néceffité d'en prêter un devant le Lieutenant du reffort, cependant la procedure criminelle dont on demandoit la caffation fur le fondement de cette nullité, fut confirmée, attendu l'ufage conftant. Il fut fait un réglement pour l'avenir.

Même art.

En Languedoc la fubrogation faite par le Seigneur eft valable, quoiqu'elle n'ait pas été enregiftrée. Arrêt rendu en Février 1720 au rapport de Mr. de Glatens, cité dans les collect. de Mr. Furgole.

Même titre, art. 17.

Lorfque le Juge a des procès, il peut faire fubroger un autre Juge, pour tous les procès qu'il a & pourra avoir ; & cette fubrogation ne fera pas cenfée générale. Ainfi jugé au Parlement d'Aix par Arrêt du 30e. de Juin 1725 en faveur du fieur Allemand de la Tour d'Aigues ; & par un Arrêt du

1er. de Février 1727 en faveur de Me. Courtois, Juge de Sault.

Même titre art. 20.

Jugé au Parlement d'Aix, par Arrêt du 29e. d'Avril 1700 qu'un Juge Royal n'avoit pas pû être subrogé Juge-d'Appeau, & par un autre Arrêt du 2e. Juin 1713, qu'un Juge d'Appeau pouvoit être subrogé, pour remplir le premier degré de jurisdiction, dans une justice Seigneuriale.

Même titre art. 48.

Ferrieres, sur la quest. 77. de Gui-Pape pose pour maxime, que le Vassal assigné devant le Juge Royal, ne peut pas demander son renvoi devant le Juge du Seigneur & qu'il faut que ce soit le Seigneur lui-même, qui le vendique. Il ajoute, que cette vendication peut toujours être faite, mais cela doit être entendu, tant que l'instance est pendante devant le même Juge, & avant la sentence. Ainsi jugé au Parlement de Toulouse par un Arrêt du 3e. d'Avril 1716 rendu à l'audience de la Tournelle, contre le Sr. de St. Alban, Seigneur de Vabres vendiquant son justiciable, devant la Cour en cause d'appel, & par conséquent, lorsque tout avoit été consommé devant le premier Juge il s'agissoit d'une accusation, pour fait de grossesse.

Même titre art. 50.

Le Juge Banneret peut autoriser l'émancipation faite par le Seigneur ; ainsi jugé par un Arrêt du Parlement d'Aix , rapporté dans le Journal du Palais.

Par un autre Arrêt rendu le 23e. de Juin 1742 , conformément aux conclusions de Mr. l'Avocat Général de Castillon , une donation faite en faveur du Sr. Burle Seigneur de Curban , par un de ses Vassaux , & autorisée par son Juge fut cassée. Il y avoit bien des circonstances qui indisposoient contre cet acte.

Titre IV. art. 41.

Il y a un autre Arrêt du Parlement d'Aix du 6e. de Mars 1760 rendu en faveur du Seigneur de la Fare , & qui en confirmant la maxime concernant la permission qui doit être demandée au Seigneur , ordonna que les Consuls, marchant avec le Juge, se rendroient au Château le jour de la Fête du Village pour accompagner le Seigneur allant assister à la grand-Messe , & à son retour au Château.

Par un Arrêt du même Parlement du 11e. de Février 1764. il fut jugé, que les Consuls de la Ville de Vence avoient pû être poursuivis criminellement pour avoir donné la permission de battre le tambour , malgré

la

la refiſtance des deux Coſſeigneurs (Mr. l'Evêque & Mr. de Villeneuve Marquis de Vence) qui exigeoient qu'on leur demandât cette permiſſion. Il y avoit un bureau de Police établi, & les Conſuls prétendoient que c'étoit à ce bureau de donner la permiſſion.

On peut encore moins ſe diſpenſer de demander la permiſſion de tirer pour le prix de l'Arquebuſe. L'Auteur du traité de la pratique des Terriers, tom. 4. pag. 701. rapporte un Arrêt de Réglement du Parlement de Paris, rendu ſur les concluſions de Mr. le Procureur Général qui fit défenſes à toutes perſonnes de tirer ni faire tirer aucun prix, ſans en avoir préalablement obtenu la permiſſion par écrit des Officiers des lieux, auſquels la Police appartient; & qui marqueront expreſſément le lieu où le prix ſera tiré.

Titre V. art. 6.

L'on trouve dans les Archives de la Chambre des Comptes d'Aix pluſieurs Conceſſions particulières des Régales pour des Fiefs dejà formés, & l'on voit dans l'Inféodation des terres de Salegriffon, Gars & Briançon, faite en 1385 que le Comte de Provence, après avoir cédé en formant ces Fiefs, toute juſtice, la haute, la moyenne, la baſſe, le mere & mixte impéré, les eaux, les Moulins, les bois, les forêts, ſe reſerva les Régales. C'eſt par ces exemples que le Fermier du Domaine s'eſt toujours crû autoriſé à ſoutenir que la conceſſion des Régales doit être expreſſe ; & que rien ne peut y ſuppléer. Il obtint gain de cauſe ſur ce point , contre la Dame du Bar , par un jugement rendu le 25ᵉ. de Juillet 1742. par Mr. de La Tour premier Préſident , Intendant & Commiſſaire député pour la confection du papier Terrier , & la réunion des Domaines de Sa Majeſté en Provence.

Titre VII. art 8.

Le Parlement de Toulouſe juge auſſi que l'on ne peut pas preſcrire la faculté de pêcher , contre le droit prohibitif du Seigneur. Arrêts rapportés par Serres , *Inſtit. du droit franc.* liv. 2 tit. 1 § 2.

Même tit. art. 12.

On ne peut pas faire rouir les Chanvres & lins dans les rivières. Ainſi jugé par un Arrêt rapporté dans la *pratique des Terriers* tom. 4. pag. 520. L'odeur de ces plantes eſt forte , puante & elle eſt un poiſon pour les Poiſſons.

Même tit. art. 23.

Si la rivière ſépare deux juſtices , dont une appartient au Roi , le Seigneur particulier n'y a abſolument aucun droit , ſuivant l'Arrêt cité par l'Auteur de la pratique des Terriers tom. 4. pag. 497.

Titre XIII.

J'ai vû dans un procès verbal fait par les Maîtres Rationaux en 1379 contenant les droits Seigneuriaux , que la Cour Royale , c'eſt-à-dire , le Comte de Provence poſſédoit à Lançon , un article qui paroît aſſés ſingulier. *Item habet jura venationis cuniculorum & perdicum , quoniam nullus poteſt , nec audet venari cuniculos , nec perdices , in territorio dicti caſtri , niſi per curiam abandonatam , (abonnée) & licentiâ datâ , ſub pœnâ banni ſuperiùs expreſſati , (ſolidorum xxv) tam die , quam de nocte ; quæ quidem licentia , & abandonamentum debet fieri , & concedi , ad requiſitionem hominum dicti caſtri ; & quando abandonatur quælibet domus , in quâ eſt venator qui ſciat venari , debet dare unum cuniculum dictæ curiæ , & quandiù non peſſunt , vel audent venari ut ſuprà , nemo debet tenere furonem ſub pœnâ banni ſuprà dicti ; verumtamen conſueverunt venari uno anno , & alio non vel plus ſi volunt.*

Même tit. art. 31.

Les gardes des Chaſſes ne doivent pas porter un fuſil par deux raiſons. 1°. parce qu'ils pourroient s'en ſervir pour chaſſer ; 2°. Parce qu'ils ſeroit à craindre qu'ils n'en fiſſent uſage contre les chaſſeurs qu'ils ſurprendroient. *Pratique des Terriers.* tom. 4. pag. 703.

Titre XVII.

C'eſt par mépriſe , que dans la Préface on a mis au rang des droits Seigneuriaux inconnus en Provence , le droit de Ban-vin. Il eſt acquis au Seigneur de Cabris , dans la Viguerie de Graſſe , & au Seigneur des Arcs, dans la Viguerie de Draguignan. J'ignore ſi d'autres Seigneurs en jouiſſent.

Même tit. art. XI.

En Provence , la poſſeſſion immémoriale ne ſuffiroit pas. On y tient pour maxime que nul de ces droits Seigneuriaux , qui ne ſont pas une dépendance intime de la Juſtice , du Fief , ou de la directe ne peut être acquis ſans titre , à l'exception de la Bannalité des fours & moulins , qui ſuivant un des Statuts de cette Province peut être acquiſe par les Seigneurs juſticiers en vertu d'une poſſeſſion precedée d'une prohibition.

Même tit. art. XV.

Je pancherois à croire que l'uſage obſervé en Dauphiné où le Seigneur peut céder à ſes fermiers le droit de Ban-vin devroit-être ſuivi par tout ; mais toujours avec ce tempéramment , que les fermiers ne pourroient vendre que le vin du crû du Seigneur. Les habitans ne ſouffrent aucun préjudice ; & ce droit tient à la réalité au moins autant qu'à la perſonnalité.

Même tit. art. XVI.

Les habitans à qui il est permis de vendre leur vin en gros , peuvent-ils pendant la durée du Ban-vin le transporter hors de la Seigneurie pour le vendre en détail ? J'ai vû une sentence arbitrale du 28e. d'Avril 1725 qui jugea la question en faveur du Seigneur de Cabris. Il est vrai que par le titre constitutif, il étoit défendu aux habitans de vendre leur vin en gros & en détail pendant la durée du Ban-vin. Mais cela ne devoit-il pas être entendu de la vente qui seroit faite dans l'étendue de la Seigneurie.

Fin du Tome Premier.

TABLE
DES MATIERES

Contenues dans ce Volume.

A

Tom. I. X

C

F

G

L

Litre.

Q

R

S

T

DES MATIERES. xxj

V

Fin de la Table des Matieres du Tome premier.

9 782329 577470